核 心 素 养 课 程 建 设 研 究

总主编 ○ 于泽元 宋乃庆

五维一体 全息共生

—— 核心素养视野下的学校整体改革

肖方明等 著

西南师范大学出版社

国家一级出版社 全国百佳图书出版单位

图书在版编目（CIP）数据

五维一体 全息共生：核心素养视野下的学校整体改革/肖方明等著.—重庆：西南师范大学出版社，2018.2

ISBN 978-7-5621-9214-5

Ⅰ.①五⋯ Ⅱ.①肖⋯ Ⅲ.①小学教育－教育改革－研究 Ⅳ.①G622.0

中国版本图书馆CIP数据核字(2018)第029000号

五维一体 全息共生：核心素养视野下的学校整体改革
WUWEI YITI QUANXI GONGSHENG:
HEXIN SUYANG SHIYE XIA DE XUEXIAO ZHENGTI GAIGE
肖方明 等 著

责任编辑：王传佳
整体设计：熊艳红
排　　版：重庆大雅数码印刷有限公司·吴秀琴
出版发行：西南师范大学出版社
　　　　　网址：www.xscbs.com
　　　　　地址：重庆市北碚区天生路2号
　　　　　邮编：400715
经　　销：全国新华书店
印　　刷：重庆华林天美印务有限公司
开　　本：720mm×1030mm 1/16
印　　张：20
字　　数：320千字
版　　次：2018年3月 第1版
印　　次：2019年11月 第2次印刷
书　　号：978-7-5621-9214-5
定　　价：68.00元

"人和教育"的整体实现

重庆市渝中区人和街小学是一所历史悠久并不断开拓创新的名校,它提出的"人和教育"是集文化传统、环境特征、社会精神于一体的教育理念,它通过传统文化的"天人合一""贵和尚中"思想重新阐释自身的教育追求,同时又把"和而不同""因材施教"作为培养核心素养、落实立德树人根本任务的关键路径,体现了中华精神与世界潮流、中国智慧与国际经验的有机结合。

"人和教育"提出十多年来,人和街小学真正做到了"不忘初心,砥砺前行",坚持不懈地把这一思想落实到学校课程建设上,形成了特色鲜明的"人和六质"课程体系;落实到学校教学改进上,形成了"和声课堂"的教学体系;同时也落实到教师发展模式上和学校管理上。实现了思想的落地,以踏踏实实的教育实践支撑了富有文化内涵的教育思想。

更为难能可贵的是,人和街小学办学实践中超越了零碎化的思维模式,以"人和教育"的办学理念为核心,创造性地运用系统化思考与"和合"思想把学校文化体系、课程体系、教学体系、教师专业发展体系和学校管理体系有机地融合在一起,构建了"五维一体,全息共生"的学校整体改革系统,使学校教育实践的不同领域能够既相对独立,又相互融通、相互支持,实现了学校教育改革的整体化推进,共同为培育学生的核心素养服务,保障了学校不断朝着自己核心的发展方向前进,保障了学校教育的深刻性和一贯性。

人和街小学"五维一体,全息共生"整体改革模式既是学校改革实践的有效模式,也是学校教育发展的有效模式,必将成为新时代学校教育发展的成功典范。

田慧生

2018年1月

(注:田慧生是中国教育科学研究院院长,教育部基础教育课程教材发展中心主任。)

　　2017年7月,重庆市渝中区人和街小学校长肖方明研究员邀我为《五维一体 全息共生——核心素养视野下的学校整体改革》作序。尽管我近来特别忙,忙碌于自己感兴趣的学术研究,但"人和教育"的特色及肖校长的再三诚邀使我又为之心动。

　　该书从基于核心素养培育的教育综合改革系统的必要性入手,从理论上阐述了学校文化、课程变革、教学改革、教师发展和管理革新"五维一体、全息共生"的学校整体改革模式。详细阐述了人和街小学通过13年的实践、验证和运用推广,打造特色的"人和教育"学校文化,构建特色的校本课程体系,形成"和声课堂"模式,促进教师专业化发展和管理的革新,探索并形成了以"人和教育"思想统领下"五维一体"的学校内涵发展模式。

　　本书中,"人和教育"内涵深刻,特色鲜明,效果明显,值得推广。通过"五维一体"办学模式,真正将"人和教育"落实到学校文化、课程、教学、教师发展和管理中,形成了自身的特色,凸显了"人和教育"思想对学生、教师、学校特色发展的引领和推进作用。它所形成的人和教育战略、路径和方法在中小学具有一定的推广价值和广泛的借鉴意义。

　　本书具有以下特色:第一,视角新。将"全息共生"的思想创造性地运用到学校教育的系统化设计中,使学校教育的每一要素都成为其他要素改革发展的基础,同时也得到其他要素的支持。第二,体系新。将办学的众多要素简化为五要素,形成一个整体。其中,学校文化是思想引领,课程体系是内容架构,教学改革是具体实践,教师发展是人力保障,管理体系是制度支撑。每一维度既彼此独立,又相互支撑,形成一种"五维一体"的办学格局。第三,结构新。系统建构"人和六质"课程体系,形成了和声课堂"三四五教学改革体系",建立了以改革为中心的管理架构。

　　人和街小学坚持十三年如一日的探索并形成了以"人和教育"思想统领下"五维一体"的学校内涵发展模式,大幅提升了学校的办学境界和办学水平,在全市、西部,甚至在全国形成了一定的知名度。该校让学生在"人和教育"影响下,实现自我之和,与人之和,与自然之和,人人当班干部,当领操员,当升旗手,当志愿者;人人会游泳,会一门乐器,会书法,会陶艺,会围棋,会足球;让每位学生得到个性、自主、全面发展,实现了对学生核心素养的培育。学校取得了丰硕成果,大大促进了学生的兴趣发展、个性发展、全面发展。近年来,每年都有上千人次学生在国际、国内多种不同层次比赛中获奖,其中数百学生在全国大赛中获奖,还有部分学生到意大利、美国、日本、英国演出交流,彰显了"人和教育"体系的优势。学校受到中宣部、教育部、中国教育学会、重庆市有关领导和专家的充分肯定和大力支持。该体系成功帮扶23所小学。《"人和教育"特色校本课程的开发与实施》课题获2014年教育部基础教育教学成果二等奖。

　　本书只是基于核心素养的"人和教育"体系研究的阶段性成果,期盼人和街小学在教育综合改革的探索道路上继续前行,更加硕果累累。我乐意看到更多这样的优质学校、特色学校,这样的草根研究在我们教育的百花园中竞相开放、绽放芬芳!

2017年7月12日

（注:宋乃庆为西南大学二级教授,博士生导师,教育部基础教育课程教材专家工作委员会副主任,中国教育学会学术委员会副主任,国家级教学名师,原西南师范大学校长。）

第四章

和声课堂——尊重差异,寻求共识 ·············138

第五章

人和教师——居儒典雅，身正学高 ·········· 198

第六章

人和管理——以和为贵,以人为尊 ……………………246

第一章

人和教育
——五维一体，全息共生

基础教育，作为造就人才和提高国民素质的奠基工程，在世界各国面向21世纪的教育改革中占有重要地位。近年来，各类教育改革层出不穷，新的发展理念也不断涌现，基础教育的发达程度与教育改革的前进方向，已成为衡量国家发展水平的重要标志之一。

在这场全球基础教育改革浪潮中，提高教育质量、发展核心素养是各国政府深化教育改革的主要内容。其中，提高教育质量，不仅是"十三五"期间教育改革发展的核心目标，更是当前基础教育的战略主题。事实上，提高教育质量并不是一个新提法，但今天我们谈的是提高教育质量有新的价值和意义。现代教育的发展目标是促进人的全面发展与社会全面进步。从这个层面来看，衡量教育质量不能脱离人的发展与进步。可见，教育现代化强调的是全面发展的教育质量，是聚焦核心素养的教育质量，是增进人的现代化的教育质量。因此，提高教育质量，关键在于转变教育发展方式，提高教育过程的质量。其中，学的方式、教的方式、管的方式是三大基础，是实现教育综合改革的重头戏。

此外，在不同的时代，教育都会聚焦于同样的问题：培养什么样的人及怎样培养人？自从2014年教育部正式提出要研制中国学生发展核心素养体系起,核心素养遂成为基础教育变革的核心词汇之一,在一定程度上规定了当代课程改革的大方向。值得注意的是,任何素养的形成都离不开一定的学校环境与学校文化,各级各类学校应当从自身的教育理念和学校文化出发,探索基于核心素养的课程教学发展路径,形成学校自身的学生发展素养谱系。

对于学校而言,提高教育质量的核心任务是课程改革与教学改革,要体现在课程里,落实到课堂上,力求通过转变教师的教学方式与学生的学习方式,切实实现减负增效,扎扎实实地实施素质教育。发展学生核心素养的关键是统整学校教育理念与文化环境,基于学校素养本位的课程体系,实现每一个学生的学力提升及人格陶冶。正是在这样的教育宗旨下,人和街小学经过13年的探索积累,初步形成"人和教育"办学理念统领的学校整体改革体系,构建学校文化、学校课程体系、学校教学、教师发展、学校管理五维一体的办学模式,实现每位学生核心素养与个性品质的最大发展,并借此有效提升教育质量,形成富有规律的、可供推广的教育教学方法与策略体系。

第一节 | 基于质量提高的教育综合改革系统

进入21世纪,基础教育的作用和意义非同以往,新的发展观念使教育的作用更加突出。世界各国不断深化课程结构、优化教学内容,加快推行学校制度改革,强调教育民主化,加强资源整合,促进教师专业化发展,实施集团化合作战略,从互联网及科技创新等新兴方向推动教育变革。到2020年基本实现教育现代化,更成为党的十八大和《国家中长期教育改革和发展规划纲要(2010—2020年)》对我国教育现代化提出的目标,教育发展迫在眉睫。

一、提高教育质量成为各国深化教育改革的重点

21世纪,世界各国继续关注那些已经被证明有利于提高基础教育质量的核心改革。据经济合作与发展组织(以下简称"经合组织")《教育开放政策2015》(Education Policy Outlook 2015)报告显示,目前经合组织成员方的改革方案中,约有16%的措施聚焦教育公平和质量。

从世界各国来看,美国一直是推进教育公平、提高整体教育质量的典

范。为有效推动教育改革,美国加利福尼亚州于2014年起,正式执行号称40年来最大教育改革的"地方经费分配办法"。改革期限为8年,赋予了地方更多的教育自主权。其核心是打破过去教育经费分配贫富不均的状况,在全面提高学生人均经费标准的前提下,让公立学校和特许学校的教育资源配置进一步均衡分配,以减少因经济发展程度不均而导致的不平衡现象。

2016年3月,美国联邦教育部任命新的委员会成员起草《每个学生成功法》(Every Student Succeeds Act,ESSA)第一款A部分两方面的试行条例,取代已施行10余年的《不让一个孩子掉队法》(No Child Left Behind,NCLB)。新法将着力促进教育公平,包括要求各州提高所有学生的学习成绩,为升学和就业做准备;在那些低绩效的中小学、低毕业率的高中以及学生群体成绩一直不佳的学校展开行动,实现了优质幼儿园数量显著增加,高中毕业率达到82%,超过100万非洲裔美国人和西班牙裔学生能够上大学等。

自2015年5月新政府组阁以来,英国教育部也明确表态,加快推行学校制度改革,积极解决学校教育公平和质量问题。英女王伊丽莎白二世于2016年5月27日发表女王公告,其中涉及教育的内容主要包括:到2017年,政府将把对三四周岁幼童的免费托管时间由目前的每周15小时增加到30小时;增设500所自由学校,额外提供27万个入学名额;更多公立学校将接受政府指导,计划将有1000所学校转型为特许学校。高等教育方面,政府额外追加3万个招生名额,并将完全取消不同地区的招生名额限制,以确保大学"为所有合格的学生提供充足位置"。此外,政府还将支持创建新的、独立的教师进修学院计划,不断提升教师专业地位,并设置一个新的基金,以推动教师的专业化发展。

2016年6月26日,德国联邦教育与研究部发布了新一期《德国2016年度教育报告》。报告指出,目前德国教育备受关注的问题还是教育公平议题。联邦教研部部长婉卡表示,促进教育公平是未来德国教育政策的中心任务。联邦政府原本设定的将每年GDP的10%用于教育的目标并没有达到,但是现在GDP中投入教育的比例已显著提高。2014年,教育科研经费为2655亿欧元,占GDP的9.1%;学校生均经费达到6500欧元,比10年前增加33%。只有当政策能保障教育发展所需的资金,并创造良好的条件时,教育才能成为人们融入社会的通道。

荷兰政府也决定进一步改革对学校教育质量的监管方式。目前,虽然荷兰多数学校的教育质量合格,但没有明显提高。从2016—2017学年开始,有关教育部门将向各中小学发送"质量简报",该简报会显示各校的教学水平和不足之处,学校委员会须对学校的教育质量负责,促进学校教学质量的不断提升。

新西兰政府也强调要鼓励社会、社区、家庭参与提高教学质量,建立透明的公共服务机构和严格的教育审核体系,通过让学生接受灵活的个性化学习,帮助他们在任何教育阶段都能获得成功。①

从世界各国的教育教学改革方向与措施可以看出,各国不断深化提高基础教育质量的核心部分改革,就是树立新的质量观念,将衡量质量的标准从学习成绩,扩大到学校或其他教育形式所提供的教育是否切合学习者的需要,是否保证学有所用,是否具有相关性与针对性。教育的效益将比效率更受重视。这意味着,教育体制的改革和教学内容的改革将发生根本性的变化,教育中长期存在的与社会发展特别是与地方需求不相适应的痼疾将有效得到解决,学生毕业找不到工作或在毕业之后无法为本社区服务的教育浪费现象将逐渐减少。在教育体制改革中,地方或社区及家长的参与,学校办学的自主权将普遍受到重视;教育内容将打破传统的学科划分,更趋向开放、综合与针对性兼顾,知识与生活技能并重。在那些已经开始重新审视本国教育体制的国家中,重视基层参与和学校办学自主权,已被认为是改革成功的关键。即使那些长期以来实施地方分权的国家,如美国、英国,尽管20世纪80年代以来逐步加强中央政府对于教育的管理与控制,但也注意给予学校更多的自主权和扩大家长参与教育、选择学校的权利。当前,在美、英两国兴起的"特许学校"和"自治的直接拨款学校"就是在实践中运行良好的例子。②

反观我国,在新旧世纪交替之际,面临的挑战是双重的。一方面,作为一个发展中国家,必须考虑如何继续有效地控制本国人口膨胀,治理生态破坏和环境污染,扫除文盲和杜绝新文盲的产生,缩小城市与农村、沿海与内地及

---

① 陈阳.当前国际教育发展主要特点和趋势综述[J].世界教育信息,2016(24):64.

② 郭晓平,叶玉华.国际基础教育发展现状与趋势[J].教育研究,2000(10):65.

边远地区的经济文化差别,提高民族整体素质;另一方面,地球村的形成和日益扩大,世界经济的全球化和一体化,信息技术的飞速发展以及科技知识与成果日益深入人们的日常生产与生活,知识经济的兴起和知识的生产、创新与利用在经济活动中日益占主导地位,对我国的人才素质和人才储备提出了严峻的考验,直接关系到我国在未来世界经济竞争、国际地位影响以及综合国力较量中的表现。在压力、挑战和机遇面前,作为人才培养基础的我国基础教育必须受到高度重视并使之切实具有担负历史重任的能力和实力。

2017年,在全面深化改革的背景下,国家基础教育改革如何在已有基础上迈出新步伐,成为教育界面临的重要课题。改革的主要环节之一是研究制定学生发展核心素养体系。把对学生德智体美全面发展总体要求和新时期立德树人目标具体化、细化,系统回答"培养什么样的人"的问题。将具体的品格和能力要求贯穿到各学段,融合到各学科,落实到教育教学的全过程,最后体现在学生身上。改革的主要环节之二是研究中小学学业质量标准。明确学生完成基础教育不同年级、不同学科学习内容后应该达到的程度要求,并将之充实到课程标准中。教师要根据课程标准把握教学的深度和广度,避免偏难、偏深,为评价提供统一、具体、可操作的标准。改革的主要环节之三是改进学科教学育人功能。全面落实以学生为本的教育理念,将教育教学的行为统一到育人的目标上来。在充分发挥各学科独特育人功能的同时,还要发挥学科间综合育人功能,开展跨学科主题教育教学活动。此外,强化教学的实践育人功能,积极探索把课堂教学与社区服务、研究型学习和社会实践相结合的途径和方法。

叶澜教授曾指出,基础教育改革不能把希望全寄托在课程这一条线上,而应该加强以学校为整体的系统改革。[1]归根结底,深化基础教育改革围绕的是"培养什么人"和"怎样培养人"的教育转变。在这样的背景下,只有通过系统、综合、深入的学校改革,才能跟得上基础教育改革深化的步伐。

① 叶澜.深化基础教育改革三题[N].人民日报,2016-05-03(007):1.

二、核心素养培养带来的学校教育变革

基础教育的使命是奠定每一个儿童学力发展的基础和人格发展的基础，而人格发展的研究是首要的。[1]学校教育应有长远的展望，而不是局限于某门学科的知识。它应从儿童人格成长的角度，寻求课程与教学的改进，思考学习方式的变革。素质教育是一种全新的育人模式，而非育才模式，它没有固定的模式，基层探索是个性化、特色化、多样化的。

由此可见，任何核心素养指标本身不构成一套独立体系，为了完成某一目标，素养应通过整合的方式发挥作用。核心素养的习得与养成必须具有整体性、综合性和系统性，这也决定了对它的测量与评价必须具有综合性和发展性，这对课程设计与开发、教育质量评价技术等提出了新挑战。基于核心素养的教育改革，将从单一知识、技能转向综合素质，从学科学习转向跨学科学习，从灌输式学习走向探究性学习。具体到课程改革上，将基于学科本质来确立学科素养，基于学科素养来择定学科课程内容，基于学科课程内容来研究学业质量评价标准。正如成尚荣先生所说，以人为核心的课程改革和教学改革将有可能催生"课堂上长出苹果树"。[2]

（一）我国核心素养培养体系的建构需要基于学生实际的实践研究

21世纪初，经合组织率先提出了"核心素养"结构模型。多年来不同国家或地区都在做类似的探索。我国将核心素养定义为：学生应具备的适应终身发展和社会发展需要的必备品格和关键能力，突出强调个人修养、社会关爱、家国情怀，更加注重自主发展、合作参与、创新实践。[3]此后，各类高校研究人员还从多层次对核心素养的特征、面貌、愿景进行了描述。然而，核心素养的主要目标是学生发展。随着社会变迁和经济技术快速发展，当今的学生无论是身体素质还是心理素质都有了很大的变化。从哪里去了解学生的实际变化和需求呢？当然是与学生接触最多、最了解学生的一线学校教师与学校研究者们。因此，我国核心素养培养体系的建构一定需要基于当前学生实际的学校层面的实践研究。

---

① 钟启泉.核心素养的"核心"在哪里？[N].中国教育报,2015-04-01(007):1.

② 成尚荣.核心素养:开启素质教育新阶段[N].中国教育报,2016-05-18(009):3.

③ 林崇德.中国学生发展核心素养:深入回答"立什么德、树什么人"[J].人民教育,2016(19):14.

（二）核心素养的培养需要在学校层面探索新的课程体系和教学模式

1973年7月，经济合作与发展组织所辖的"教育研究革新中心"在一次国际研讨会上提出校本课程（School-Based Curriculum）开发；1974年在日本东京召开的国际课程研讨会上将校本课程开发又一次作为重要的研讨议题。英国、美国、澳大利亚、加拿大和以色列等国家都不同程度地实施了校本课程开发计划。在这一过程中形成和普及了一些重要的教育理念，如：教师和学校是课程开发的贡献者而不只是被动的接受者；实际承担教育教学任务的学校可以也应该成为设计课程的理想空间；教师作为实践者是课程开发的核心参与者，没有教师发展就没有课程开发；等等。

在我国，随着《中共中央国务院关于深化教育改革全面推进素质教育的决定》中提出试行国家、地方、学校三级课程的政策，校本课程及校本课程资源的开发与管理逐渐成为教育界关注的课程改革热点之一。目前，我国课程改革的发展方向是给地方和学校更多的课程开发和设计的权力与职责，鼓励学校在认真实施国家课程的基础上，开发各具特色的多样化的校本课程。华东师大课程与教学研究所的吴刚平、崔允漷、王斌华等专家教授及其他学者已对一些相关问题做出了积极的探索，积累了宝贵的经验。《课程改革与课程评价》一书中指出："课程的编制者要了解学生的个性，尊重学生的个性，把学生身心发展的个性化与社会化统一在课程标准中，处理好学生的直接经验与间接经验的关系，给予学生发展的主动权，调动学生的学习动机，让学生主动地发展，从而促进学生更大地发展。"[①]

校本课程刚刚在中国出现的时候，一些学者已经认识到校本课程与校本的课程这两个概念之间的差异，为此，2000年全国课程专业委员会专门做了一个详尽的说明。前者是指学校开发实施的课程，后者则是指依据学校和学生的具体情况对学校所有课程进行综合思考、综合设置的过程。然而若干年来，很少有人真正关注从整体上建设学校课程，核心素养的概念，则为学校课程与教学整体建设提供了理念支持及实践指导。

任何一门学科的目标定位和教学活动，都要从素养的高度来进行。对核心素养的研究将会对我国课程目标的进一步科学化产生影响。因为"长期以

---

① 叶澜.课程改革与课程评价[M].北京：教育科学出版社，2001：126.

来,我国确定课程目标以及各级各类教育目标的时候,习惯于将国家政策文件中的相关话语直接移植过来。这既导致课程目标或教育目标缺乏科学性且无法检测,沦于空泛与抽象,不能有效指导教育实践;又导致课程目标或教育目标缺乏针对性,无法适应不同年龄阶段学生的发展需求"①。他期待,在适时引入"核心素养"这一体系后,课程目标能够进一步实现科学化。

教学作为课程的载体,应与课程思想相一致。目前,基于核心素养的教学模式研究主要基于学科本位,比如"尝试·分享·导学"数学教学模式研究,民主探究合作中培养学生语文素养,信息技术学科中培养学生的信息素养的研究,以创新为核心目标的体育教学模式,地理课中培养高中生的地理核心素养,等等。而从文化、课程、教学等统整进行实践研究的还比较缺乏。

(三)核心素养的培养与学校整体改革、特色发展紧密联系

学校整体改革和特色发展的推进是核心素养培养的最有力保障。从比较教育研究视角看国外教育改革发现:美国教育界在20世纪末至21世纪的一系列教育改革后,教育质量仍然存在效率低下的问题。研究发现,零敲碎打的学校改革对学生的学业成绩几乎没有什么影响,学校改革必须整体进行。中小学创办特色学校便是基础教育改革的一个基本要求,此举能够有力促进学校办学的主动性,有效改变传统的"千校一面",学校发展难以适应基础教育改革要求的状况。核心素养不是一个知识性或技能性的概念,而是集知识、技能、情感态度于一体的综合概念。因此,学生核心素养的获得也有赖于学校综合环境的影响,包括学校课程与教学环境影响、文化环境影响、德育引导、校园建设等多方面。可见,核心素养的培养与学校整体改革和特色发展是紧密联系的。同时,学校育人最终的目标是改进学生在当下和未来社会生活的表现。核心素养概念的提出就是在当前教育宏观背景下对学生发展的终极目标进行探索。因此,在学校整体改革和特色发展的推进中,必须以核心素养的培养为终极追求。

三、体制机制改革激活学校综合改革

国际基础教育学校愿景研究提出:学校是以知识与技能为媒介,在师生

---

① 施久铭.核心素养:为了培养"全面发展的人"[J].人民教育,2014(10):13-15.

互动关系之中,生成各自的意义,最终创生新的学校文化的学习共同体。作为学习共同体,学校的教育使命是保障每一个学生的学习权,求得每一个学生的发展。学生是多元智慧的存在,没有高低贵贱之别。学校应寻求不同个性的交融、多元声音的交响,寻求"和而不同"的世界。同时,作为学习共同体,学校的改革旨在通过国民教育的正式课程来铸造未来国民的核心素养。佐藤学说:"所谓'好学校',绝不是'没有问题的学校',而是学生、教师和家长共同面对'问题'、齐心合力致力于问题解决的学校。"未来的学校是一种"超越学校的学校"。从根本上来说,承担起学生的学习与发展的,不是每一位教师,而是整个教师团队;不是每一间教室,而是整所学校;不是每一所学校,而是整个社会文化。[1]

为什么整合对学校教育,尤其是小学教育这么重要呢? 有一个比喻很形象:当一个6岁多的孩子刚迈入小学,他对一切都是陌生的,他就好像进入到一个黑黑的房子里面。这个时候要如何引导他大胆地迈进这个他不熟悉的黑暗的房间里面并适应周围的环境呢? 我们通常有两种方式可以帮助他,一种方式是我们用高度聚光的探照灯照向房间的每一个角落,将房间呈现给他;另外一种方式,就是把这个房间的顶灯打开,一下子把整个房间都照亮。请想一想,在哪种灯光的帮助下,孩子能够更放心大胆地走进这个房子并很快地适应呢? 显然是顶灯! 尽管顶灯在局部上并没有探照灯那样照得亮。而这种顶灯恰恰是小学教学和小学课程的最重要的特点:直接的完整性。这就是"顶灯效应"[2]。我们的"顶灯"在哪里,小学教育的完整性怎样体现,这需要我们进一步研究和探索。

(一)深化教育体制机制改革催生系统性、整体性的学校综合改革

2017年9月24日,中共中央办公厅和国务院办公厅联合下发《关于深化教育体制机制改革的意见》,指出要"全面深化教育综合改革,全面实施素质教育,全面落实立德树人根本任务,系统推进育人方式、办学模式、管理体制、保障机制改革"[3]。学校是教育体系中最为核心的组成部分,也是全面育人的

① 钟启泉.核心素养的"核心"在哪里? [N].中国教育报,2015-04-01(007):3.
② 汪瑞林.从主题教学走向核心素养培育[N].中国教育报,2015-05-26(009):3.
③ 中共中央办公厅和国务院办公厅.关于深化教育体制机制改革的意见[EB/OL]. http://www.moe.gov.cn/jyb_xwfb/s6052/moe_838/201709/t20170925_315201.html,2017-09-25.

实施者,更是全面深化教育综合改革的最终实现者。只有通过系统化、综合化、深度化的学校整体系统改革,才能跟得上基础教育改革深化的步伐。人和街小学五维一体的学校整体改革模式正是这一时代有效的变革模式之一。

(二)核心素养推动学校整合发展的新方向

《中国学生发展核心素养》项目组认为,学生核心素养主要包括9大素养、23个基本要点、70个关键表现。[1]这样宏观的理论探索对学校层面实施核心素养的培养有一定的指导意义。钟启泉指出:基于核心素养的课程发展意味着,无论是课程开发者抑或一线教师都需要在核心素养—课程标准(学科素养或跨学科素养)—单元设计—学习评价这一连串环环相扣的链环中聚焦核心素养展开运作。[2]核心素养培养体系需要教师在课程与教学中展开系统性、整体性的改革研究。崔允漷等人也指出,从《中国学生发展核心素养(征求意见稿)》意见稿中反映出项目组专家素养本土化、课程化上的努力,但在价值取向与**学理逻辑**上还有待进一步的澄清,并且在理论上核心素养的培养**还面临着诸多挑战**。[3]可见,核心素养的理论问题还需要到实际教育实践中去寻找新的、具体而微的解释,从而构建适合我国核心素养培养的体系与途径,并最终促进我国学生核心素养的构建,改变我国的教育现状。

这意味着学校综合改革进入了整合发展的时代。从国家教育改革形势需要、实现**核心**素养培育等多层次考虑,基于文化、课程、教学、教师发展与管理的五维一体的研究,是统整学校发展和探索解决国家教育新问题的具体途径,是一种自下而上的实践探索,是非常必要和可行的。

第二节 | "五维一体"小学整体改革的内涵

基础教育课程改革已经进入全面深化、注重内涵发展、质量提升的转型期与攻坚期。各级各类学校必须深化教育综合改革,建构合理、科学、有特色的办学模式。

① 崔允漷.素养:一个让人欢喜让人忧的概念[J].华东师范大学学报(教育科学版),2016(1):5.

② 钟启泉.基于核心素养的课程发展:挑战与课题[J].全球教育展望,2016(1):3.

③ 崔允漷,邵朝友.试论核心素养的课程意义[J].全球教育展望,2017(10):26.

多年来，重庆市渝中区人和街小学确立了以"人和为魂，和谐育人"为核心的"人和教育"办学理念，初步构建了以办学理念统领学校课程建设的特色学校深层建设模式，把学校文化理念融入学校课程的办学模式和课堂教学之中，形成了基于学校文化体系的学校课程体系和特色教学体系。同时，利用管理与科研双翼齐飞的保障机制，推进课程与教学的研究，并将教师专业化发展并入课程、教学、管理之中，促进教师的专业化发展。此外，随着学校"六校两园"的集团化发展趋势，办学格局也发生深度调整。因此，加强"人和教育"的系统化研究，构建以学校核心理念为基础的文化、课程、教学、教师发展、管理的整体发展、内涵发展模式，深化教育综合改革，达成课程改革目标，实现学生核心素养培育，促进学生全面发展，成为当前学校整体改革与发展的重要需求。

在这样的背景下，基于系统化、全息理论、现代治理的思想，学校开始了"五维一体，全息共生"办学模式的深度探索。将以往对学校文化、学校课程、课堂教学、教师发展、学校管理的独立研究，统整为一个整体研究。按照系统论的思想，把办学中相互独立的五个实体，通过系统研究、协同发展融合成为一个完善的整体。按照全息共生的思想，每一个维度都蕴含了其他四个维度，不可分割，在研究学校文化、课程体系、课堂教学、教师发展、学校管理五个维度中的任一个维度时，要结合其他四个维度同步研究，在学校办学中实现五个维度的协调发展与同步运作，实现共生。按照现代治理的思想，通过学校不同子系统的统一，以此加强学校发展的思想性和一致性，建立学习型组织，为民主参与、协同合作奠定思想基础，从而让学校整个办学系统实现有机高效的运行。

所谓"五维一体，全息共生"的学校变革模式，就是基于学生素质发展的需求，将学校发展的五大核心要素：文化、课程、教学、教师发展、学校管理有机地结合在一起，形成全息共生、和

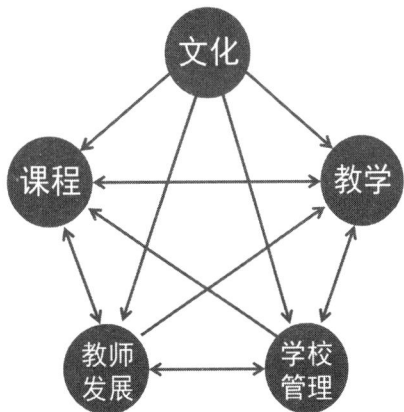

图1-1 "五维一体，全息共生"结构图

谐发展的一体化系统(见图1-1)。"五维一体,全息共生"是以人和教育文化为指导思想,通过对学校管理体制机制的设计,全方位整合高质量办学要素中的五个维度,将学校文化、学校课程、课堂教学、教师发展、学校管理五个方面融合成一个紧密不可分的整体,形成基于学校文化体系的学校课程、教学、教师发展体系、管理的办学模式,促进学校实现集团化高效发展。这不仅是学校整体高效发展的必由之径,更是对学生核心素养培育的深度落实。

一、"五维一体"的定义

(一)"五维"的定义

"五维"即优质办学的五大核心要素——学校文化、学校课程体系、学校教学、教师发展和学校管理。

学校文化:文化是办学的方向。学校文化是社会文化的有机组成部分,是指以学校群体成员为主体,在教育教学和管理实践中逐渐共同创造生成的体现时代特征和社会进步的价值观念、思维方式、行为规范及其活动结果,它以具有学校特色的精神形式、制度形式和物质形态为外部表现,并影响和制约着学校群体成员的活动方式、精神面貌与文化素养发展。概括起来,学校文化包括学校办学的方针、思想、理念、目标、任务等。

课程体系:课程是办学的内容结构,是教育的载体与途径。课程体系是教学内容和进程的总和,是指同一专业不同课程门类按照顺序排列,课程门类排列顺序决定了学生通过学习将获得怎样的知识结构。课程体系是育人活动的指导思想,是培养目标的具体化和依托,它规定了培养目标实施的规划方案。课程体系还是教育教学活动的基本依据,是实现学校教育目标的基本保证,是学校一切教学活动的中介,为学校进行管理与评价提供标准。课程体系主要由特定的课程观、课程目标、课程内容、课程结构和课程活动方式所组成,其中课程观起着引领作用。

学校教学:教学是学校教育中普遍使用的一种手段。学校教学是指把年龄和知识程度相同或相近的学生,编成固定人数的班级集体,按各门学科教学大纲规定的内容,组织教材和选择适当的教学方法,并根据固定的时间表,向全班学生进行授课的教学组织形式。它是教师给学生传授知识和技能的全过程,是课程的实施载体,是教育实现目标功能的过程。它主要包括教师讲解,学生问答,教学活动以及教学过程中使用的所有教具。

教师发展:教师专业化发展是指教师作为专业人员,在专业思想、专业知识、专业能力等方面不断发展和完善的过程,是专业新手到专家型教师的过程。教师不仅是知识的传递者,而且是道德的引导者,思想的启迪者,心灵世界的开拓者,情感、意志、信念的塑造者;教师不仅需要知道传授什么知识,而且需要知道怎样传授知识,知道针对不同的学生采取不同的教学策略。教师队伍建设是学校对教育者的培养教育活动,是学校教育质量的条件保障。

学校管理:学校管理是指学校领导和管理者根据教育政策及教育规律,通过一系列协调性活动,有效地整合、利用校内外各种教育资源,以提高学校办学水平和教育教学质量,形成学校组织文化,促进教师专业发展,促进学生身心全面发展的创造性实践过程。学校管理是学校活动的一个重要领域,是学校管理者在一定社会环境条件下,遵循教育规律,采用一定的手段和措施,带领和引导师生员工,有效实现学校工作目标而进行的一种组织活动。

（二）五个维度间的关系

文化、课程、教学、教师发展、管理五大办学的核心要素与学校整体系统的关系,可以用人的生命现象中各器官功能发挥的有机关联做比喻解读。文化就像人的大脑,支配人的思维和动作;课程就像人体的骨骼,组成人体的结构和形态;教学就像人体的肌肉,实现骨骼功能的发挥;教师队伍就像人体的血液,是人体各种功能质量发挥的基础;管理就像神经系统,决策、指挥、控制动作的效果。这五个要素看似独立,却能够相互作用,相互支撑,最终实现人体运转（学校运作）。这一认识,促进"五维一体、全息共生"学校整体改革系统的构建。

（三）对"五维一体"的理解

"一体化"是指多个原来相互独立的实体通过某种方式融合成为一个整体的过程。"五维一体"指五大核心要素在任何情况下都是不可分割的整体,其中任一个要素的价值和功能,都与其他要素互为条件或目标,即无处不在、处处同在、有机关联、有机统一、不可替代、不可或缺的意思。

"五维一体"是指通过研究学校文化建设与课程、教学、教师发展、管理之间的内在联系及其发生发展的规律,把学校文化理念融入学校课程的办学模式、课堂教学、教师发展及管理之中,形成基于学校文化体系的学校课程体系、特色教学模式、教师专业化发展模式及学校管理体制机制。

二、"五维一体,全息共生"的办学模式

"模式"一词在《现代汉语大词典》中被定义为"某种事物的标准形式或使人可以照着做的标准样式"。"办学模式"是指在一定思想指导下形成的一种规范化的结构形态和相对稳定的权利结构与关系,以及在此基础上构建的规范化办学运行机制。广义上,办学模式是一个国家或地区为适应经济和社会发展的水平而建立起来的组织体系、领导体系、管理格局、教育结构形式等。狭义上,办学模式是指一所学校为适应当地的经济发展水平和人才需要而建立的一种人才培养的格式规范。

重庆市渝中区人和街小学以人和教育文化为指导思想,通过对学校管理体制机制的设计,全方位地整合高质量办学要素中的五个维度,将学校文化、课程体系、课堂教学、教师发展、管理机制五个方面融合成一个紧密不可分的整体。"五维"中的每一个维度都具有人和教育的特点。在学校运行的过程中每一维度既彼此独立,又相互支撑,每一个维度都蕴含了其他四维,或者说其他四维共同支撑了那一个维度,它们共同构成一个体系,相互统领,形成一种"全息共生"的格局。重庆市渝中区人和街小学依据"五维一体"的办学模式,将核心素养作为重要发展动力,以人和教育及其理念为思想指针,以"人和六质课程群"课程体系为行动架构,以"和声课堂"的教学为具体的实践路径,以教师专业化发展为人力保障,以管理体制机制的改革为制度支撑,使学校办学做到全面、协同、统整、高效运行,实现减负提质办学效益的最大化。

第三节 | "五维一体"小学整体改革的学理基础

一、小学整体改革的系统论基础

"五维一体"小学整体改革首先基于系统论的思想。系统论创始人L.V.

贝塔朗菲（L.Von.Bertalanffy）认为，任何系统都是一个有机的整体，系统中每个要素在系统中都处于一定的位置上，起着特定的作用。[①]系统的整体功能是各要素在孤立状态下所没有的性质。他用亚里士多德的"整体大于部分之和"的名言来说明系统的整体性。从系统论的观点来看，学校教育也是一个有机的整体。在学校运作过程中，围绕办学目标，各要素之间有着物质、能量和信息的交换，既相互关联，又独立发挥作用。因此，必须深入学校内部的各要素，如文化、课程、教学、教师发展、管理中，分析要素之间的独立意义及相互作用。同时，建构各要素运行的系统化机制，使各部门之间建立起良好的结构协助关系，使其能够更充分地发挥整体效能，从而有效地健全和优化学校的管理机制，提升教育教学质量。

二、小学整体改革的全息论基础

全息理论是研究事物间所具有的全息关系的特性和规律的学说，也是"五维一体"学校变革模式的理论基础之一。现代全息理论之父、物理学家大卫·博姆（David Bohm）对全息的解释是，宇宙是一个各部分之间全息关联的统一整体，每一部分中都包含着其他部分，同时它又被包含在其他部分之中。整体各部分机能内外相互作用，共同生成大于部分之和（积）的整体机能（含功能），即全息共生（"全生"）。[②]从全息思想的角度而言，学校各子系统都是整体的一部分，必须站在整体的立场上来理解和建设每一个子系统；反之，每一个子系统必须基于其他子系统的建设来实现自身，同时也很好地映射出其他子系统的信息，经由任何一个子系统，都可以有效地通达其他所有的子系统，并影响学校发展的整体。学校系统及其各子系统是全息联系的，它们全方位地散射着自身的信息，作用于其他系统及子系统并实现着共生。因此，我们在研究学校办学时，需要建立起子系统与学校整体系统的关联性思考，认识到办学要素对办学整体的重要影响和作用。在整体统一性认识基础上，以办学要素为核心，进行全向性思维，让相互独立的办学要素通过某种方式融合成为一个整体，形成一体化的办学模式，实现共存共生，达成大于独立个体效用之和的最优效果。

① 路·冯·贝塔朗菲.普通系统论的历史和现状[J].王兴成，译.国外社会科学，1978（2）：69.
② 韩振来.现代全息理论介绍[J].济南大学学报（综合版），1990（创刊号）：83.

三、小学整体改革的现代治理理论

十八届三中全会上,党中央提出了"国家治理体系"和"治理能力"的概念。李维安认为,所谓"治理",即用规则和制度来约束和重塑利益相关者之间的关系,以达到决策科学化的目的。它是由治理主体、治理内容、治理结构以及治理机制等构成的,以规则、合规和问责为核心要素的一整套制度安排。[①]根据现代治理理念,现代学校治理体系的建构,需要体现出治理主体的多元性、治理过程的民主参与性,以及治理目标是促进学校管理的改进和发展等特征。[②]因此,学校应该从办学目标出发,在观念层面上形成师生的共同愿景和普遍认同的学校文化,在制度层面上建立适合学校的整体优化的制度体系,在行动层面上实现民主参与,建立校长、教师、学生、家长的合作伙伴关系等。"五维一体,全息共生"的系统改革模式把学校运作的不同子系统用学校文化统一起来,不仅强化了学校发展的思想性和一致性,更重要的是为民主参与、协同合作奠定了核心与基础,提供了空间和平台,从而让学校整个办学系统实现有机高效的运行。

从上述理论可以看出,"五维一体,全息共生"办学模式研究是在名校集团化的大背景下,深入研究如何将优质教育资源从"人力资源分享"转化到"制度式分享";是在政策、市场的大环境下,提高内涵和核心竞争力的战略规划性举措;是解决"优质教育资源稀释"问题的重要途径。从理论研究上看,国内虽然有对学校办学模式的一些研究,但针对如何沿着学校特色和发展方向做好办学模式优化的研究却并不多。本研究探讨学校文化建设与课程、教学、教师队伍、管理之间的内在联系及其发生发展的规律,对学校文化建设、课程和教学改革、教科研改革、队伍建设都具有深刻的理论意义。综上所述,"五维一体,全息共生"的办学模式是在核心素养背景下走的内涵发展之路,是解决当前重点问题的有益尝试和探索。

---

① 李维安.推进全面深化改革的关键:树立现代治理理念[N].光明日报,2013-11-29(11):1.

② 冯晓敏.现代学校治理体系的理念框架与内容建构[J].现代教育管理,2015(8):14.

第四节 | "五维一体"小学整体改革模式的探索

学校按照"五维一体,全息共生"的整体改革思路,围绕提升学生核心素养这一目标,通过传承"人和为魂,和谐育人"的办学理念,进一步构建学校课程体系、特色教学体系、教师专业化发展与管理一体化系统,初步形成以办学理念为核心的文化、课程、教学、教师、管理发展"五维一体,全息共生"的学校整体改革办学模式,实现每位学生核心素养与个体品质的最大发展。同时,通过理论与实践研究,强化学校管理的系统意识,提高实施与管理的认识水平,更好地指导教育实践,最终实现提高教育效益、提升教育品位、适应教育变革的目的,引领学校进入新的发展时代。

"五维一体,全息共生"整体改革系统以"人和为魂,和谐育人"的办学理念为思想引领,以其他四维为实践土壤和精神根基,每一维都为学校的整体改革发挥了巨大的作用。这种"五维一体,全息共生"的教育综合改革系统,正是人和街小学学生核心素养谱系得以构建、具化的关键途径。

一、"五维一体"小学整体改革模式的实践

(一)人和为魂,和谐育人——基于"人和文化"的教育哲学

1."人和文化"的传承

"人和"一词,最早见于《孟子》,所谓"天时不如地利,地利不如人和"[①]。宋代,范仲淹《岳阳楼记》中也记载:"庆历四年春,滕子京谪守巴陵郡。越明年,政通人和,百废俱兴。"[②]可见,古人都是从天、地、人的比较中突出"人为贵""人心齐,泰山移"的群体力量。

重庆市渝中区人和街小学位于三峡库区内长江与嘉陵江汇合处的渝中半岛,两江与山城映照造就了兼容并蓄、海纳百川的人文与水土文化。学校在办学过程中不但深得两江文化的人文精髓,更肩负着传承多元文化、展示和而不同内涵的责任,始终坚持求真务实、合作创新的价值追求。人和街小学在博大精深的和文化、极具地域特征的两江文化中获得滋养,传承人和文

---

① 孟子[M].万丽华,蓝旭,译注.北京:中华书局,2006:76.
② (宋)范仲淹.范仲淹全集[M].李勇先,王蓉贵,校点.成都:四川大学出版社,2002.

化,将"人和文化"归纳为三个层次:人心所向、上下团结、建功立业。其中,人心所向是一种和谐的精神状态,上下团结是凝聚的方法和力量,建功立业是群体共同追寻的价值目标。

2. 人和教育的提出

人和教育的提出,源自四个方面:传统文化、地域文化、学校历史、时代精神。第一,中华传统文化中,和文化是其精髓,所谓"天人合一""贵和尚中",都强调了人与自然、人与人之间应该和谐相处的道理。"和"作为学校文化的核心,体现了学校教育对历史的尊重和传承。孟子讲的"天时不如地利,地利不如人和",更突出了"人和"的重要意义。第二,人和街小学地处两江交汇处的渝中半岛,两江交融,恰好形成了一个篆书的"人"字,学校所在的人和街社区也是全国和谐社区,这样的地域文化启发着我们"人和"的重要性。第三,人和街小学在70多年的办学历史中,从20世纪70年代的单科单项改革、80年代的整体改革、90年代的"和谐活泼"教学改革到20世纪的"人和教育"特色教育建设,可以说"讲求人和,珍惜人和"是我们从未间断的光荣传统。第四,党的十七大明确提出要传承传统文化。人和街小学也因此在传承与创新的基础上,提出了"人和教育"的办学思想。

人和教育的办学理念包含了办学目标、教育内容、途径方法等诸多内容,通过实践,我们将其内涵概括为八个字:人和为魂,和谐育人。"人和为魂"是指以人和精神作为学校办学育人的核心价值观念,让它浸透在学校教育教学活动中,扎根在广大师生的心坎上,成为学校各项工作的指向标;"和谐育人"是指在和谐的校园里,实施"和谐、活泼"教育,促进学生全面和谐发展。这一办学理念的核心思想可概括为:和衷共济、海纳百川、和而不同,即要倡导师生讲团结、讲互助,做到共性与个性相容,发挥师生优势潜能,彰显个性,努力培养创新型人才。

在这一理念的引领下,我们吸收了儒家和文化中的精华,提炼出学校的主题文化"两江融聚,人和教育",校训"海纳百川、和衷共济",学风"品德高尚、睿智灵动、强体健魄、尚美惟新",教风"居儒典雅,身正学高"。在办学实践的过程中,人和教育办学理念的内涵得到了不断的丰富和发展。浓郁的校园文化氛围,引领学校办学水平更上一个台阶。

3. 人和教育引领下的培养目标

在人和教育思想引领下,学校确立了"培养全面和谐发展具有人和特质的少年"的学校课程目标。这一目标指引我们深入追问:"人和教育"究竟要培养学生哪些方面的特质?经过广泛研究、调查和分析,最终概括出"人和六质",包括:和德、和健、和雅、和理、和美、和融,分别指向了学生的道德素养、健康素养、文化素养、科学素养、艺术素养、人际素养。它一方面与国家的教育方针和现代教育理念相一致,一方面又融入和谐发展的办学理念,与人和文化倡导的自我之和、与人之和、与自然之和的人文追求相统一,从而奠定了人和街小学自身的文化根基(见图1-2)。

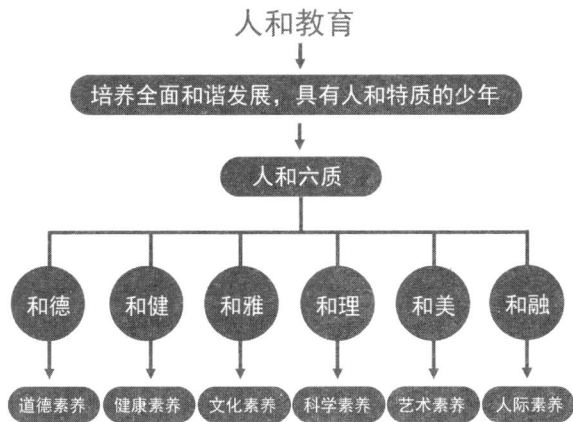

图1-2 "人和教育"育人目标体系图

(二)以生为本,和谐发展:构建人和六质课程体系

1."人和六质"课程群的构建

课程群是将相互影响、前后有序、具有课程互动关系的相关课程以集群的方式重新集合所形成的新型课程体系。通过课程群这一概念,可以把相关学科进行一定的整合,使知识和素养系统化,使学生发展整体化。课程群的提出,使我校课程建设工作进入了科学化、系统化的轨道。

依据课程群的理念,学校以国家课程为核心,以地方课程、校本课程为拓展,系统建构以"人和六质"为主题的自主课程体系,既保证国家课程的基础性和规范性的地位,同时也把地方课程、校本课程融入学生成长所需要的素养体系中,实现国家、地方和校本三级课程的整合,形成有机整体,为学生的发展服务。"人和六质"是指人和教育所要着力培养的学生的六大素养,即道德素养、健康素养、文化素养、科学素养、艺术素养、人际素养。由此形成的学校六大课程群包括:和德课程群、和健课程群、和雅课程群、和理课程群、和美课程群、和融课程群(见图1-3)。

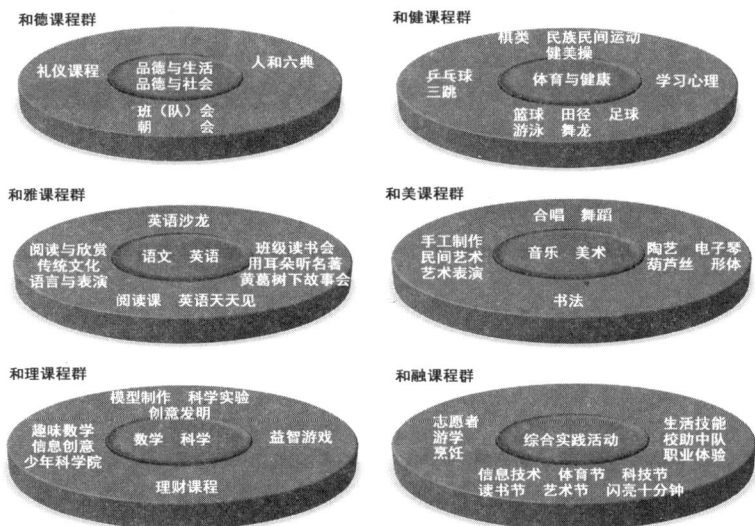

图1-3 人和六质课程结构图

学校将课程整合为课程群,绘制课程群图谱,把核心素养与课程相对应,以6个维度18个方面作为核心素养的具体表现(见图1-4)。

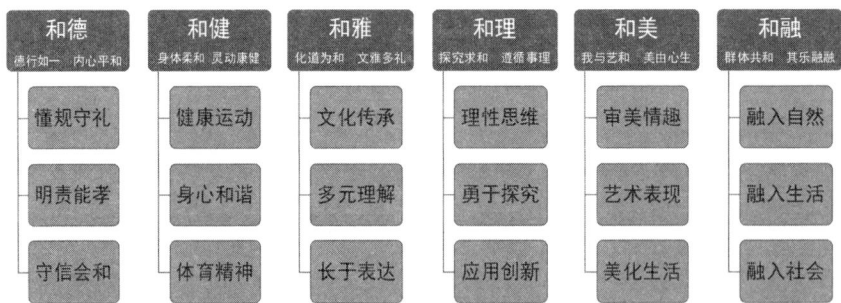

图1-4 人和六质课程群核心素养谱系

六个维度是指:和德、和健、和雅、和理、和美、和融。其中,德是德行,是立人的根本,和德是指德行如一,内心平和;和健是指身体柔和,灵动康健,位于发展的首位;和雅是指文化修养,即化道为和,文雅多礼;和理是指探究求和,遵循事理;和美是指人的艺术修为和高雅情操;和融是指融合,是最终达成的群体共和、其乐融融的教育气象。从个体之和,到与人之和,再到与群体之和,这六个维度互为关联,相互渗透,将人和文化具象为学生发展的核心素养。

2. 自主选修课程的实施

为进一步夯实核心课程,丰富拓展课程,形成富有特色并适应学生差别化成长需求的学校课程体系,我们在国家课程的基础上,以地方课程、校本课程为拓展,开展了自主选修课程这一新的实践探索。学校开设了85门校本选修课程,编写了17种校本课程系列丛书,这为核心素养谱系具体化提供了载体,形成了具有丰富性、选择性和思想性的课程体系。

学校开设的自主课程以必选、自选等多种方式拓宽课程,给学生成长提供丰富的、可选择的营养。如和美课程群中的核心课程(音乐、美术),首先按照国家课程要求,开齐开足,在此基础上又开设声乐、表演等拓展课程。拓展课程分为四类:第一类,学校必修,班班必开;第二类,年级必修,在不同年级开设;第三类,学校选修,全校选拔;第四类,年级选修,年级内个体自主选择。

此外,学校还在课程的选择、空间和时间安排上进行了改革,包括网络选课、走班制、长短课等措施。

3. "四位一体"的课程实施模式

为了更好地实施课程群,学校构建了"四位一体"课程群教育教学工作实施模式。每一个课程群中,都包含课堂教学、课外活动、校内竞赛展示活动、社会竞赛展示活动四种教学形式,将这四种形式的学习活动按照先课内,再课外,进而校内活动,最后社会活动的顺序进行安排,构成"课中学—课外练—活动中用—竞赛中提升"的结构程序。其中,课中学是核心,其他三者是延伸和拓展,形成课程群教育教学工作实施的"四位一体"模式。

(三)和而不同,人人发展:建构和声课堂"三四五教学改革体系"

1. 和声课堂教学模式

课堂教学正是把学校文化转化为师生精神和气质的桥梁,是学校文化逐步生根的重要途径。学校在人和教育特色学校建设中,为了让人和文化融入课程、融入课堂,积极进行人和教育之和声课堂的探索,以期更好地实现学校的育人目标。

在课堂教学中,有着来自教师和学生的不同声音,传统的课堂是把其中一些声音压制下去,以保证声音的统一性,最终形成了单调的课堂,也培养了单面向的人。人和街小学以人和教育为导向,强调人与人之间的和谐。这种和谐,是不能以差异化声音的消除为代价的,相反,要能够汲取古人的智慧,以和而不同作为人和文化建立的根本要求。在这层意义上,和而不同是我们走向人和教育的方法论,更是和声课堂的理论基础。

和声是指两个以上不同的音按一定的法则同时发声而构成的音响组合。和声思想符合和而不同的思想,它强调我们要尊重课堂上那些富有差异的声音,而不是致力于消除这些声音,应努力倾听这些声音,引导这些声音产生共振,形成美妙的和声,在和声中创造、生成。具体来说,和声课堂是指尊重差异、寻求共识、人人发展的课堂。其中,尊重差异是指尊重课堂上每一种声音,包括教师的声音、学生的声音。这不同的声音都蕴含着对生命的理解、渴望乃至智慧,需要我们去尊重、去倾听、去理解。其次,寻求共识是指一个社会不同阶层、有着不同利益诉求的人寻求共同的认识、价值、理想、想法,体现了人们在学习知识过程中通过各种方法所展开的合作与探究过程。从传递标准答案到寻求共识,是教学思想的巨大转变,也是人和教育、和声课堂的精髓所在。最后,人人发展是指让每一个人都可以倾听不同的声音,获得不同的智慧,从而走出狭隘的自我,走向更加广阔的世界,人人都获得成长和发展。

综上所述,尊重差异是和声课堂的观念基础,寻求共识是和声课堂的过程特征,人人发展是和声课堂的必然结果。

2.和声课堂的原则和步骤

和声课堂包含四大教学原则:适度留白、人人参与、注重倾听、寻求共识。五步教学模式:设置情境、发现差异、聚焦疑点、寻求突破、达成共识。

和声课堂的实质在于坚决地在教学设计中留出所有学生能够参与教学活动的"空白",促使在学习的时空中,师生之间、生生之间能够相互倾听、相互尊重彼此的差异,在差异的基础上寻求共识,从而最大化地实现人人参与、人人发展的效果,达成和而不同的价值追求。和声课堂致力于学生学习方式的转变,尤其强调学生在具体的问题情境中与同伴相互比较、发现问题并解决问题,为核心素养的生成提供了有效途径。和声课堂研究,既要使学校文化的精髓成为课堂教学模式指导思想及教学原则的内核,又要在课堂教学的过程中充分体现学校文化的特征,让学生的核心素养在学校课程的教学过程中得以培养、展现、应用和提升。

和声课堂在全校范围内实施,到目前为止已经历了理论学习认识和声、案例初探感知和声、人人参与实践和声、"核心+团队"领悟和声四个阶段,全校每位老师都对和声课堂的理念、原则、模式进行了实践,研究还将继续。

(四)建立以课程建设与教学革新为基础的教师专业发展体系

我们将教师的发展与学校的发展高度统一起来。在"人和为魂,和谐育人"的办学理念下,形成"居儒典雅,身正学高"的教师文化。其中,"居儒典雅"是指培养儒雅的风度和人格魅力,"身正学高"是指身正为范、学高为师。在此基础上,又将儒家的和合思想作为教师队伍人格理想和社会理想的价值目标追求,以文化凝聚人心,帮助教师认同学校文化,激活教师专业发展动机。

我们运用"五维一体"系统化的思维模式,深入分析教师专业发展的问题和优势,明晰教师专业发展与学校发展之间的关系,最终形成人和文化背景下教师专业发展的双路径:系统设计与协同发展。

1.路径一:系统设计,形成序列

学校设计了三大教师专业发展序列:基于文化建设的研修序列、基于课程改革的研修序列、基于教学改进的研修序列。这三大序列与学校发展形成一个有机的整体(见图1-5)。

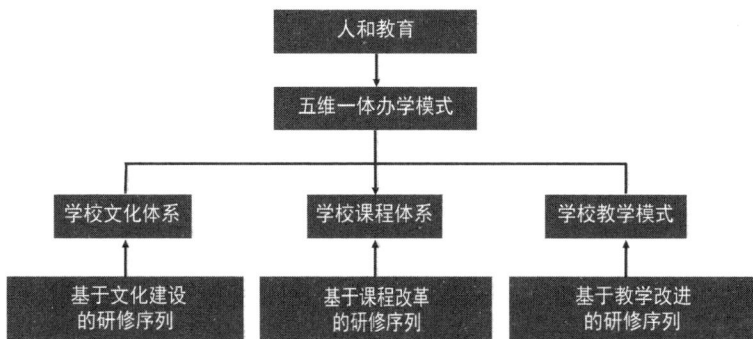

图1-5 教师专业发展序列结构图

（1）基于文化建设的研修序列。

人和教育确定人和为学校文化的核心,基于学校文化建设的研修序列,引领教师团队对文化进行深入研究,形成系列的文化落地举措。这一研修序列包括中华人和文化研究与两江文化研究。如:人和视野下的班级文化研究、人和视野下的学科文化研究、人和视野下的德育文化研究。

（2）基于课程改革的研修序列。

基于课程改革的研修,以课程资源建设为核心,以形成系统化的学校课程为目标。为做好此项工作,学校围绕课程群的建设,组建了六大课程群团队,每个群包括群主、副群主、群员。这三者组成一个课程研究的群体,共同开展课程群的研究。在各个课程群团队的努力下,逐步形成六大课程群的资源建设与校本课程开发研修序列。

（3）基于教学改进的研修序列。

基于教学改进的研修序列,以学科课堂教学为阵地,以课型分析与课例建设为核心,全力推进和声课堂的实施,切实提高课堂教学效率。最终形成了以下研修序列:语文学科五课型及其课例建设、数学学科三课型及其课例建设、体育学科四课型及其课例建设、英语学科四课型及其课例建设、科学学科三课型及其课例建设、音乐学科三课型及其课例建设、美术学科三课型及其课例建设、品德学科五课型及其课例建设。

2.路径二:有效分工,协同发展

教育集团的最大价值,在于能够运用更多资源,集中力量办大事。系统化设计为这种优势奠定了基础,但在具体的实施中,还需要做好组织建构,进行有效分工,推动不同校区之间协同发展。

（1）构建"核心+团队"研修组织架构,做好有效分工。

这一点强调把各校区组织起来,开展序列化的研修工作,让所有成员保持目标一致、相互理解,同时又能够驱动各校区在研修工作上协同发展。为了实现这一目的,学校成立了"核心+团队"研修组织架构。其中,核心组成员由课程群和学科组最为优秀的教师组成。其重要任务在于确定并分析研修任务,对之进行有效的分工。同时,核心组的成员还作为各个学校相应研修团队的主持人,把核心组的精神和任务分工传达至各个团队中,确保研修目标的一体化和分工的明确。此外,核心组成员要能够收集各个研修团队在研究中所获得的经验与问题,把优秀的经验分享到各个研修团队,同时通过核心组的研究帮助各个研修团队解决在研修过程中所遇到的困难。

（2）多元协同,促进教师专业化发展。

在获得有效的研究成果之后,还需要各校区以多种研修手段,共同促进教师专业化发展,并在此基础上,推动各个学校协同发展,推动研究与修学协同发展,推动不同层级教师协同发展,推动静态研究与动态实践协同发展,推动线下研究与线上交流协同发展。在系统设计和协同发展下,教师队伍释放的原动力,大大推动了学校的教科研发展,实现文化、课程、教学的一体化发展,形成了立体化的人和教育办学特色。

学校发展必须基于教师的发展,教师的发展只有基于学校的发展,才会更加有力。通过学校文化背景下教师专业化发展的实践探索,我们更加清晰地意识到:只有从整体的角度看待学校的教育,系统化地思考教师的发展,学校和教师的发展才会真正有的放矢。通过文化、课程与教学的一体化,最终形成基于学校整体发展的教师专业化发展序列,实现教师专业化发展与学校整体发展的有机整合,形成学校教育的良性循环。

（3）科研与教研有机结合。

通过"教研即科研,科研即教研"的一体化方式,保证科研的有效性,促进教学的提升,让教师在教科研中得到发展,深化新课程改革,实现核心素养的落地。

（五）以人为本,五维并进:构建人和管理体系

人和管理是人和街小学基于核心素养培育的"五维一体,全息共生"教育整体改革系统中的重要组成部分,也是这个体系得以优质运行的必要制度保障。

人和管理的独特性主要体现为"科学性与人文性的整合"。其中,科学性主要体现在学校对学生发展规律的尊重和数据驱动决策机制的建构上。人文性主要体现在人和文化的引领性、以人为中心与和谐人际观的构建上,在强调多元、民主的参与性的基础上,最终实现学校学习共同体的落地生根、和谐共生校园氛围的形成。

　　为了保障"五维一体"在学校全息运转,从而全方位、高质量地整合人和文化、课程、教学、教师发展、管理五大维度,学校以教育集团的方式,成立了"两会立中心",以集团校务委员会、集团学术委员会为主的人和集团领导决策中心,并下设文化、课程、教学、教师发展、行政管理五大中心,形成基于人和文化、课程、教学、教师、管理于一体的五维运作环,保障"五维一体,全息共生"的综合改革体系。

　　其中,"文化中心"是学校整体发展和系统运作的思想指导;"课程中心"是在文化指导下,构建课程体系架构、行动纲领及在课堂教学中的实施途径;"教学中心"是按照课程设计,在教学实践中去研究实现课程目标的具体路径;"教师发展中心"负责设计课程、教学的教师专业化发展序列,并按照序列促进教师的有效分工和协同发展;"行政管理中心"则负责为其他各中心提供制度保证。这五大中心高效率运转,相互协助,互为支撑,协调统一,推动学校办学系统全面、协同、统整、高效运行,实现育人目标和办学效益的最大化(如图1-6)。

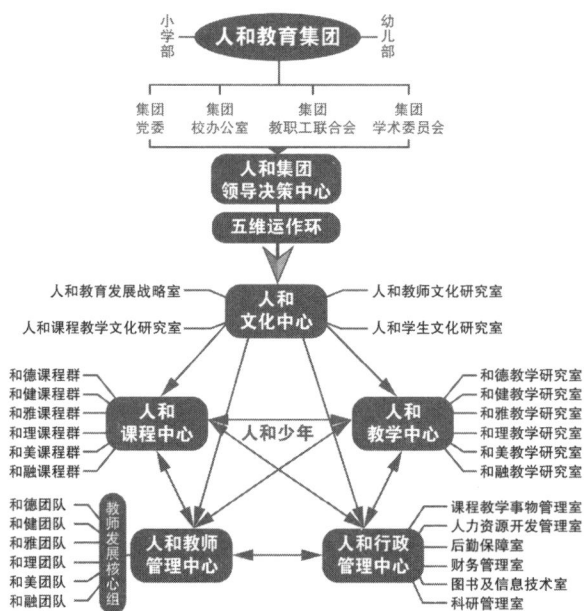

图1-6 "人和管理"五维运作环

　　为进一步保障各个部分的运转,人和街小学还建立了强调学校核心职能(学生发展、课程、教学、科研)的管理制度,高度重视制度制定主体的多元性,强调制度实施过程中的民主参与性,坚持促进学校管理改进与发展的制度管理目标。如教师组成的课程、教学学术委员会发挥为课程开发、教学活动、教师发展以及学校日常行政管理等提供科学决策的作用。

二、"五维一体"小学整体改革模式的成果

基于核心素养的"五维一体"综合改革,对推进学校的系统化创新发挥了巨大的作用,它推动了学校的整体前进,更实现了学校、教师、学生的共赢发展。

(一)学生发展

帮助学生在人和教育浸润下,实现"三和""四当""六会"。其中,"三和"是指自我之和、与人之和、与自然之和。"四当"是指人人都当班干部、当领操员、当升旗手、当志愿者。"六会"是指人人会游泳、会一门乐器、会书法、会陶艺、会围棋、会足球。

近几年,人和街小学的学生每年在全国、重庆市、渝中区的体育、艺术、文学、科技竞赛中获奖达千余人次,其中获"全国十佳优秀少先队员"1人,全国科技创新一等奖2人,"重庆市争光贡献奖"1人,"青少年科技创新"市长奖4人,区长奖12人,出版长篇小说2人,2位学生得到习近平主席接见,"世界小提琴大赛总冠军"张敬知在意大利和美国举办独奏音乐会,诸多学生艺术团赴日、法、英、奥地利等国演出,充分实现了每位学生个性、自主、全面的发展。

(二)教师发展

教师课程开发与课程实施能力得到整体提升,综合素质得到极大提高。目前,教师群体已开发校本课程系列丛书17种,在编教材21种,出版专著6本,30人参与了人教版等5门学科教材的编写。学校的科研课题获国家教育部基础教育优秀成果二等奖、市优秀成果一等奖。目前,在研的课题有市社科联课题1项,市级规划重点课题2项、专项课题1项,市教育学会重点课题1项,区规划课题1项。近年来,有693项校级小课题正式申报立项,581项结题。目前,学校围绕核心素养培育,制订了下一个五年科研规划。全校形成了全校做研究、人人都探索的教科研氛围,为核心素养的

研究提供了重要的科研保障。

（三）学校发展

在全国教育界树立起"人和教育"的品牌,在全市乃至全国产生了广泛影响力。学校先后获得"全国十佳科技教育创新学校""全国绿色学校""中国书法兰亭小学""全国语言文字示范学校""全国模范职工之家""全国百所德育科研名校"、"教育部贯彻《学校体育工作条例》先进学校""重庆市首批示范小学""重庆市首批书香校园"等50多项国家和省部级荣誉称号。学校得到了到校视察的政治局常委、国务院副总理汪洋,中央政治局原常委刘云山,教育部原副部长鲁昕,中国科协党组书记尚勇,中国教育学会原会长顾明远,教育部体卫艺司司长王登峰,教育部语用司司长姚喜双,中国教育科学研究院院长、教育部基础教育课程教材发展中心主任田慧生等领导专家的肯定。央视新闻联播、央视少儿频道、光明日报、中国教育报等都对学校进行了报道。此外,学校曾先后在亚洲教育论坛、中国教育学会年会、全国中小学特色学校发展高峰论坛、全国和谐德育年会,京津沪渝四地教育论坛以及台湾、北京、西藏、河南、厦门、昆明、大庆、南京、四川等省市做报告交流180余场次。近五年来,来校考察的美国、加拿大、英国等国外代表团及北京、山东、新疆、广东、深圳等全国各地的参观团达3000余人次。学校还先后承办了全国和美教育年会、京津沪渝琼教育年会,受到同行的好评。

学校整体改革是一项复杂的系统工程,涉及文化、课程、教学、教科研的创建,教师专业发展培养,评价机制的改革,学校协调管理机制的优化,教育行政部门的相关政策研究等多方面、多层次的问题。学校综合教育改革的探索,以其系统发展优势,已经并将继续成为人和街小学培养学生关键能力的有力保障。

第二章

人和文化
——人和为魂,和谐育人

在学校文化建设中,文化主题是一个重要的因素,它不仅决定着学校外部形象的识别,而且极大地影响着学校教育理念体系的构建。

叶圣陶先生曾说,教育不能比喻为工业,只能比喻为农业,学生不是任意加工的"钢坯",而是有生命的"农作物"。教育就是要营造出一个有利于"农作物"健康生长的环境,因此打造一个有文化品位的学校环境尤为重要。美国学者特伦斯·E.迪尔和肯特·D.彼德森曾指出:"校长、教师、家长和学生总能感受到他们的学校有一种无法言说的特殊之处,这种东西具有重大的影响力,却不容易说得清楚到底是什么。这种转瞬即逝、理所应当的东西……几十年来,人们经常用诸如'风气'和'气质'之类的词汇来描述这种强大而普遍但又看不见摸不着的影响力……'文化'一词更能准确抓住这种影响力的本质……"①实际上,学校文化是学校发展的不竭动力,也是学校彰显特色的内在追求,探讨学校文化的问题,就是为了找寻学校发展的这种动力,彰显学校建设的这种追求。

文化与学校的发展如影随形,如果从文化发展的角度考量,每个学校的

---

① 特伦斯·E.迪尔,肯特·D.彼德森.校长在塑造学校文化中的角色[M].王亦兵,译.北京:中国青年出版社 2006:11-12.

发展都伴随着文化的建设,换言之,不管我们是不是明确意识到文化在学校建设发展中的意义,它都实实在在地存在着。在深层次上,学校文化会深刻"介入"学校的发展,成为学校发展的一种潜在的、持久的、稳定的动力。因此,有意识进行学校文化建设,推动文化立校、文化强校的实践,是我们的应有作为。正是基于这样的思考,在学校文化建设过程中,我们紧紧抓住物质文化和精神文化两种文化路线,以致力于创建一种推动学校蓬勃发展的"人和教育"特色文化。

第一节 | 人和文化的溯源

文化似水,善利万物而不争。校园文化是学校之魂,是学校的生命所在,是学校持续发展的永恒动力,是学校整体发展的重要标志。把握学校文化内涵,推动学校文化发展,有必要挖掘和梳理学校文化的源流。

一、纳百川之水,承地域文化之灵

重庆四面环山,江水回绕,城市傍水依山,层叠而上,既以江城著称,又以山城扬名。重庆有两江,一是嘉陵江,一是长江。因境内嘉陵江古称渝水,重庆故简称"渝"。嘉陵江流到重庆在朝天门汇入长江,成为长江的支流,一路奔腾入海。人和街小学则位于两江汇合处、美丽的渝中半岛上。

一方水土养一方人,重庆的两江沉淀了重庆人的血性,重庆的坡坡坎坎塑造了重庆人的筋骨,造就了重庆人的勇敢、执着与坚毅。

长江发源于念青唐古拉山脉的海拔5800米的姜根迪如冰川,那一滴滴水汇成涓涓细流,汇成万里长江的源泉——沱沱河。百里长江从雪山走来,从亿万年的岁月中走来,它的强大,来自她那宽阔的胸襟,能沿途不拒细流,接纳百川。她流出江源后,由小变大,涌进青藏川滇,穿绕渝鄂湘赣,漫过皖中苏南,浩浩荡荡地投入东海怀抱,完成了从发育到成长继而壮大的过程。

嘉陵江水发源于秦岭,一路南下与长江汇合于重庆,千百年来养育了一代代山城的儿女,造就了山城的历史、文化。

人和街小学作为重庆老城区一所具有悠久历史和光荣传统的学校,受两江滋养，怀海纳百川之心，不断从各时期先进的教育教学理念中汲取营养，凝聚天地人和之精神，在传承中创新、发展，表现了人和街小学办重庆最好学校、育重庆最好人才的愿望。

二、寻和文化之源，聚人和教育之神

"和"是学校理念的核心，也是学校文化建设的中心。将"和"作为学校理念和学校文化建设的核心体现了学校对优秀传统文化的重视和对自我发展历史的尊重。

（一）从"和"字说起

汉字是中国特有的一种语言符号。"和"（读音：hé）字是形声字，从口禾声。"和"的本义是"笙类乐器"，如《仪礼·乡射礼》中的"三笙一和而成声"，意思是说三人吹笙一人吹和才能成乐，由此引申为和谐之意。[①]"和"的意涵丰富，下面从具有广泛认同的中和、和合和人和三个层次进行简单解析。

1.中和——与自我之和

中和的基本意思是中正平和，表现为仁爱、友善、宽恕、和平等，强调的是个体内部的和谐。《礼记·中庸》中有言："喜怒哀乐之未发谓之中，发而皆中节谓之和；中也者，天下之大本也，和也者，天下之达道也。致中和，天地位焉，万物育焉。"[②]意思是喜怒哀乐没有发作失控，叫作中；喜怒哀乐恰到好处表现出来，叫作和。因此，古时候君子都特别讲求中和，能够做到中，是天下最大的根本；做到和，天下才能归于道。君子的中和如果做到完美的程度，天地都会赋予他应有的位置，万物都会养育他。由此，中和本指中正、平和，以后引申为符合中庸之道的道德修身境界的一种原则。儒家认为人们的道德修养能达到致中的境界，那么天地万物均能各得其所，达到和谐的境界。

总之，中和是以中国儒家君子人格为基本内核，对后世人的培育具有重要的影响。实际上，个人只要有仁爱之心，态度友善、胸怀宽广，并用平和心态待人，就能表现出君子人格，也才能不断完善自我，不断走向自我的内部和

---

① 谷衍奎.汉字源流字典[M].北京：华夏出版社，2003：363-364.
② （宋）朱熹集注.中庸[M].杭州：浙江书局刊，1892：3-4..

谐。因此,中和是一个人发展的内在追求,也是一个人向完满之人发展的必经阶段。

2.和合——与他人之和

和合强调的是个人与他人的和谐。和合的"和",指和谐、和平、祥和;和合的"合",指结合、融合、合作。《国语·郑语》最早出现"和合"一词:"商契能和合五教,以保于百姓者也。"①在这里,"和合"意为多样性的统一。自此之后,"和合"逐渐稳定成两个层面的意思:一是突出了不同要素组成中的融合与协调的重要作用;二是强调了不同要素融合为理想的结构的存在形式。

进一步思考,"和合"中的"和"指异质因素的共处,"合"指异质因素的融会贯通。这样一来,和合论的基本精神,就是指人在处理各种关系时,展现出合作、和谐、协商的态度。培养人的和合品质,就是要促成人的全面和谐发展。

3.人和——与社会之和

人和强调的是一种人与社会的和谐,"人和"出自《孟子·公孙丑下》:"天时不如地利,地利不如人和。"②孟子从"人和"的重要性出发,得出了"得道者多助,失道者寡助"③的结论。按照孟子的看法,老百姓不是靠封锁边境线就可以控制住的,国家也不是靠山川就可以保住的,所以闭关锁国是没有出路的。要改革,要开放,要提高自己的国力,让老百姓安居乐业,只有做到了这一点,才会"得道者多助",多助到了极点,全天下的老百姓都会顺从归服,那就必然会出现孔子所说的那种情况——"则四方之民襁负其子而至矣"④。

"人和"就是指人在处理相关问题时考虑到利益相关者的具体情况,以社会的最大利益为着眼点。具体到教育,就是要促使办学者以一种开放与包容的姿态满足学生成长与发展需要,办人民满意的教育。由此,不断得到家长、社会利益相关者等的支持,反推学校的持续发展。

(二)"和"文化

中国"和"文化的内容十分丰富,中国传统文化中包含着许多关于"和"的

---

① 国语·战国策[M].李维琦,点校.长沙:岳麓书社,2006:199.

② 孟子[M].万丽华,蓝旭,译注.北京:中华书局,2006:76.

③ 孟子[M].万丽华,蓝旭,译注.北京:中华书局,2006:76.

④ 论语[M].杨伯峻,杨逢彬,注译.长沙:岳麓书社,2000:118.

思想。比如:天人合一、保合太和的宇宙观;合二而一、仇必和而解的辩证法;和而不同、求同存异的价值观;和为贵、泛爱众的处世哲学;自强不息、厚德载物的民族精神;天下大同、天下为公的社会理想;等等。这些都是"和"文化的具体表征,也是"和"文化的价值追求。

作为中国传统文化的内在精神和显著特征,"和"文化对于维护社会稳定,增强民族凝聚力,起到了重要作用。在今天的教育中,大力传承"和"文化,不仅是借助教育这一主渠道继承和发扬优秀传统文化的必然要求,也是培养全面发展的人的有益借鉴。

三、访人和之根,探人和教育之魂

学校在多年的办学过程中受到两江文化人文精髓的滋养,自觉肩负着传承多元文化、展示和而不同价值理念的责任,始终坚持求真务实、合作创新的追求。建校初期,教师们留下了一个个感人的故事,影响着一代代教职工,成为人和教育的精神之根。

故事一

鹅卵石围墙的故事

讲述人:金力青

整理记录:杨晶

在几十年前的某一天,人和街小学的老师和孩子们在下午放学后聚集到了操场上,背上书包、排好队,他们要去干什么呢?

只见老师们两人一组带上一队队孩子走出了校门,老师们边走边提醒孩子们注意安全,小朋友也很听话地排好队走着,遇到要过马路时,一位老师赶快向车来的方向走去,然后站到了马路中间和另一位老师一起招呼孩子们有序地穿过马路。他们就这样不停地爬坡、上坎、过马路、下坡……爬上观音岩,走过两路口,手牵手下山一直走到长江边。队伍穿过河滩后终于在长江边上的"珊瑚坝"停了下来。原来建校初的人和街小学四周无围墙,除了正门以外旁边的其他地方都是竹编的篱笆墙,很矮而且不牢固,看似有实却无,非常不安全。那时候,学校又没有多余的钱来修围墙,于是大家决定自力更生——搬鹅卵石修围墙。于是这才有了师生们不辞辛劳地来到珊瑚坝挑选合适的鹅卵石这一幕。

筑围墙的鹅卵石可有讲究了！不能太小——太小不结实，也不能太大——太大老师学生都搬不动。老师一边帮助孩子们挑选合适的石头，一边还要不停地提醒孩子们注意安全。大家悬着一颗心，真怕哪个调皮的孩子偷偷跑到危险的地方玩耍。天色渐晚，在老师和同学们的合作下每个人书包里或是手上都有了一块鹅卵石，有的孩子甚至偷偷地往自己包里多塞了一块，希望能为集体多做点事情。大家或背着或抱着自己的成果踏上了回学校的路，刚开始所有人都高高兴兴的，可是半路上出问题了。有些一二年级的小朋友学着大哥哥偷偷往包里多塞了一块石头，现在背不动了，丢了又舍不得，只有坐着边哭边叫老师，看着那一张张哭花的小脸，老师们不知是该哭还是该笑，只知道自己身上的石头一块一块多了起来……

就这样，一个多月的时间过去了，在家长们的支持理解下，在老师和同学们的辛勤劳动下，在经过大家一天天的努力后，新围墙终于建好了！这几十年来，这堵用一颗颗不平凡的、载满故事的鹅卵石与老师、孩子们的心血、期望混融在一起才堆砌而成的最美丽的墙，见证了学校成长的历史，以后还将和师生们一起记录学校在成长之路上焕发出的更绚烂的光芒。

故事二

蒲扇大生产的故事

讲述人：万常青

整理记录：廖银昌

七月的阳光格外耀眼，虽是上午，也显得酷热难耐，但年近八旬的万老师讲起学校的发展，对学生的培养，以及对学校的深厚感情时却口若悬河。尤其给我留下深刻印象的就是重视对学生的习惯培养，特别表现在对学生劳动习惯的培养上。

师生齐上阵，蒲扇大生产

说起蒲扇生产，万老师显得特别高兴。她告诉我们，20世纪六七十年代的学校，发展受到了一些限制，学校的环境也不如现在这么好，学校一直以来都非常重视学生的学习成绩,但并非只注重教学质量,而忽视学生的素质训练和习惯培养。到底怎么做,才能进一步提升学生的素质和养成良好的劳动习惯呢?万老师和其他老师一合计,决定干脆开展"师生齐上阵,蒲扇大生产"活动。学生们听到这个消息以后特别兴奋,纷纷提出自己的点子和办法。有的出谋划策,有的组织成员,有的准备工具,还有的联合家长、寻求帮助等。准备就绪后,师生们组成若干小组分别到郊区、农村寻找蒲葵,然后将蒲葵割下来用小背篓背回学校,经过晾晒、整理、加工,一把把精美的蒲扇就由师生们共同制作完成。说到制作蒲扇的过程,师生们各抒己见,畅谈自己的看法见解,有说有笑,可谓是一道独特的风景线。这一活动受到了社会的好评、家长的认同和相关领导的称赞。很多在当年参加这一活动的学生们,虽已过去几十年,现在都还记忆犹新,一提到这事,脸上不禁浮现出一丝欣慰和自得。

学校是我家,卫生靠大家

20世纪六七十年代,学校的清洁卫生可谓是一流的。万老师给我们讲述了这样一个小故事:有一次,中央卫生检查团到我们学校检查卫生工作,发现墙壁洁白,门窗整洁干净,就连厕所也没有一点儿臭味,整个学校整洁干净,学习氛围浓厚。中央卫生检查团临走时给予了高度评价,还对身边的人说,希望其他学校能向我们学校学习。如此整洁干净的清洁卫生是怎样做到的呢?又得说到师生齐上阵的话题了。那时候,由于条件限制,学校只有一个勤杂工,事情繁多,根本顾及不了学校的清洁卫生。于是学校采取班级负责制,每一个班级的师生除了管好自己教室的清洁以外,还将分到一块公共区域,也由自己班级负责。这样明确的分工,使各班级和公共区域的卫生清洁工作都完成得非常好,所以整个学校就显得特别整洁卫生。

说到这件事时,万老师还给我们讲到了一个细节,即他们是如何做教室清洁的。每学期一开学,老师就带领着学生一起粉刷墙壁,大家戴上纸折的帽子,就在教室里忙开了,师生们边干活边聊天,显得其乐融融。每次大扫除时,高个子的同学擦门窗,把废旧的牙刷拿来轻轻地刷扫木头门窗的角落、边缘,用报纸擦拭玻璃,整个门窗一尘不染;矮个子的同学就扫地、擦桌椅,特别注重卫生死角的清洁。完成后,检查卫生的老师拿着一张白纸在教室的桌椅、门窗上擦过都没有一点儿印迹。这样一来,整个教室就显得整洁干净了。就连学校厕所也采用这样的方法去做,所以一点儿臭味都没有。

学校对学生劳动习惯培养的例子不胜枚举,比如:师生一起收潲水,一起晾晒筛选猪毛,一起到广阳坝参加义务劳动,等等。

时间很快过去了,我们的采访也接近尾声。但万老师给我们讲述的一个个动人故事我们将铭记。

故事三

造滑梯的故事

讲述人:陈长竹

整理记录:胡筠、万相宜

一天紧张的工作结束了,关好办公室的门后,尽管感觉到疲惫,双腿酸胀得厉害,但是陈长竹老师没有朝家的方向走去,而是快步走到操场边空旷的一角,边认真打量边仔细地在琢磨什么,偶尔还用手比画着距离和高度。他的眉头,一时紧皱、一时舒展,最后,微笑着重重点了几下头后,才满意地转身离开了。

回到家后,陈长竹老师径直朝写字台走去,在一页图纸上,修改了一个数据,又仔细地看了一会儿,才舒了一口气,并慎重地将这页纸收好。

陈长竹老师有什么心事吗?

大家都知道,在学校,场地和器材是进行体育教学和开展学生课余体育锻炼的必备条件,但是在建校初期,由于国家的经济建设才起步,在很多地方,学校的体育场地建设和器材的配备都需要各校自己筹备,我校也不例外。全校师生不等、不靠,发挥自力更生和艰苦奋斗的精神,已经平出了一个炭渣操场,让大家有了上体育课、进行体育锻炼的场所。

对此,作为体育教师,陈长竹老师虽欣慰,却觉得还不够,总觉得校园中还应该再多些体育器材,才能丰富学生的校园生活,增加学生锻炼身体的机会,让学生感受到体育的乐趣。增添什么呢?这个问题困扰了陈长竹老师不少时间,想到在其他地方看见过孩子们迫不及待地去玩滑梯的场景,他渐渐地萌发了一个想法:不增加学校的财政负担,靠自己的双手,为学生们做一个高架滑梯!

说干就干,陈长竹老师开始了自建滑梯的工作。他四处找资料,观察实物,反复推敲,画图定稿,这就出现了文章开头的画面。最后,陈长竹老师还牺牲自己的休息时间,跑去工厂买废旧铁皮,并找来工人进行铸造,任何一个环节都亲力亲为,丝毫不肯马虎。就这样,凭着对孩子们的一片爱心和对国家体育教育事业的忠诚,陈长竹老师积极发挥主观能动性,用智慧、灵巧和朴实的劳作设计出了又美观、又实用、又廉价、又好玩的高架滑梯。

人和教师们的故事还有许多许多,其中无不闪现着历代教师们在人和文化浸润下的团结一心、敬业奉献、爱生如子的精神和无穷的教育智慧。这些,让一代代人和师生们感动着,传承着,践行着……

第二节 │ 办学理念的构建

学校建校七十多年来,不断奋斗求索,经过历届领导和教师的共同努力,在历史的传承与创新中,提出了"人和教育"的办学理念。近年来,我们不断发展、创新、充实与完善"人和教育"理念的目标、内容、途径与方法,极大丰富了"人和教育"的内涵。

一、办学理念的提出

(一)政策背景

2004年,以胡锦涛同志为总书记的党中央,在党的十六届三中全会中明确提出"坚持以人为本,树立全面、协调、可持续的发展观,促进经济社会和人的全面发展"[①]的科学发展观,指出科学发展观的第一要义是发展,核心是以人为本;在中共十六届四中全会,党中央提出了构建社会主义和谐社会的重大战略思想和重大战略任务,科学发展观和构建和谐社会的理论使我们教育工作者更加清晰地认识到:我们的学校教育应当以人为本,以人的全面发展为核心工作;在十七大的报告中,党对教育的要求是"要全面贯彻党的教育

① 中共山东省委宣传部.党的十六届三中全会精神学习读本[M].济南:山东人民出版社,2003:2.

方针,坚持育人为本、德育为先,实施素质教育,提高教育现代化水平,培养德智体美全面发展的社会主义建设者和接班人,办好人民满意的教育"[1]。到十八大报告,这样的表述略有变化:"全面贯彻党的教育方针,坚持教育为社会主义现代化建设服务、为人民服务,把立德、树人作为教育的根本任务,培养德智体美全面发展的社会主义建设者和接班人。"[2]

具体表述上的变化主要有四个方面。第一,从"坚持育人为本、德育为先"调整为"把立德、树人作为教育的根本任务"。这样的调整进一步明确了教育的任务和目的,有助于一线教育工作者更好地观察党的教育方针。第二,从"提高教育现代化水平",调整为"坚持教育为社会主义现代化建设服务、为人民服务"。原来的要求强调教育自身要走向现代化,现在的表述要求教育必须和社会主义现代化建设的要求、和人民的要求相适应,而且还要率先发展,才能做好服务工作。第三,从"实施素质教育",调整为"全面实施素质教育"。素质教育在我们国家提出已经有二十多年的历史,在实施的过程中有不少点上的经验,但全局性的经验不多。要"全面实施素质教育",体现了党对教育的殷切期望以及对教育的迫切渴望,但这不是一件容易的事情,需要在教育体制等方面进行整体性的、综合性的改革。第四,从"办好人民满意的教育"调整为"努力办好人民满意的教育"。在社会转型期,人们对教育的期盼和要求越来越高,人民日益增长的精神需求和当前教育改革的现状之间还是存在很大差距的。增加"努力"二字,不是降低要求,而是更加务实。而学校一切教育教学工作的关键就在于教师,一支业务精湛、师德高尚的教师队伍是学校质量的根本保障,这需要学校持之以恒地加大对教师的关心、呵护和培养力度,通过和谐进取的教师团体,培养能够积极参与和谐社会构建的社会主义新人。[3]

(二)学校办学背景

重庆市渝中区人和街小学,原是一所完全小学,是重庆老城区的一所有着光荣传统的学校,深受人民群众的赞誉。三峡库区内的长江与嘉陵江两江

---

[1] 党的十七大文件汇编[M]. 北京:党建读物出版社,2007: 26-27.

[2] 党的十八大文件汇编[M]. 北京:党建读物出版社,2012:26-27.

[3] 隋艳春,韩瑞新,邓蕙.学习宣传贯彻党的十八大精神,谱写教育改革发展的新篇章[J].天津教育,2012(12):6-13.

汇合形成"人"字,人和街便处于汇合处的渝中半岛之中,人和街的人们深得两江汇合为基础的文明的熏陶,传承着巴渝儿女千百年来讲天时、讲地利,更讲究人和以及互帮互助的优良传统。而人和街小学的师生们更是浸润在以两江汇合水土文化为特征的巴渝文化氛围中,对人和精神传承的社会价值尤有感悟,乐于珍惜、勇于创造。人和街小学的人和氛围、和谐生活,直接源于这块热土上蕴藏的人和精神,得天时、地利、人和之灵气,凝聚着天、地、人之现代精神。

学校就像两江一样,不断吸纳,逐渐壮大。

1943年,民国时期实施国民教育,国府路小学(原名:国府路中心国民学校)和张家花园小学(原名:张家花园中心国民学校)分别建校。

1951年国府路小学(人民路小学)和张家花园小学合并,命名为重庆市实验小学,是重庆市第一所实验小学。建校使命:办新中国的新学校。

1954年更名为重庆市人和街小学校。

"文化大革命"期间曾用名为重庆市市中区五七小学校和第45小学校。

1977年被评为重庆市唯一的一所"四川省重点小学"。

1985年教学改革实验广泛开展,更名为重庆市市中区第一实验小学。

1997年重庆直辖后,更名为重庆市渝中区第一实验小学校,被评为首批"重庆市示范小学"。

2002年9月,重庆市财政税务局幼儿园合并到校,成为重庆市渝中区第一实验小学附属幼儿园。

2008年6月30日,随着"人和教育"特色学校的打造,恢复校名为重庆市渝中区人和街小学校。

2008年9月,与长安房地产开发有限公司合作,在"长安锦绣城"筹办人和街小学附属幼儿园长安锦绣城分园。

2009年7月,与瑞安集团合作,在"重庆新天地"筹办人和街小学校。

2011年3月,渝北区人和长安幼儿园开园。

2013年9月,重庆天地人和街小学校开学。

2016年7月,与首地集团合作,在两江新区悦来筹办重庆首地人和街小学校。

2017年3月,渝中区教委正式批准成立"人和街小学教育集团",渝中区鼓楼人和街小学校和人民路小学校也加入集团。

至此,学校的办学规模已由单一的一所小学,扩展到既有小学又有幼儿园的集团化办学格局。

(三)学校教改历史

从建校开始,我校始终坚持与时俱进、科研兴校的发展方针,教科研改革共经历了以下几个阶段:

1.全面学习苏联教育,探索和建立我国基础教育体系(1951—1977)

学习苏联经验,首先在我校进行"五个教学原则、五个教学环节、五级计分法"的教学实验,同时,承担了"五年一贯制"的学制实验,然后全面推广,是四川省普通话推广的培训基地,培训四川省上千名推普骨干。

2.单科单项改革阶段(1978—1982)

各个学科根据教学计划、教学大纲和教材,广泛开展教育教学实验,参与了中央教科所的教材教法实验,由课内发展到课外,由校内发展到校外,广大教师提高了素质,造就了一批知名的学科带头人。

金力青老师(语文特级教师,四川省教育学会副会长)在低段语文教学中,进行了"以开发智力、培养能力为中心,适当加快识字速度,适当加大识字量和阅读量,作文提早起步,使学生具备基本的识字能力和初步的阅读能力,为中年级打好阅读和作文的基础"的实验;蒋立芬老师(数学特级教师,四川省劳模)对小学生进行了思维深刻性、独立性、灵活性、敏捷性、顺序性的综合训练,以提高学生的自学能力和分析解决问题的能力。

3.教育教学综合改革实验阶段(1983—1993)

从整体观念出发,拟定德、智、体、美、劳目标序列,使各年级教育教学有机结合。从纵向上抓学科内部的纵深发展,体现单科、单项改革的连续性、递增性;从横向上正确处理各学科之间、各教育因素之间的"共性"与"个性"的关系,各学科既重视思维训练、非智力因素训练,又特别根据学科特点,发展学生"个性",求得最佳教学效果。

4."和谐、活泼"教育特色构建阶段(1994—2000)

"和谐、活泼"是一种教育思想,追求的是教育的"三个适应",即:适应自然、适应社会、适应人的身心发展。它既是教育目标,又是教育途径与教学方法。构建了以优化关系,活跃教育过程,促进学生全面和谐、生动活泼发展为特色的"和谐、活泼"教育特色,构建了"和谐、活泼"学科教学模式,带动了渝中区区域性改革的实验工作。

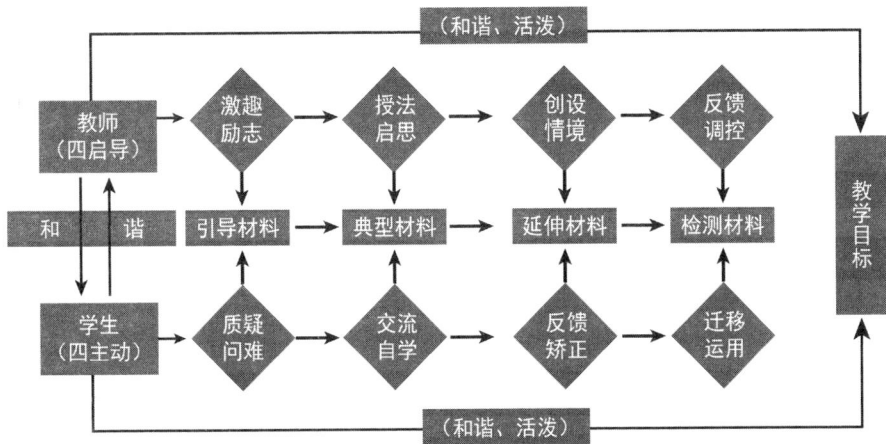

图2-1 "和谐、活泼"学科教学结构图式

5.新课程改革阶段(2001年起)

主动进入新课程改革的实验,与国家第一批课改实验基地同步,各学科教改成果在全国形成较强的影响力,承办了多学科、多层次实验培训工作,一批骨干教师逐渐成长。有30多人次参加了语文(人教版)、品德(人教版)、体育(人教版)、音乐(西师版)、综合实践活动(重大版)、信息技术(重大版)等学科的新教材编写、试教、培训工作。体育特级教师、全国优秀教师、教育部课程教材委员会委员阳劲力老师更是被人民教育出版社聘为体育学科专家团成员,在全国各地区(除港澳台)开展培训近40场。

6.创办"人和教育"特色学校阶段(2004年开始)

"人和"乃和衷共济。人和教育实现对人和的价值观、内容、方法论的传承。在长期的教育摸索过程中,在继承和创新的基础上,我校提出了以"人和为魂,和谐育人"为核心的办学理念,以人和教育为特色,让学生学会享受人和,创造人和,为融入和谐社会奠基。

二、办学理念的内涵

(一)人和文化的概念界定

一般意义的学校文化概括起来讲,是指以学校群体成员为主体,在教育教学和管理实践中逐渐共同创造生成的体现时代特征和社会进步的价值观念、思维方式、行为规范及其活动结果,以具有学校特色的精神形式、制度形式和物质形态为外部表现并影响和制约着学校群体成员的活动方式、精神面貌与文化素养发展,它是社会文化的有机组成部分。

"人和教育"在两江文化中获得滋养,传承人和文化,将"人和文化"归纳为三个层次:人心所向、上下团结、建功立业。人心所向是一种和谐的精神状态,上下团结是凝聚的方法和力量,建功立业则是群体共同追寻的价值目标。

(二)人和教育的基本思想

人和教育就是依靠学校教育实现对人和文化的价值观、内容、方法论的传承,让学生学会享受人和、创造人和,为融入和谐社会奠基。人和教育应当是指向学生全面和谐发展的教育,这种教育要在人际和谐的环境下实现,其教育思想精髓为:(1)和而不同的个性,即融合先进教育思想,发掘优势潜能,张扬个性特点;(2)和衷共济的动力性,即同心同德,合作育人;(3)海纳百川的源泉性,即继承古今中外的教育精华,丰富充实"人和教育"理念。

和而不同,即和睦地相处但不随便附和,出自《论语·子路》:"君子和而不同,小人同而不和。"[1]和而不同指在为人处世方面,正确的方法应该是既坚持原则又不排斥不同意见,在相互辩论中达成共识。从哲学意义上理解,"和而不同"富有深刻的含义:"和"即统一、和谐,它是抽象的,内在的;"不同"是具体的,外在的。容"不同",才能达到"和"的境界。现实中,"和而不同"就是在坚持原则的基础上,不强求一致,承认、包容乃至尊重差异,以达到共存共荣。

和衷共济指大家一条心,共同渡过江河,比喻同心协力,克服困难。和衷出自《尚书·皋陶谟》"同寅协恭和衷哉"[2],共济出自《国语·鲁语下》"夫苦匏不

---

① (春秋)孔丘.论语[M].杨伯峻,杨逢彬,注译.长沙:岳麓书社,2000:125.
② 李民,王健.尚书译注[M].上海:上海古籍出版社,2000:38.

材于人,共济而已"①。文献记载表明,中国人自古就珍视同心协力、共渡难关,共同奋斗到达彼岸。"和衷共济"如今已是一种超越时间与空间的智慧、价值和理想。其中:"和衷"是凝聚、提升发自内心的共识,就是人类同心协力地追求"和平、和谐";"共济"就是共同承担责任,共同面对挑战,共同抓住机遇。②

海纳百川出自晋·袁宏《三国名臣序赞》:"形器不存,方寸海纳。"③李周翰注:"方寸之心,如海之纳百川也,言其包含广也。"意指大海可以容得下成百上千条江河之水,比喻包容的东西非常广泛,而且数量很大。在不断演进中,海纳百川引申为有宽广的度量和浩然之气。

(三)建构"人和教育"办学理念

一所学校凝聚力的形成很重要的一点是有共同的价值观,共同的价值观演绎成师生共同认可的行为准则,这是一种无形的、能动的精神财富。这种共同的价值观即办学理念。

人和教育办学理念包含了办学目标、教育内容、途径方法等许多内容,通过长期的实践,我们将其内涵概括为八个字,即"人和为魂,和谐育人"。"人和为魂"就是以人和精神作为学校办学育人的核心价值观念,让它浸透在学校教育教学活动中,扎根在广大师生心坎上,成为学校各项工作的指向标;"和谐育人"就是在和谐的校园里,实施和谐、活泼教育,促进学生全面和谐发展。这一办学理念的核心思想,我们概括为三句话,即和而不同、和衷共济、海纳百川,就是倡导师生要讲团结,讲互助。做到共性与个性相容,发挥师生优势潜能,彰显个性,努力培养创新型人才。在这一理念的引领下,我们吸收了儒家"和"文化中的精华,提炼出了学校的主题文化"两江融聚,人和教育"、校训"海纳百川、和衷共济"、学风"品德高尚、睿智灵动、强体健魄、尚美惟新"、教风"居儒典雅、身正学高"。通过办学实践,人和教育办学理念的内涵得到了不断的丰富和发展。

① (战国)左丘明.国语[M].上海:上海古籍出版社,2015:125.

② 王荣华.和衷共济:中国与世界的共存之道[N].文汇报,2008-09-09.

③ 曾国藩.曾文正公精选集 下[M].肖淑琛,译著.北京:中国文史出版社,2015:287.

(四)人和教育的核心价值

将人和文化与学校教育相结合,孕育而生的"人和教育",是一种以人心所向、上下团结、建功立业为思想核心的教育模式,是人和街小学在充分发掘弘扬中华民族文化精髓,立足学校建校70余年的办学特色基础上提出来的。"人和为魂,和谐育人"是人和教育的核心。人和教育的教育思想,是以世界大同和中国精神为主线,用"人和为魂,和谐育人"的核心理念和方法,对师生进行人和的熏陶和教育,使师生在校园中共同成长,最终发展成为内心和谐、与人和谐、和谐建功之人。

"和而不同、和衷共济、海纳百川"是"人和教育"的特征。人和教育的目标是指向儿童全面和谐发展的教育,儿童的全面和谐发展包括三个重要的部分:自我之和,即自我的身心和谐健康;与人之和,即与他人能够和睦相处,和谐建功;与自然、社会之和,即热爱自然,与自然、社会相融。人和教育的教育方法,是主张用人和的思想,育人和的人,即教育者形成教育合力,师生同心协力共同发展,培养全面和谐发展具有人和特质的少年。"人和教育"是基于教化而超越教化的教育方法,关注差异化和谐,人和教育只有在强大的人际和谐的环境下才能实现。师与生的和谐、生与生的和谐、个体与群体的和谐、校内与校外的和谐,学校中的每个人在动态发展中求得和谐。以人和为核心动力,在人际和谐的校园环境中实施教育,从而收到良好的效果。

三、办学理念的理论基础

(一)文化源脉

中国是一个历史悠久的文明古国,在中华民族漫长的历史发展进程中,创造了独具特色的传统文化。在博大精深的中国传统文化中,"和"的思想占有十分突出的位置。"和"是中国传统文化的内在精神和显著特点,具有丰富的中和、融和、和谐、和睦、平和、和气等思想观念,它包含五个要素:人的和谐是关键,事的和谐是核心,物的和谐是保障,景的和谐是窗口,情的和谐是基础。

"和"的内涵很丰富,概括而言,"和"是一种由不同要素所构成的和谐状态,这一概念包含着矛盾的对立与统一,也就是说"和"是矛盾多样性的统一,是事物产生和发展的源泉,是万物存在的基础。

在根本上，"和"不是盲从附和，不是不分是非，不是无原则的苟同，而是"和而不同"。"和"的思想，强调世界万事万物都是由不同方面、不同要素构成的统一整体。在这个统一体中，不同方面、不同要素相互依存、相互影响，相异相合、相反相成。由于"和"的思想反映了事物的普遍规律，因而它能够随着时代的变化而不断变化，随着社会的发展而不断丰富其内容。现在，我们所说的"和"，包括了和谐、和睦、和平、和善、祥和、中和等含义，蕴含着和以处众、和衷共济、政通人和、内和外顺等深刻的处世哲学和人生理念，对中国人民的生活、工作、交往、处世乃至内政和外交等各个方面都产生了深刻的影响：表现在人与自然的关系上，强调"天人调谐"，人是大自然和谐整体的一部分，又是一个能动的主体，人必须改造自然又顺应自然，与自然圆融无间、共生共荣；表现在人与人的关系上，要求"和睦相处"，待人诚恳、宽厚，互相关心、理解，与人为善、推己及人，建立团结、互助、友爱的人际关系；表现在人与社会的关系上，崇尚"合群济众"，社会由人组成，个人离不开社会，应当尊重个性，鼓励个人的追求和创造，又必须融入集体，把个人的目标同社会的需要结合起来；表现在各个国家的关系上，倡导"协和万邦"，国家间应当亲仁善邻、讲信修睦、礼尚往来，不能以大欺小、以强凌弱、以富压贫，国际争端要通过协商和平解决，各国之间应在平等相待、互相尊重的基础上发展友好合作关系；表现在各种文明的关系上，主张"善解能容"，各种文明都是人类文明的组成部分，都对人类文明做出了贡献，不应当相互排斥，而应当彼此尊重、相互学习、保持特色、共同进步。"和"文化对于我们人和街小学来讲，就是要以和谐的校园文化与教师文化培养出能和谐相处却又各具特点的学生群体。

(二)和谐教育思想历史回顾

和谐教育及其思想并非始于今日，而是走过了一个相当漫长的发展历程。因此，为了把握和谐教育的实质，有必要对和谐教育思想的发展历史进行回溯。

中国和谐教育思想，可以说源远流长，与中国的历史、文化同样悠久和灿烂。最早的和谐教育思想萌芽于2500多年前，当时的孔子认为教育目标是要培养圣人、君子或成人。"六艺"（礼、乐、射、御、书、数）是教育内容，把仁、智、勇三者统一起来，以培养学习者成为"成人""君子"乃至"圣人"。战国时期,荀子主张以全(指人的知识、才智、品质等发展完全、全面)、尽(指发展彻底、极度)、粹(指发展精粹、完美)的标准去培养"成人"。明代王守仁在前人的基础上总结了比较明确的和谐教育思想:教育就要"开其知觉"、"调理其性情"、"发其志意"或"顺导其志意"、"导之以礼",使"动荡其血脉""固束其筋骸",最终"日使之渐于礼仪而不苦其难,入于中和而不知其故"①,使受教育者知、情、意、行、身、心和谐发展。到了近现代,王国维在《论教育宗旨》一文中提出教育就是要培养"完全之人物"的目标②,并通过体育、智育、德育、美育的实施,培养身、心两方面均获得了和谐发展的人。蔡元培的五育并举、陶行知的手脑结合等主张,都寓有和谐发展的思想。

在西方,和谐教育思想可以追溯到古希腊时期,如柏拉图、亚里士多德等先贤都是和谐教育思想的倡导者。他们主张将体育、德育与智育紧密地联系起来使之处于和谐统一之中。文艺复兴时期,一批人文主义教育家为学习者提供了一张包罗很多学科的课程表,希望培养多方面和谐发展的人。近代社会,英国的洛克、法国教育家卢梭、瑞士教育家裴斯泰洛齐、德国教育家福禄培尔、英国教育家斯宾塞等不遗余力地倡导全面的、和谐的教育思想。

通过对和谐教育思想历史发展的认识,我们认为尊重、关心、理解、信任学生是和谐教育思想的前提。和谐教育既要注重学生的全面发展,又要重视学生的个性发展。全面发展要求培养学生达到国家在德、智、体、美等基本范畴规定的所有受教育者都应达到的基本标准,最终实现身心和谐发展。个性发展必须以尊重基本的道德价值规范、遵守国家法律为基础和前提,是在全面发展基础上的选择性发展。因此,和谐教育就是要培养全面发展而富有个性的人,既德才兼备又保持个性。

(三)和谐的人际关系

马克思在《关于费尔巴哈的提纲》一文中说:"人的本质并不是单个人所固有的抽象物。在其现实性上,它是一切社会关系的总和。"③

人际关系是人与人之间的一种相互作用、相互影响的关系,是社会关系

---

① (明)王守仁.传习录[M].孙爱玲,译注.济南:山东友谊出版社,2001:1.

② 王国维.论教育之宗旨[J].基础教育,2008(09):64.

③ 马克思恩格斯选集·第1卷 上[M].北京:人民出版社,1995:18.

的重要组成部分。在社会实践活动中,和谐的人际关系表现为人与人之间能够求同存异、取长补短、通力合作,配合默契,情感比较容易沟通,在生产劳动过程中心情愉快,能够充分发挥人的主观能动性,使人的劳动能力和才华得以最大限度的施展。[①]马斯洛认为爱与人际和谐是一种健康的情感关系,是对方深深的理解和接受。人类具有共同的价值观和道德标准,人类有一个终极价值,一个全人类可以努力争取实现的远大目标。

要建立和谐人际关系需做到人人具有科学的人生观、价值观和世界观,人与人之间互相协作、互利双赢,双方尊重理解、平等民主、以诚相待、热情关怀、宽容待人。

(四)教育中的人际和谐

学校教育中的人际关系主要表现为师生关系,而和谐的师生关系又是实施和谐教育的前提。在这个意义上,正确处理学校教育中的人际关系,就是要形成民主和谐的师生关系、亲密友善的学友关系。《学记》中分别论及建立和谐的师生关系和学友关系的重要意义,师生密切配合,学友相观而善。首先,作者从两方面阐述形成和谐师生关系的重要性。一方面是学生对待教师的关系。学生要"亲其师",就是要亲近自己的老师,而不可"逆其师",不可违背老师的训导。只有这样才能达到"博习亲师"[②]的目标。另一方面是教师对待学生的关系。教师要尊重学生,要善于引导学生,而不是牵着他们走。

四、办学理念的实践意义

第一,人际和谐、学会共处是联合国教科文组织在《学会生存:教育世界的今天和明天》一文中明确提出的理念。在教育中要培养学生相互尊重、包容、体谅、帮助别人的品格,使其学会处理人际关系。

第二,随着对"和谐、活泼"育人模式研究的加深和拓宽,我们日渐认识到要解决学校教育中的矛盾冲突,追求教育中不同因素、不同环节的和谐,最根本的是追求人的和谐,追求人和。

第三,我校作为重庆地区一所现代化特色学校,不但在办学过程中受两

---

① 王鹏,李雅.对构建和谐人际关系的思考[J].中共青岛市委党校　青岛行政学院学报,2005(05):67-69.
② 陈戍国.礼记校注[M].长沙:岳麓书社,2004:265-268.

江文化的洗礼,更肩负着传承两江文化的责任,展示和而不同的文化内涵。

总之,"人和"精神是我校建设发展的指引,我们已致力于将"人和"精神融入学校教育教学的全过程,最终目标在于将学校建设成为彰显人和秉性的"人和教育"特色学校。

第三节 ┃ 人和文化的塑造

在具备了核心理念之后,一所学校还需要通过多个方面展开具体的文化塑造,让文化在校园中落地生根,成为师生可以感知并从中得到熏陶的隐性课程。人和街小学就是基于这样的理念做了大量的工作。

一、营造具有浓厚人和特色的校园物质文化

正如有学者所指出的,学校文化是一种学校生存与发展的战略。作为一种发展战略的学校文化建设,应具战略制高点的性质:统领学校发展各个方面,物质与精神、外在与内在、制度与组织、行为与形象等,[1]包括了精神力系统、执行力系统和形象力系统三个方面的内容。优秀的学校文化总是通过学校标志、学校文化设施等物质形式来体现。

学校的物质文化是学校文化的物质形态,其元素源自学校文化核心理念。怎样把"人和"所蕴含的思想理念转化到学校物质环境之中,从而发挥人和文化"以文化人"的作用? 我们的做法是:加强塑造物质文化的视觉和听觉两大子系统,根据儿童的身心发展特点,从可听、可看、可感、可传的角度,将二人挑担、三人吹笙、众人拉纤等"人和"文化元素应用在校歌、校门、剧场、走廊等各个角落,以篆刻的"人和"印章作为学校的校徽,并建成了"人和教育博物馆",拍摄了校歌MTV,创编了《人和教育》杂志,等等。让校园文化立体化、具象化、艺术化,为学生营造了一个蓬勃向上、充满文化意境的生活和学习环境。

---

① 彭钢.学校文化建设:一种生存与发展战略[J].江苏教育,2007(01):29-31.

（一）独具特色的学校标志系统

学校标志是将学校的理念精神,以具体的图形、图案形式表达出来的视觉符号,它是学校视觉形象识别系统的要素之一,是学校的文字名称、图案或文字图案相结合的一种平面设计,是学校文化系统中最具传播力和感染力的部分。学校标志是将办学思想中非可视内容转化为静态的视觉识别符号,以多样的应用形式,在最为广泛的层面上,进行最直接的传播。一个成功的学校标志,有利于传播学校办学理念,建立知名度,塑造学校形象。

1.校标、校名标准字

图2-2　校标、校名标准字

人和街小学的校标由三个部分组成,最上方是一枚"人和"印章,底色为朱砂红,是学校的标准色。这枚印章最突出的是"和"字,因为"和"字是学校理念的核心。"和"文化是中国的传统文化,"和"作为学校文化的核心,体现了学校教育对历史的传承和尊重。在此标中,"人和"二字采用了小篆字体,生动地诠释了"和"的本义——"笙类乐器"。印章下方为校名的中文标准字,由大篆演化而成,平和、沉稳、典雅、舒逸。

校标的最下方,是校名的英文标准字,字体由罗马体演化而成,以规范、自然、个性化的字体,表现人和街小学热情、典雅、超越的学校文化特色。重庆作为西南地区经济中心,国际交流日益频繁,重庆的教育也越来越多地受到关注,越来越多地参与到国际化教育的环境中。学校文化理念的英语表达我们选择了ebullience(热情)、elegance(典雅)、exceed(超越),符合学校办学的理想,又能让不同文化背景下的人更好地理解。ebullience是重庆人的性格,elegance是教育的追求,exceed是不断进取的精神。

2.标准色和辅助色

红色为主色,代表中国传统文化。副色为4种,以绿、蓝为主。绿色代表绿草间的嘉陵江,蓝色代表长江,传递了人和街小学不但要传承中国传统优秀文化,还要从滋养自己成长的地域文化中汲取营养的文化内涵。

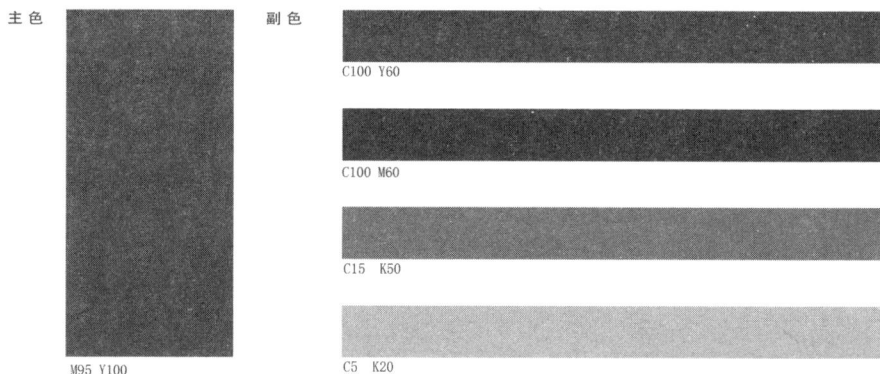

主色　　　　　　　　副色

C100 Y60

C100 M60

C15 K50

M95 Y100　　　　　　C5 K20

图2-3　标准色和辅助色

3.吉祥物:清风白鹤

两江文化中著名的涪陵白鹤梁,古时候其周围树木繁茂,环境优美。每当秋冬来临,便有成百上千的白鹤飞到此地栖息。白鹤在此翩翩起舞,煞是奇美,白鹤梁即由此得名。它是中国最古老的水文纪录站,包含了人类与自然和谐共存的理想。

图2-4　吉祥物:清风白鹤

4.辅助图形

图2-5:黄葛云祥

黄葛云祥由重庆市树黄葛树的叶和具有中国文化特色的如意祥云演变而成,是重庆两江文化和中国传统文化精神的融合。

图2-5　辅助图形:黄葛云祥

图2-6:两江融聚

绿色代表绿草间的嘉陵江,蓝色代表长江,黄葛云祥连接处即为两江在重庆的交汇。

图2-6　辅助图形:两江融聚

(二)主题鲜明的校园建筑及文化景观

建筑是凝固的音乐。建筑要将钢筋、水泥、瓷砖等固态的、冰冷的物质在凝固中塑造出人文精神,给人以美的感受。而学校的建筑不仅要有形式美,更要有内涵,要诠释一所学校的办学理念,使建筑成为无声的语言。学校在建设中,特别重视校园建筑及环境建设,逐渐形成了以人和文化景观、两江文化景观、汉字文化景观和儒家文化景观为主的校园景观。

1. 人和文化景观

校门

2009年9月,人和街小学新一期校园建设工程竣工,呈现给每一个"人和"人一个崭新的校园。

图2-7　人和街小学校门

校门跨度16米,由三个"人"字形钢架组成。"人"形门框,加上左侧"H"形的两江住读楼,既暗示"人和"之名,又隐含中西文化的交融,暗含学校校训中的"海纳百川"的办学思想。

三个"人"字形钢架象征"三人为众",人和人要和衷共济,众志成城;家长、教师和学生各为一"人",只有这三个"人"团结一致,共同努力,学生才能更好地发展;社会教育、家庭教育和学校教育,三育为三"人",每"人"既各司其职,又相互配合,形成教育合力,共同作用于学生,这才是完美的教育。

大门右侧,是一方长1.5米、宽1.2米、高2.4米,近30吨重的汉白玉雕凿的颇具中华文化传统特色的校徽石。白纹朱底的篆刻校徽,在花岗岩阶梯和灰色印座的映衬下格外夺目。

2013年,新落成的重庆天地人和街小学的校门在传承的基础上,又有了创新。

图2-8　重庆天地人和街小学校门

主题场馆一:人和教育博物馆

学校以"两江融聚,人和教育"为主题文化。"两江"指的是长江和嘉陵江,它们就在我们的身边,给我们提供了生长的营养。我们可从两江中吸纳哪些营养元素呢?要弄清这个问题,就必须了解两江。为此,我们把两条江画到了博物馆的两面墙上,对重要的地点、历史事件、人文知识等做了简要提示。希望学生路过时,能关注两江文化,在学校生活六年,逐渐累积,更加热爱自己的家乡。同时,源远流长的长江、嘉陵江,暗喻我们人和街小学长期以来,历届校长们的务实精神和具有前瞻性的办学思想,让我校一步一个脚印走到今天。

博物馆有三个厅,54张竹简式的展板、268张照片、47个展柜分别展示了学校历史、教育科研、教师文化、学生文化、教育交流、领导关怀、学校荣誉、人和文化和两江文化共九个专题的内容。博物馆集直观性、灵活性、趣味性、知识性于一体,以实物展品、图片及视频等多种形式,展现我们身边的两条江——长江、嘉陵江丰富的文化遗产,反映重庆教育的发展与时代的变迁,以及学校教育与各行各业普通百姓之间的故事。

人和教育博物馆旨在使参观者增强对文化的关注,加强文化传承与保护意识,使观众更直观、深入地领悟这些文化所承载的深远内涵,开阔视野、增长知识,使人和教育成为传承两江文化,发展优质教育的代表,扩大学校文化的辐射范围,全面提升学校的教育功能。

走进人和教育博物馆,犹如走进人和文化和两江文化的摇篮,那种历史地域文化的内蕴深深地感染着每一位师生。每年开学,新老师和新生入校都要参观博物馆,感受人和文化的积淀。

图2-9　人和教育博物馆

附:

我爱人和教育博物馆

2005级1班　张鑫

我爱校园那新落成的人和教育博物馆。它在两江住读楼学生公寓的第一楼,是一幢用透明玻璃做墙体的现代建筑。两边的玻璃墙上分别印着长江和嘉陵江从源头到重庆朝天门沿线的重要人文景点与自然景观,让我们不出校门就能了解两江文化。博物馆足足有400平方米,馆内展出有文字、图片,有实物……它们向全校师生,也向前来学校参观学习的每个人展示学校几十年来经历的风风雨雨以及取得的辉煌成果,介绍了学校历任校长在这里的辛勤耕耘和为"人和后人"所做的无私奉献。馆中吸引人眼球的是那本"电子书",它是触摸型的,有一张双人桌那么大,足有30多页。你如果需要了解这个学校,只要在"书"的页面上轻轻触摸,就会一页一页地翻动,真是太神奇了!此外,馆中还陈列着我们的校服,学校在各项评比和竞赛中获得的奖状、奖杯……这儿是一个延伸的大课堂,新学期的第一堂思想品德课,我们就是在这儿上的。老师教我们要养成"人和"的思想,在"人和"校园里扬帆起航,驶向知识的海洋。

2.两江文化景观

主题雕塑一:《合力·拉纤》

人和街小学校门左侧为两江住读楼和《合力·拉纤》主题雕塑。两江住读楼的外墙上方的标志叫黄葛云祥,是学校的辅助图案,由重庆市树黄葛树的叶和具有中国文化特色的如意祥云演变而成,既代表了重庆两江文化又包含了中国传统文化精神。主题雕塑《合力·拉纤》中,川江纤夫们肩上的纤绳,代表了小学的六个年级。他们默默地告诉我们:每一个"人和"人,都要像纤夫一样,为了同一个目标,向着同一个方向,齐心协力,才能克服千难险阻,实现心中的理想。

图 2-10 《合力·拉纤》

附：

纤夫魂　驻咱心

附属幼儿园教师　王莉

每当经过校园大门，我总情不自禁地将目光投向那几尊纤夫雕塑，那古铜色的粗犷的身躯，只为使出最大的力量。他们溯流而上的场景让人肃然起敬，奋发之感油然而生。纤夫看似平凡，实则极其伟大，他们用自己的身躯拽着船体越过一道道急流险滩，几乎耗尽自己的全部精力，他们经受着狂风暴雨和严寒酷暑，却不容许自己有丝毫的懈怠，依然使出浑身解数地付出。这点足以成为我肃然起敬的理由。咱们人和人将毅然决然地接过"纤绳"，齐心协力往一个方向，不达目的决不罢休！

"一根筷子轻轻被折断，十支筷子牢牢抱成团"寓示了团结就是力量的道理。我们人和街小学的"和"文化闻名大江南北，纤夫拉纤的画面将"和衷共济"的"人和文化"展现得淋漓尽致。而咱们人和人，应将纤夫精神驻扎在心灵深处，演绎在生活、工作中，而后代代相传。假如胜利只属于一个人，那么只有一束光，照亮的是少数人；如果大家手拉手，心连心，胜利属于咱们每一个人，那么胜利之光将光芒万丈，照亮每个人的心田。

每当我走过众人拉纤的雕塑群，心里想的都是：一个团体要团结好，每位成员要配合好,各自的优势要互补好,只要咱们心往一处想,劲往一处使,形成一股强大的合力,合力产生战斗力,合力增强实力,就能把事业搞上去,就像纤夫拉纤绳一样,齐心协力往一个方向,就没有什么急流险滩过不去!

在永不褪色的画卷中,纤夫们的一个又一个的动人故事,浓缩成热烈而沉重的纤夫魂,铸就华夏民族特有的文化群雕。而今,将纤夫魂驻心中,人和人将毅然决然地接过"纤绳",拉着盛满打不翻的追求、折不断的信念、凛然的民族气魄、昂扬的中华精神之舟,在新世纪的航道中顶着风浪向历史长河的彼岸迈进。

主题雕塑二:《清风白鹤》

图 2-11 《清风白鹤》

在我国古代文化中多用翩翩然有君子之风的白鹤来比喻具有高尚品德的贤能之士,且有"鹤立鸡群"一词比喻卓越出众。以"鹤"为学校的吉祥物,既是对两江文化的延伸,又是对自然与历史的尊重和对文化的传承,意寓着我们的师生要有高尚的德行,具有卓越出众的才能。

附:

感悟清风

2004 级 2 班 余梦笛

若是你走进我们的校园,可见到清风白鹤、黄葛云祥等校园文化元素,它们是我们校园文化中不可缺少的一部分。作为重庆人,我对黄葛树坚忍不拔、无私奉献的品质敬佩不已,它成为我们校园文化的元素理所应当。清风白鹤为什么能成为校园文化元素,这个疑问久久地萦绕着我。

校园的操场上,有一群白鹤腾飞的雕塑,栩栩如生。好似一阵清风吹过,白鹤在风中群舞飞翔。瞧,每只白鹤都把头昂得高高的,向着蓝天飞翔,向着自由飞翔,向着未来飞翔。看,白鹤那炯炯有神的眼睛凝视着远方,充满了企盼,充满着信心;洁白的翅膀奋力地扇动着,我似乎听到了"扑棱扑棱"的响声。这一群在清风中腾飞的白鹤让我感受到了那种蓬勃向上的精神,哦,我终于明白了,我们人和少年不正该学习这种蓬勃向上的精神吗?

从远处看,这群白鹤雕塑浑然一体,虽然每只白鹤都独自在飞,但它们给我的印象却是一个团队,一个团结互助的集体。或许在飞越高山的时候,年老的白鹤会用尽毕生的力气背着小白鹤飞翔;或许在躲避枪口的时候,有的白鹤会牺牲自己年轻的生命,不顾一切地掩护其他的同伴撤离;或许在生命的最后一刻,还有些白鹤会把能够拯救自己生命的食物让给他人……它们和衷共济,共克时艰。我再次明白了,清风白鹤那种团结互助、和谐相处的品质不正是我们人和少年应有的特质吗!

有人说,白鹤是鸟类中的百合花,洁白的羽毛是雪的颜色,是云的颜色,是月亮的颜色,象征着纯洁清雅、廉洁正直,因而也象征着纯洁高尚的人格。"鹤非染而自白,鸦非染而自黑。"是啊,为什么白鹤不用着色就是白色? 那是因为它有一颗纯洁的心,不用渲染,便能展现出自己耀眼的光芒。这时,我突然明白了。清风白鹤不就是让我们要做一个纯洁、高尚的人吗!

曾听老人们讲,白鹤象征着吉祥、长寿。但是,校园中的清风白鹤却给了我新的感悟,清风白鹤蓬勃向上的精神、团结互助的品质、纯洁高尚的人格不就是人和精神的体现吗! 原来,清风白鹤在默默地告诉我们应该做一个怎样的人和人……

3.汉字文化景观

以汉字为主题,建有《和字墙》、文字博物馆和兰亭羲之书法文化园。

主题雕塑三:《和字墙》

图 2-12 《和字墙》

和字墙由青石垒砌、阴刻而成的49个不同字体的"和"字组成,摆放在校门的左侧。这些"和"字,包含了颜真卿、柳公权以及欧阳询、米芾等大书法家的字体,是对中华优秀文化的传承,体现出学校既是传授知识之处,也是文化传承之地。同时,以"和"字的发展源流为表现内容,强力彰显学校办学思想的核心——和。

主题场馆二:文字博物馆

文字是文化的重要载体。因此我校在校园中做了一个文字博物馆,开放式地给学生呈现了文字发展史,让学生从小习汉字、喜文化、爱祖国。这里可以看到我国文字字体的变迁、文字载体的发展、文字呈现技术的变革,以及现代信息技术对文字发展起到的关键作用。在识字课上,老师会带领孩子们走进文字博物馆,了解中华民族文字的发展变化过程。

2016年9月18日上午,由教育部语言文字应用管理司指导,重庆市语委、重庆市教委、中国文字博物馆主办的重庆市第19届全国推普周暨中国文字博物馆校园巡展在我校举行。教育部语言文字应用管理司副司长彭兴颀,教育部语用司宣教处副处长张艳,中国文字博物馆党委书记、常务副馆长冯克坚等一行人走进校园。在参观文字博物馆时,彭司长赞赏学生讲解员的普通话很标准,从学生身上可以看出,学校在语言和文字的教育方面结合得很好,让学生从小树立文化自信,推动语言文字的发展,将传承弘扬中华的优秀文化落到了实处。

2017年11月,冯馆长代表中国文字博物馆送给学校一尊后母戊鼎模型,并授予学校"中国文字博物馆体验基地"称号。

图 2-13　文字博物馆

主题景观:兰亭羲之书法文化园

人和街小学 2011 年 7 月成为渝中区首所"兰亭小学"。学校的书法教学经验丰富且硕果累累,用兰亭羲之书法文化园纪念"中国书法第一帖"不仅有着非常重要的教学意义,还承载了传承中国传统文化的重要意义。作为"天下第一行书"的《兰亭集序》的艺术价值,不仅体现在它精妙绝伦的笔墨技巧和章法布局的完整性上,而且体现在与作者融为一体的文化与情感表达的深刻性上。《兰亭集序》具备了书法作为艺术作品,从书家到书作、内容到形式的全部审美因素。

兰亭羲之书法文化园的雕刻版本为"神龙本",作品采用大面积、大体积的汉白玉石材,以阴刻的手法,完整呈现《兰亭集序》的气韵,在景观立面的布局中用 13 个"之"字放大制作,增加汉白玉雕刻的横向张力,既可以作为教学的辅助,又可以体现"习书有法"的教学理念。故,景观命名为"兰亭羲之"。在此景观旁边的 3E 楼负一楼,则设置了清风轩书法教室。从文化熏陶到书法学习,全面提升学生的核心素养。

图2-14 兰亭羲之书法文化园

4.儒家文化景观

主题雕塑四:《师道尊严》

孔子是春秋末期著名的思想家、政治家、教育家,为儒家学派的创始人,开创了私人讲学的风气。每年孔子诞辰,我校将在此举行"拜师会"。

附:

孔 园

2005级10班 刘昕

图2-15 《师道尊严》

走进孔园,首先映入眼帘的是屹立在园中心用汉白玉精心雕刻而成的孔子塑像。

孔子身穿长袍,手捧书简,长袍上的边沿绣满了精致的白色花边。他长着长长的白胡子、弯弯的眉毛,面容慈爱,双目注视前方,仿佛正在欣赏着我们美丽的校园……在塑像两旁有两个半圆形的花台,花台内圈有大理石做成的座椅,没事时,我们会坐在椅子上聊天、讲笑话。花台外圈长满了笔柏,无论怎么看它们,都像一座座宝塔,还像孔子的弟子正在拜师学艺。看到这座雕像,我立刻被这浓厚的学习气氛所感染,仿佛它把我带到了春秋时代,仿佛把我带到了孔子的学堂中。笔柏下长满了红花绿草。在塑像前面有两棵泰国榕,似乎在欢迎我们的到来。在前面,有很多棵桂花树,路过的人都会停下脚步,深深呼吸这扑鼻而来的香气。

主题雕塑五:《杏坛讲学》

图2-16 《杏坛讲学》

"杏坛",是传说中孔子讲学的场所。相传有一天,孔子带领一群青少年垒土筑坛,并移来一棵小银杏树栽在坛边。孔子抚摸着银杏树说,银杏多果,象征着弟子满天下。树干挺拔直立,绝不旁逸斜出,象征弟子们正直的品格。果仁既可食用,又可入药治病,象征弟子们学成后可以有利于社稷民生。

这里模拟了当年孔子周游列国讲学的场景,杏坛上的大型铜质竹简,刻有《论语·学而》,时刻提醒师生"吾日三省乎吾身"[1],这里有场景却看不见老师,说明了三人行必有我师,人人皆可为人师;有场景不见学生,体现了人和教育秉承孔子的教育思想——有教无类、兼收并蓄。旁边栽种桃树和李树,寓意人和校园桃李满天下。

① (春秋)孔丘.论语[M].杨伯峻,杨逢彬,注译.长沙:岳麓书社,2000:2.

(三)集中宣传办学思想的校刊《人和教育》

《人和教育》是我校面向全体学生、全体教师以及全体家长的一本综合性教育刊物,目前已出24期(半年一期),刊名由顾明远先生所题。编辑遵循我校"人和为魂,和谐育人"的教育理念,吸纳了国内外先进教育思想和方法,针对从学龄前到小学毕业这个阶段儿童的发展特点,以学校教育为主阵地,并深入家庭、社会,将发生在本校的一系列教育行踪、教育故事、教育热点以及师生作品等融入其中,使该刊物成为我校有效的教育工具和宣传教育思想的主阵地。

我校《人和教育》刊物,从策划、组稿、编排都完全由我校编辑部老师制作完成,版面文字字体、图像图形、线条、表格、色块等要素布局合理,表达艺术,学校的文化元素和谐融入其中,很好地传达出我校校刊所具有的学术性、交流性、普及性的办刊特色。图文并茂的页面、协调的色彩搭配,更好地传达出作者想要传达的信息,加强了信息传达的效果,使内容更加醒目、美观,增强了可读性,深受读者喜爱。

《人和教育》刊物内容充实,图文并茂,色彩搭配协调,版面设计美观、大气、雅致,可读性强,是宣传学校办学理念和办学特色的有效平台。它整合了学校、家庭和社会的教育力量,充分体现了寓教于乐的教育思想。刊物免费赠阅给全校师生、家长以及社会,受到众多读者的好评与青睐。

2009年获得"全国中小学优秀校园刊物最佳特等奖"和"最佳版面设计奖"。

(四)优美动听的校园主题音乐

校园主题音乐是通过听觉刺激传达学校办学理念、品牌形象的一种手段。

2008年,我们创作了校歌《两条江 在身边》并与央视和重视专业团队合作,拍摄了校歌的MTV;同时,将其中的主要旋律制作成上课铃声。2009年,创作了校园歌曲《清风白鹤》,并编排了同名校歌舞蹈剧演出;2010、2011年校园歌曲《黄葛云祥》、幼儿园园歌《乖苗苗》等分别完成了作曲,在校园里传唱。

1. 校歌《两条江 在身边》

校歌《两条江 在身边》以简洁明快的歌词,有机地将"和"文化传统、两江地理环境、时代精神融为一体,非常贴切地诠释了"人和教育"理念,成为全校师生愿唱、乐唱的歌曲。

两条江　在身边

作词　赵平
作曲　程巍

1=♭E 4/4

（3535 66 63 2 | 1. 2 3 5 3 3 - | 6161 22 53 2 | 5. 6 1 2 5 6 35 |

6 666 -)| 6 6 6 6 35 | 6 - - - | 6 3 3 3 61 | 2 - - - |
人 之 初,性 本 善,　　两 条 江 在 身 边,

3. 3 5 6 6 | 1 66 1 65 6 | 2. 2 2 3 5 5 5 | 5 6 - - |
一 条 来 自 淇 蓝 的 天 边, 一 条 淌 过 碧 绿　 的 草 甸。

（6161 3 3 6 56 3 | 2 2 23 5 5 6 -)| 6 35 6 66 - | 6 - - - |
　　　　　　　　　三 人 吹 笙,

1 61 65 55 3 3 - | 3 - - - | 6. 6 6 5 3 | 2 2 3 5 6 3 - |
二 人 挑 担,　　　　　和 谐 旋 律 美 丽 的 校 园,

2 2 2 16 | 6 - - - |（6161 3 3 6 56 3 | 2 2 23 5 5 6 - ）|
美 丽 的 校　 园。

6 6 6 6 35 | 6 - - - | 6 3 3 3 61 | 2 - - - |
人 之 初,性 本 善,　　两 条 江 在 身 边,

3. 3 5 6 6 | 1 66 1 65 6 | 2. 2 2 2 3 5 5 | 5 6 - - |
长 江 来 自 唐 古 拉 的 冰 川, 嘉 陵 开 阔 在 苍 翠　 的 广 元。

（6161 3 3 6 56 3 | 2 2 23 5 5 6 - ）| 6 35 6 66 - | 6 - - - |
　　　　　　　　　三 人 吹 笙,

6 56 1 1 66 - | 6 - - - | 5 6 1 6 53 | 2 2 3 5 6 3 - |
众 人 拉 纤,　　　　和 谐 的 旋 律 美 丽 的 家 园,

转1=F
2. 3 5 6 1 | 2 1 | 6 - - - | 6 - - 0 | 6 6 6 6 35 | 6 - - - |
美 丽 的 家　 园。　　　　人 之 初, 性 本 善,

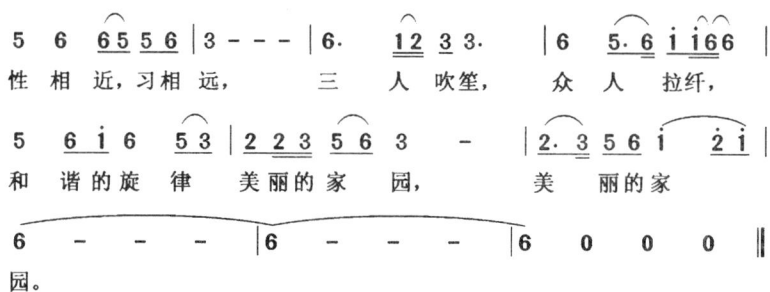

图2-17 校歌《两条江 在身边》

这首歌不仅旋律优美，文字也非常优美，是一首优美的诗。

"一条来自湛蓝的天边，一条淌过碧绿的草甸""长江来自唐古拉的冰川，嘉陵开阔在苍翠的广元"道出了两江孕育、地理之和对学校文化的影响。来自唐古拉山的长江和来自广元的嘉陵江静静地流淌，淌过我们的身边，在朝天门交汇融合，孕育了两江文明与文化。我们的学校、每一个人和人也浸润其中。

"人之初，性本善……性相近，习相远。"美丽的人和校园用知识启迪着我们的智慧，浸润着我们的心灵。如果说地域文化孕育了我们，中华传统文化的精华则是滋养和壮大我们的源泉。

"三人吹笙"简明扼要地阐释了"和"的本义，"二人挑担""众人拉纤"是小学生最能理解的产生"和"的活动，生动活泼地道出"人和"即和衷共济、齐心协力、团结协作、奋力拼搏等。只有这样才能奏响"和谐的旋律"，做到生生和、师生和、家校和、人与自然和，这样的校园一定是美丽的家园。

2. 吉祥物主题曲《清风白鹤》

《清风白鹤》是一首旋律优美、词尾押韵的校园歌曲。歌曲 $\frac{3}{4}$ 拍，单段体曲式结构，小调式。第一段描写白鹤在每年的秋季从北方的繁殖地向南迁徙。一路走来，越过金色的麦浪，越过峰峦都市、田野村庄，以一种平和的心态迎着清凉的微风飞越、成长。第二段描写山水之城——重庆，这里既有民俗文化的船工号子，又有地域文化的嘉陵长江。

该作品中用第一人称"我们"代指白鹤，以白鹤为主线，展示了人和学子在"和"的文化理念下、在重庆丰厚的文化底蕴下学习、成长的历程。正是因为有了人和文化的浸润，孩子们才从一只只幼小的"白鹤"逐渐变得羽翼丰满，最后他们张开了翅膀，在优美的旋律中向着理想飞去！

清风白鹤

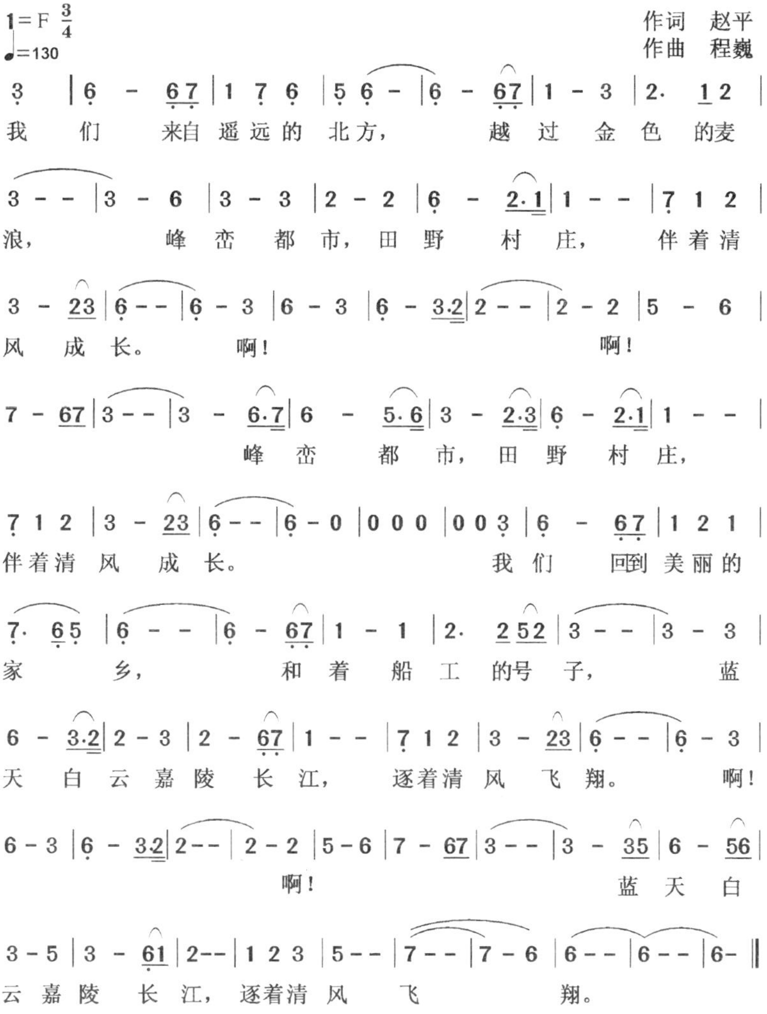

1=F 3/4
♩=130

作词 赵平
作曲 程巍

3 | 6 - 67 | 1 7 6 | 5 6 - | 6 - 67 | 1 - 3 | 2· 12 |
我 们 来自遥远的 北方， 越过 金色 的麦

3 - - | 3 - 6 | 3 - 3 | 2 - 2 | 6 - 2·1 | 1 - - | 7 1 2 |
浪， 峰峦都市，田野村庄， 伴着清

3 - 23 | 6 - - | 6 - 3 | 6 - 3 | 6 - 3·2 | 2 - - | 2 - 2 | 5 - 6 |
风 成 长。 啊！ 啊！

7 - 67 | 3 - - | 3 - 6·7 | 6 - 5·6 | 3 - 2·3 | 6 - 2·1 | 1 - - |
峰峦 都市， 田野 村庄，

7 1 2 | 3 - 23 | 6 - - | 6 - 0 | 0 0 0 | 0 0 3 | 6 - 67 | 1 2 1 |
伴着清风 成 长。 我们 回到美丽的

7· 65 | 6 - - | 6 - 67 | 1 - 1 | 2· 252 | 3 - - | 3 - 3 |
家 乡， 和着船工 的号子， 蓝

6 - 3·2 | 2 - 3 | 3 - 67 | 1 - 1 | 7 1 2 | 3 - 23 | 6 - - | 6 - 3 |
天 白 云嘉陵 长江， 逐着清风 飞 翔。 啊！

6 - 3 | 6 - 3·2 | 2 - - | 2 - 2 | 5 - 6 | 7 - 67 | 3 - - | 3 - 35 | 6 - 56 |
啊！ 蓝天 白

3 - 5 | 3 - 6·1 | 2 - - | 1 2 3 | 5 - - | 7 - 7 - 6 | 6 - 6 | 6 - - | 6 - ‖
云嘉陵 长江， 逐着清风 飞 翔。

图2-18 吉祥物主题曲《清风白鹤》

3. 校园歌曲《黄葛云祥》

《黄葛云祥》是一首曲调欢快、朗朗上口的校园歌曲。歌曲为大调式，

$\frac{2}{4}$节，单段体曲式结构，旋律简洁流畅，采用了五声宫调式。歌词围绕重庆市树——黄葛树展开，"根儿深芽儿壮"表现了人和文化的根深蒂固，底蕴深厚，它哺育着人和人茁壮成长，就像嘉陵江、长江川流不息、源远流长。黄葛树茎干粗壮、枝杈密集，人和街小学的每个孩子就如同一片片翠绿的黄葛树叶子，在人和文化的滋养下，健康成长。也正是因为有了人和文化的"尊重差异、寻求共识"，人和学子才有了最后的"人人发展"！也正因为每个孩子都得到了发展，才齐心协力地共同创造了我们这个和谐美好的大家庭！歌曲最后反复咏唱"创造未来美好家乡"，充分体现了全校师生的美好愿望。相信有了人和精神的引领，人和校园会成为一个充满蓬勃生机的美好家园！

黄葛云祥

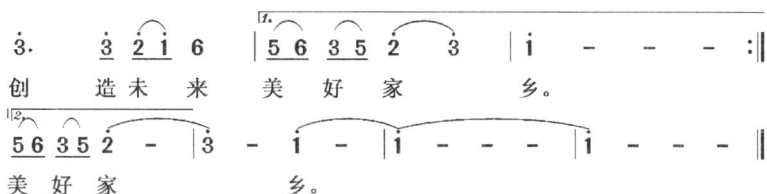

图 2-19　校园歌曲《黄葛云祥》

4.幼儿园园歌《乖苗苗》

"乖苗苗,新枝芽,拍拍手,过家家。""乖苗苗,快长大,拍拍手,开红花。"在这轻快活泼的音乐中,一幅儿童嬉戏、快乐成长的童年画卷,仿佛跃然眼前。这首歌把孩子们比作梢头新嫩的枝芽,充满蓬勃的生机;又将其比作含苞欲放的红花,饱含热切的希望。

儿童是祖国的未来,将祖辈的文明与希望世代延续。嘉陵、长江两江相汇铸造了重庆的地域特征,每一个生长、生活在这里的人都已深深烙上"两江相融"的文化烙印,儿童也不例外。"我是嘉陵乖乖娃",正是这种文化烙印的体现。同时也是学校寄予每棵乖苗苗的殷切期望,希望他们能带着我们的地域文化特色,走向世界,走向未来。

儿童一眨眼,上帝就微笑。你看,儿童多灵巧! 他们关系着过去未来,天然契合着学校"天地人和,和衷共济"的教育理念。

著名儿童文学作家冰心说:"童年啊,是梦中的真,是真中的梦,是回忆时含泪的微笑。"唯有尊重儿童的天性、呵护儿童的纯真,才能保存人类童年的梦境。歌曲《乖苗苗》充分体现了学校幼儿园以幼儿为本的办园理念,为幼儿营造自由、和谐的成长环境。我们将大手牵小手,和孩子一起共筑童年梦!

总之,学校的这些物质文化建设解决了学校文化"看(听)什么"和"怎么看(听)"的问题。它是学校的外包装,是学校精神理念的物化形态,是社会公众感知学校的最直观的对象,是学校发展的一大标志。所有这些东西融合在一起,就形成了学校独特的物质文化,它们将学校抽象的办学理念由虚化实,无声地感染人、教育人、激励人。

乖苗苗

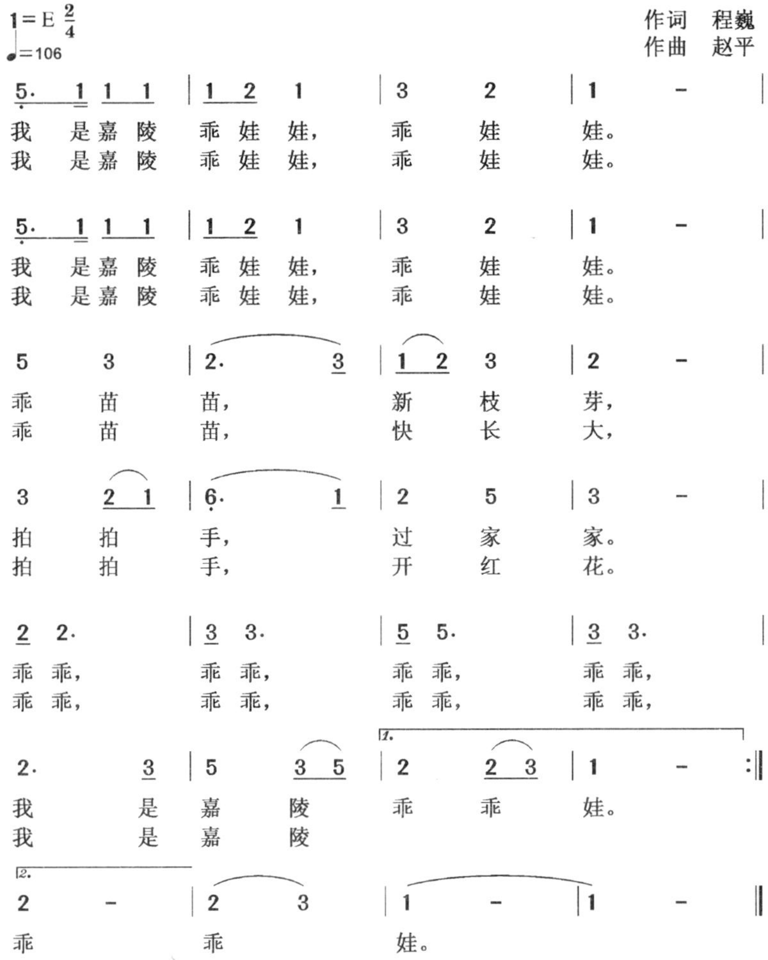

作词　程巍
作曲　赵平

1=E　2/4
♩=106

5· 1 1 1 ｜ 1 2 1 ｜ 3 2 ｜ 1 － ｜
我　是嘉陵　乖娃娃，　乖　娃　娃。
我　是嘉陵　乖娃娃，　乖　娃　娃。

5· 1 1 1 ｜ 1 2 1 ｜ 3 2 ｜ 1 － ｜
我　是嘉陵　乖娃娃，　乖　娃　娃。
我　是嘉陵　乖娃娃，　乖　娃　娃。

5 3 ｜ 2· 3 ｜ 1 2 3 ｜ 2 － ｜
乖　苗　苗，　新　枝　芽，
乖　苗　苗，　快　长　大，

3 ｜ 2 1 ｜ 6· 1 ｜ 2 5 ｜ 3 － ｜
拍　拍　手，　过　家　家。
拍　拍　手，　开　红　花。

2 2· ｜ 3 3· ｜ 5 5· ｜ 3 3· ｜
乖　乖，　乖　乖，　乖　乖，　乖　乖，
乖　乖，　乖　乖，　乖　乖，　乖　乖，

2· 3 ｜ 5 3 5 ｜ 2 2 3 ｜ 1 － ：｜
我　是嘉陵　乖　乖　娃。
我　是嘉陵

2 － ｜ 2 3 ｜ 1 － 1 ｜
乖　乖　娃。

图2-20　幼儿园园歌《乖苗苗》

二、营造人和精神引领的校园精神文化

（一）挖掘"人和"的育人素材，把人和精神作为师生道德教育的重要内容

人和教育是对人和的内容、方法论的传承。在课堂教学中，我们从教学内容、组织形式、评价方式等三个方面开展了人和教育。首先，从教学内容上，我们挖掘各学科关于人和的教学内容：在语文课上阅读《将相和》《孔融让

梨》《蓝色的树叶》等课文;音乐课上学唱《团结就是力量》《众人划桨开大船》等歌曲;品德课设有《分享的快乐》《换个角度想一想》《朋友之间》等;体育课上有传统的拔河、跳长绳,以及舞龙。其次,在组织形式上,根据教学内容创造性开展合作教学,采用从小组合作到年级合作的教学方式。例如,一堂四年级400多学生共同参与的"我爱长城、我筑长城"的陶艺课上,采用小组合作、班级合作到年级合作等多种方式,各班学生们团结协作,和泥、做砖,为长城砌砖,班级接龙砌长城,历时一个多月才完成。学生们在这里学习、实践、体验、感悟,人和精神在这里发芽,深深扎根在学生的心坎上。该课受到了中央电视台《新闻联播》的专题播报。再次,在评价方式上的转变。比如:体育课中,开展人和校园定向越野比赛,比赛规则就是把一个班的同学分成若干个组,以小组最后一个同学到达终点的成绩排名,于是跑得快的同学积极帮助跑得慢的,学生身体不仅得到锻炼,人和精神也得到了培养。

(二)以综合实践活动为载体,培育学生的人和品质

为了让学生懂人和、会人和、创造人和,培育学生与他人和谐相处的"人和"品质,学校开展了以了解人和街小学历史和传统为目的的"寻根人和"综合实践活动,以及以学习关于"人和"的经典语句、故事为目的的"人和经典我诵读",以培养学生良好的行为习惯、加强学生"人和"意识为目的的"人和形象我设计",以锻炼学生合作能力、彰显个性特质为目的的"人和风采我展示"等一系列综合实践活动课程,活动中涌现了一大批"人和好少年"及各具风采的"人和体育星""人和科技星""人和艺术星"等。同学们还积极关注身边的"人和"故事,学习发现与人和谐相处之道。三年级12班的几名学生在班上自主筹建开办了"人和银行",存入同学的每一个"人和"好行为,成为一所永不被金融危机击垮的"精神银行"。

三、塑造特色鲜明的师生文化

(一)教师文化

1.教师文化的内容

教师文化是学校文化的核心部分,是教师在长期的教育实践过程中所形

成的、代表教师群体共性的价值取向和职业行为特征，并成为维系教师团体的一种精神力量。优秀的教师文化有利于培养人才、营造良好的学习环境，它甚至决定着学校及其师生的发展走向。

哈格里夫斯将教师文化分为四类。(1)个人主义文化：教师拥有强烈的独立成功观，很少干涉其他教师，他们不喜欢变革，也不愿与同事合作，避免与他人讨论变革。(2)派别主义文化：学校分裂为许多独立的团体，教师忠诚于、归属于某一个派别。派别内部成员之间联系紧密，但派别之间的教师则相互漠不关心甚至竞争，因此学校中教师很难有共享的目标，革新也难以在全校范围内进行。(3)人为合作文化：教师之间的合作是由外在行政控制的，这是由某种正规而特定的科层程序强制的、可以预测的、局限于特定时空条件的合作。合作的主要目的在于满足科层制度的要求，而不是学校实践的要求和个人的本意。(4)自然合作文化：这是经过人为合作文化阶段后的更高级的合作文化。它是渗透在日常教学中的教师之间自发的、自然而然的合作。教师之间相互观摩学习，互相帮助，共同克服困难。

我们认为，教师文化建设的内容，包括教师的教育观念、教师的教育教学行为方式，具体包括教师观念、教师行为、教学研究、行为风范和文化活动等。

（1）教师的教育观念。

教师的教育观念具体表现在六个方面。一是表现为对学校文化传统积淀和办学价值观的认同感。每位老师对学校七十多年的发展历程所形成的革命传统文化和改革创新文化，不仅要认识、理解，更要内化为能对个人实际的教育行为具有真实的指导意义的理念，从而使学校倡导的理念和价值观成为一种自觉的追求。二是体现为对学校有着强烈的归属感。每位教师都应感觉到个人的命运和学校的命运休戚相关，学校是自己施展才华的舞台、专业成长的空间和幸福生活的家园，因而对学校未来的发展应有强烈的责任感和使命感。三是具有崇高的职业信念。教师是一个高尚的职业，教育是人生最高尚的和最具责任心的行为。教师在教育行为中应做到：更少功利和表演，更多使命和奉献；更少察言观色，更多自我评价；更少行毁于随，更多业精于勤。四是具有高层次的职业境界。教师不光是给学生知识，更重要的是教学生养成一种积极的生活态度和社会责任感，以积极的人生态度对待生活，关注社会,关注人类命运,使学生在离开学校的时候,带走的不仅仅是分数,更重要的是对未来和理想的追求。五是具有先进的教育理念。在教育教学活动中要始终坚持以促进学生的发展为本的学生观。在教育的过程中,教师要树立先进的教育观,坚持回归学生的心灵本真世界,以促进学生的主动发展为根本,在方法上注重学生内心的体验与感悟。在教学的过程中,教师要树立先进的教学观,倡导学生是教学的主体,注重激发学生对问题的兴趣,提高学生解决问题的能力,突出对话与交流。六是具有自我发展的强烈意识和责任。面对充满竞争和不断革新的现代社会,教师要充分发挥自我价值,并不断学习、提升和充实自己,促进自我的可持续发展。

(2)教师的行为文化。

教师的行为文化主要表现在如下几个方面。一是教师的外部形象文化,表现在仪表、服饰、风度等方面。教师在面对学生时,不仅仅是手段,其本身也是教育的内容。学校为教师量身定制了统一的四季校服,除此外还规定,教师的着装要符合职业的特点,以合体、庄重、儒雅为标准。教师在与人交往过程中要表现出应有的精神风貌、态度和气质,做到举止稳重、姿态端庄,让人感受到教师的耐心、尊重和涵养。二是教师的仪式文化。我们精心设计并举行好教师入校仪式、优秀教职工表彰奖励仪式、离退休教师欢送仪式、师徒结队仪式等。三是教师的教学行为。在课堂教学的管理过程中,教师要做到举止稳重、姿态端庄;上课时以一定的激情感染学生,唤醒学生在课堂学习中的主体意识,引导学生进入积极的思维状态;在教法的选择和教学设计上,力求科学、严谨,多种方法交替运用;在板书和课件的使用上做到条理清晰、书写规范,展现出独特的个人魅力和高雅的个人情趣。

同时,教学研究是教师的一种重要的提升自我的方式,主要体现在教研沙龙、学术报告会、各类教师研讨会、座谈会等活动中。教师在教研沙龙中独立思考、各抒己见,进行不同观点的碰撞、交锋、比较和鉴别,营造一个自由、宽松、民主的文化氛围;定期的学术报告会,制造与专家近距离接触、对话的机会;教研组每周一次的集体备课活动,营造一种教师之间研讨、合作与交流的氛围;各类研讨会、座谈会、科研年会,营造学校"在工作中研究,在研究状态下工作"的研究文化氛围,赋予教师更多的责任和共同谋划学校发展的机会。

2.培育居儒之师

我校以人和教育为理念,教师以"居儒典雅,身正学高"作为自己的行为准则,追求的是教师之间的自然合作,并为此做了一系列的工作,形成了培育人和之师的特色文化。

(1)新教师任职宣誓仪式。

在每一年的开学典礼上,面对全校师生,新调入和新参加工作的老师们走上舞台,在国旗和校旗下,在优秀老教师的带领下宣读人和之师教师誓词:

我是一名光荣的人和街小学教师,我宣誓:

我立志做一名人民教师,信守教师道德,履行教师职责,恪守"人和为魂、和谐育人"的教育理念,以培养"品德高尚、睿智灵动、强体健魄、尚美惟新"的人和少年为己任。

努力做到"居儒典雅,身正学高",享受幸福完整的教师职业生活。用精湛的教艺启迪学生,用精深的才识丰富学生,用精粹的人格陶冶学生。

我宣誓:

我将履行承诺、矢志不渝,以全部的信心和智慧做一名优秀的人民教师。

(2)卓有特色的"人和拜师会"。

我校以"新老帮带互促"作为推动教师队伍整体进步、促进教师队伍和谐发展的重要方式之一。每年9月28日是孔子诞辰,学校都要举行一年一度的"人和拜师会",徒弟为师傅看座、敬茶、鞠躬,让教师们不仅强烈地感受到孔子教育文化的熏陶,更让老教师明确帮带职责,让新教师增强学习动力。

(3)和衷共济的"教育研讨会"。

我校每学期都要开展年级大教育教学研讨活动、班级管理研讨会、新教师培训会、班主任管理沙龙、各级组长培训会以及校本教研活动,为教师建立大教育观,整合各学科、各年级、各班级的教育资源,充分发挥教师的集体智慧,建立了良好的交流平台,为造就一支师德高尚,教育观念先进,教学技能及基本功全面、过硬的教师队伍提供了有力的保证。

(4)和而不同的"人和杯"教学研究活动。

每年一届的"人和杯"教学研究活动已经成为各学科教师专业发展的必由之路。每一次,从每位教师自愿参与到教师特色课堂活动的展示,无不体现着"人和教育"思想——和衷共济、海纳百川、和而不同。教师们积极参加教学研究，将教研成果带到课堂，以此促进学生全面发展，提高自身教学水平。在这样的教学理念指导下，"人和杯"教学研究活动已经呈现出思维活跃，勇于创新、共同进步的和谐教育局面。

（5）凝聚力量的团队活动。

每学期，学校都要组织全体教职工开展丰富多彩的各类文体娱乐活动，在愉悦身心的同时，增强对团队精神、相互协作的体验，培养"和衷共济"的人和精神。

就是在这样的努力下，人和街小学的教师们除了精于专业知识之外，还很重视自身文化修养的培养和提高。每学期，学校均要开展各类文娱表演、演讲比赛以及教师基本功竞赛等活动。学校坚持打造整体优势和展示个人特色并举的方针，通过各项比赛，强化教师的基本功，提高教师文化修养，展现参赛教师的团结合作和个性风格，达到以赛代训、以赛促训的目的。

优秀的专家式的教师队伍，使学校成为学生爱戴、家长满意、社会认可的教育乐园，支撑起一片灿烂的晴空。

（二）学生文化

1.学生文化的定义

学生文化就是指某个或某些学生群体所具有的由独特的行为规范、言语表达和价值观念所构成的生活方式。它是反映这个特定年龄阶段学生真实生活世界的影像，也是学生由儿童向成人发展的阶段性产物。不同学生群体的生活方式既有相似之处，又有所差别。

学生文化是一种在吸收成人文化过程中不断生成和发展的动态的生活方式，学生文化体现了学生不断濡化和涵化的历程。它不断受到学生自身及其同辈群体、学校、家长和社会等方面的影响，不断吸收着成人世界的内容，在接受和排斥主流文化中发展着。可以说，学生文化是在学生接受社会主流文化的过程中形成的，是个人接受社会规范、行为准则、价值观念等文化传统的社会化过程，也是文化从一代人传到另一代人的潜移默化过程。[1]出于交友需要和群体认同，在持久地集中地相互接触、相互适应下，最易于促使一方

---

① 白芸.理解学生文化[D].上海:华东师范大学,2003:128.

或双方原有的文化模式发生大规模的文化变迁的涵化现象。学生文化发展与他们身心发展有对应性联系,既易于转变又可迅速发展,他们热衷于新事物,可以很快地接受新知识,追求新事物,然而又很难形成较稳定的社会规范、行为准则、价值观念等文化传统。因此,重视学生文化中的濡化和涵化,是学校教育的重要使命。涵化使学生接受不属于本群体的生活方式,在开阔了视野和激发了创造力的情况下,逐渐实现学生文化的变迁;濡化使学生适应本群体的生活方式,适应主流文化的要求,逐渐达到社会化。

2001年国家教育部颁发的《基础教育课程改革纲要(试行)》明确指出了我国新课程改革的培养目标:"要使学生具有爱国主义、集体主义精神,热爱社会主义,继承和发扬中华民族的优秀传统和革命传统;具有社会主义民主法制意识,遵守国家法律和社会公德;逐步形成正确的世界观、人生观、价值观;具有社会责任感,努力为人民服务;具有初步的创新精神、实践能力、科学和人文素养以及环境意识;具有适应终身学习的基础知识、基本技能和方法;具有健壮的体魄和良好的心理素质,养成健康的审美情趣和生活方式,成为有理想、有道德、有文化、有纪律的一代新人。"[1]为全面贯彻党的教育方针和全面推进素质教育,我校将学生文化归纳为16字:品德高尚、睿智灵动、强体健魄、尚美惟新。

品德高尚:品德,即道德品质,也称德行或品性,是个体依据一定的道德行为准则行动时所表现出来的稳固的倾向与特征。品德高尚要求人和学子应该具有懂规守纪、明责能孝、守信会"和"等优秀品德和美好情操,成为德行如一,内心平和之人。

睿智灵动:"睿智"出自《孔子家语·三恕》:"聪明睿智,守之以愚。"[2]亦作"睿知",意为聪慧,多用于形容一个人极富智慧。"灵动"即为活泼不呆板,富于变化。睿智灵动即希望人和学子能够成为聪慧而活泼的人。

强体健魄:即强健体魄,每个人和学子要有强壮而健康的体格和精力,成为身体康健的人。

尚美惟新:"尚"取其尊崇、注重之意。尚美即希望每个人和学子具有良

---

① 钟启泉,崔允漷,张华.为了中华民族的复兴,为了每位学生的发展——《基础教育课程改革纲要(试行)》解读[M].上海:华东师范大学出版社,2001:4.

② 孔健.孔子全集 下[M].北京:东方出版社,2012:729.

好的审美情趣,学会用艺术来美化生活,达到人与艺和,美由心生。"惟新"意为更新,即人和学子应该具有良好的理性思维,勇于探究,在探究中遵循事理,应用创新。

综上所述,品德高尚、睿智灵动、强体健魄、尚美惟新是从德、智、体、美四个方面对学生提出的全面均衡发展的要求。

2. 培育人和之生

在学校教育中,学生拥有不同的文化背景,所以同一个教育过程中就发生着濡化和涵化两种情形。我校首先依托各学科教学这个主渠道着重培养学生,并力求营造出品德高尚、睿智灵动、强体健魄、尚美惟新的学生文化氛围,以学月主题形式组织相应的综合实践活动学习文化课程。

九月:懂规守纪月

活动目标:新学年有新要求,要让不同学段的学生了解本学段的规则,并养成自觉遵守规则的习惯。

活动形式:在隆重的开学典礼上,学校结合传统活动、时事热点,向全校师生展示本学年的教育活动主题,提出"懂规守纪"教育的分年级目标和内容。在班队会上,辅导员带领少先队员讨论、学习,明确每个班及每个同学的行动方案,将队前教育、队后教育形成序列,规范化、程序化,贯穿整个学年,推动"养成教育"的深入开展。

十月:少先队行动月

活动目标:10月13日是中国少年先锋队的建队日,为引导队员们继承和弘扬少先队的光荣传统,增强少先队员的光荣感和自豪感,本校根据实际情况,充分利用这一有纪念性的日子,将少先队集中的主题教育活动与实践操作能力有效结合,让每一个少先队员都度过一个愉快、充实、难忘而有意义的建队日,使少先队活动更加规范,少先队组织更加具有凝聚力。

活动形式:10月13日是中国少年先锋队建队日,每年一度的学校少代会都在本日举行,轰轰烈烈的大队委干部海选精彩纷呈,少先队干部用生动的形式演绎自己对"服务他人,快乐自己。我为人人,人人为我"的服务意识和责任意识的理解和实践。

十一月:科技与传统教育月

活动目标:(1)每年一度的科技节以培养学生的创新精神和实践能力为核心,努力营造浓郁的科学氛围,激发学生从小爱科学、学科学、用科学的兴趣,积极推动校园科技活动的蓬勃开展。让学生在活动中充分体验学习科学的乐趣,动手能力得到进一步发展,科学文化素养得到进一步提升,为各年级学生提供更多展示自我才华的空间和平台。

(2)充分利用家乡的社会教育资源,带领学生在寻访革命教育基地的过程中感受红岩精神、领悟红岩精神的含义,了解重庆的发展历史和革命史,增强责任感和使命感。

活动形式:(1)科技节活动丰富多彩,贴近学生设计内容,包括了科技制作、科学体验、科学作品展示、科学家进校园做讲座、头脑风暴、科技作品制作、科学DI剧展演等内容,既有人人必选的项目,又有小团体合作参与项目,听、看、做、演,多感观参与,充满了科学性和趣味性。

(2)革命传统教育活动:听红岩故事、看革命影片、游革命教育基地、访英雄人物、谈自我感受。

十二月:艺术展示月

活动目标:丰富校园文化生活,将学校的艺术教育更加突出地引向全体学生,培养学生对艺术的广泛兴趣,让学生在美的音乐、美的舞姿中品味经典文化,感悟美的内涵,并在活动中互助、协作、交往,促进学生间良好人际关系的形成。

活动形式:十二月充满了艺术的气息,既有全员参与的集体舞展示、器乐演奏,又有学生个体的独奏、独唱、独舞比赛,学校为每个学生提供了展示的舞台。

三月:爱心活动月

活动目标:以3月5日"学雷锋、树新风"为主题,在全校开展爱心、体验"四个一"活动,让同学们积极参与到"服务他人、快乐自己"的体验实践中,培养学生关爱他人、关爱社会、乐于助人的美好品格。

活动形式:在这传统的"爱心传递"月的"三五"学雷锋活动中,学生们不仅走进敬老院、武警连、幼儿园,还走上街头参与社会实践。

四月:体育丰采月

活动目标:(1)群体共和、参与体验。让全体师生共同参与,共同体验,展示人和大家庭的和谐。

(2)生生人和、众志成城。让学生协同一心,团结建功,为集体荣誉而振奋。

(3)才能交和、智慧创新。让学生运用学到的体育知识,创设项目、自我组织,展示智慧与才能。

(4)身心协和、灵动康健。让学生展现体育课堂学到的技能,展示个人特长和精神风貌,为运动社发掘人才。

(5)学科同和、目标一致。让人和特质课程整合发展,彰显同心协力共发展的人和精神,丰富校园生活。

(6)评价总和、海纳百川。用多样的评价形式,让学生发现自身价值,一切皆有可能。

活动内容:人人参与的体育节里,我校大胆改革创新,既有体育课程学习内容的延伸,以跑、跳、投、球类、游泳、地域运动等基本项目为主,又有体育课教学的舞龙展示、纪念长征的象征性长跑、远足活动、自创游戏的趣味运动会、吉尼斯明星挑战赛等,把阳光体育活动开展得有声有色。

五月:国际交流月

活动目标:学会与不同国家、地区和不同文化背景下的人友好相处,并向他们传播中华优秀传统文化。

活动形式:国际交流周迎来美国、英国、日本等国家的友好学校师生的访问,外国朋友们将入住我校学生家庭同生活,进入校园同学习,校园里总是充满着欢声笑语。

六月:成长感恩月

活动目标:强化人和校园群体共和的氛围,树立人和学子的自豪感,激发感恩之情。六月,是一学年的最后一个月,毕业班将离开校园,其他的孩子将升入新的年级。

活动内容："六一"是全世界儿童的节日,活动丰富多彩。从20世纪50年代延续至今的花草艺术节是学生最盼望的活动之一,花草秀的展示、年级花展、跳蚤市场等活动深受学生喜爱;四年级学生的集体生日,让学生在成长的过程中懂得感恩;六年级的毕业典礼,使毕业生们为自己的小学生活画上了圆满的句号。

"人和教育"特别关注对人的内在情感、意愿、态度的激发和生成,致力于个体在知识与技能、过程与方法、情感态度与价值观三维目标方面的实现,保证了个体的充分发展,让每一位学生沐浴人和文化,参与学习实践,刻上人和的烙印。全体学生的素质在不同层面上得到了最佳的体现,比如有拾万元现金不取的陈新瑞,有勇救落水儿童的罗一同学,在世界小提琴大赛中获冠军的张敬知同学,分别获重庆市诵读大王和故事大王称号的蒋涵静、周子钦同学,获市长创新奖的张琳楠同学,出版中篇小说的罗梓宁、伍韵萱同学,以及重庆市"五心四好"少年、校园体育吉尼斯保持者等一大批品学兼优的人和好少年。

在近几年学校"人和教育"的文化建设过程中,我们深深感受到,学校形成过程本身就是一个整体优化的过程。人和教育带动了其他工作的良性循环,内部运行机制得到了自动调节,推动了学校的整体前进。我们用人和教育推进学生核心素养的落实,推动了学校各项工作的蓬勃发展,"人和为魂,和谐育人"在我校得到很好的诠释。我校的研究成果对渝中区乃至重庆市推进区域化特色学校建设有借鉴意义。

第三章

人和课程

——人和六质，和而不同

　　课程是指学校学生所应学习的学科总和及其进程与安排。广义的课程是指学校为实现培养目标而选择的教育内容及其进程的总和，它包括学校老师所教授的各门学科和有目的、有计划的教育活动；狭义的课程是指某一门学科。

　　在《什么知识最有价值？》(1859)一文中，英国教育家斯宾塞(H.Spencer)最早提出了"课程"(curriculum)一词。它是从拉丁语"currere"一词派生出来的，"currere"的名词形式意为"跑道"(race-course)。根据这个词源，在英语世界，课程最常见的定义是"学习的进程"(course of study)，简称学程。这一解释在英文词典中很普遍，《牛津词典》《韦氏词典》《国际教育辞典》都是这样解释的。然而这种解释在当今的课程文献中却受到越来越多的质疑。"currere"从名词形式来理解，意为"跑道"，课程就是为不同学生设计的不同轨道，从而引出了一种传统的课程体系；而从动词形式的来理解，意为"奔跑"，课程的着眼点便放在个体认识的独特性和经验的自我建构上，就会得出一种完全不同的课程理论和实践。

　　在我国，"课程"一词始见于唐宋期间。唐朝孔颖达为《诗经·小雅·巧言》中"奕奕寝庙，君子作之"句作疏："维护课程，必君子监之，乃依法制。"但这里课程的含义与我们今天所用之意相去甚远。宋代朱熹在《朱子全书·论学》中多次提及课程，如"宽着期限，紧着课程""小立课程，大作工夫"等。虽然他对"课程"没有明确界定，但其含义是很清楚的，即指功课及其进程。因其仅指学习内容的安排次序和规定，没有涉及教学方面的要求，故称为"学程"更为准确。^①到了近代,由于班级授课制的施行,赫尔巴特学派"五段教学法"的引入,人们开始关注教学的程序及设计,于是课程的含义从"学程"变成了"教程"。^②中华人民共和国成立以后,由于凯洛夫教育学的影响,到20世纪80年代中期以前,"课程"一词很少出现。

作为学校开展教育教学活动的基本依据,课程也是实现学校教育目标的基本保证,是学校一切教学活动的中介,并为学校进行管理与评价提供标准。美国学者古德莱德(J.I.Goodlad)详细说明了理想和现实课程的不同形式。理想的课程(ideological curriculum)是指由一些研究机构、学术团体和课程专家提出的应该开设的课程。正式的课程(formal curriculum)是指由教育行政部门规定的课程计划、课程标准和教材,也就是列入学校课程表中的课程。领悟的课程(perceived curriculum)指任课教师所领会的课程。运作的课程(operational curriculum)指在课堂上实际实施的课程。经验的课程(experiential curriculum)指学生实际体验到的东西。^③人和课程便是着眼于让课程和管理更好地服务于学生的成长而开发出的根植于学校自身土壤的、学校教师能够完全驾驭的、让学生能够很好吸收并健康成长的课程。

第一节 | "人和六质"课程群的构建

美国作家特伦斯·E.迪尔曾在他的书中讲道,每一所学校都有其不可言传的独特之处,这种独特之处就叫作"文化"。优秀的、传统的、不断创新的学校文化是有效提高学校教育质量的根基,是一所学校赖以生存的、可持续发展的支柱。学校文化一旦形成,便成为一种最重要的教育资源。

当前,学校文化建设在全国各大中小学中进行得如火如荼,而课程作为学校最重要的资源,是承载学校文化的主要载体。学校文化建设如何真正进入课程之中,并成为助推学生生命成长,彰显学校特色的有效途径,这是当下值得思考的问题。

---

① 施良方.课程理论——课程的基础、原理与问题[M].北京:教育科学出版社,1996:2-3.

② 崔允漷.校本课程开发:理论与实践[M].北京:教育科学出版社,2000:51.

③ 施良方.课程理论——课程的基础、原理与问题[M].北京:教育科学出版社,1996:9.

一、课程反思，探索有效的整合模式

2001年颁布的《基础教育课程改革纲要（试行）》的一大亮点，就是确立了国家课程、地方课程和校本课程的三级课程管理体系，确立了学校在课程管理中的重要地位，也对三级课程如何相互补充、相互促进做了重要说明。然而在现实实践中，对于如何把三级课程真正变为一个整体，如何把课程改革与教学改进进行有机整合，还缺乏有效的整合方法和策略。

重庆市渝中区人和街小学建校于1943年，是重庆市的第一所实验学校，历来走在教育教改的前列。2001年新课程改革以来，人和街小学在国家课程实施和校本课程开发方面做了大量的卓有成效的工作。在逐步深入的课改实践中，诸多深层的问题暴露出来了，解决这些问题，成为学校发展的关键。

第一，人和街小学在校本课程建设中出现了随意性、零碎化的问题。作为具有七十多年办学传统和教改历史的学校，人和街小学沉淀了丰厚的学校文化。如何挖掘和打造学校文化，寻找学校教育的思想之魂，并以此作为统领校本课程建设的基础，成为学校课程建设和特色发展的首要问题。

第二，每个学生既有与同龄人相同的年龄特征，也有特殊性和差异性。校本课程的灵活性和多样性决定了其可以满足不同学生的实际需要。同时，学校文化的传承和特色的构建则需要一个基于学校办学理念的有序的课程结构。基于学校办学理念，开发满足不同学生需要，具有丰富性、选择性、思想性的校本课程体系，促进学生全面发展，是学校特色课程建设的核心内容。

第三，校本课程开发和实施是一个系统工程，需要学校整合多方面的资源，采取系统化的战略来完成这一进程。依据"人和教育"特色课程体系建设的需要，构建富有特色的教学模式，形成配套的教研系统和富有针对性的评价体系，实现学校文化、课程、教学、评价一体化发展，全面提升学校办学质量和办学特色，是学校特色课程建设的重要内容。

经过逐步探索，学校初步形成了以"人和教育"办学理念统领学校课程建设的特色学校深层建设模式，开发了适合不同学生需要，具有丰富性、选择性、思想性的课程体系，促进学生个性、自主、全面发展。

二、文化引领，准确定位以校为本的人和特色课程目标

学校文化是以学校成员所共同遵循的价值观和思维方式为核心的行为规范体系和物质体系，体现了一所学校办学的基本精神和方向，学校的综合发展必须基于自身的文化之上，这样的改革才有生命力和可行性。

课程作为学校最重要的资源，是学校文化的主要载体。学校文化建设如何真正进入课程，成为助推学生生命成长，彰显学校特色的有效途径，这是课程建设中的首要问题。

（一）厘清了人和文化与人和教育的内涵

"人和"一词，最早见于《孟子·公孙丑下》："天时不如地利，地利不如人和。"我们将"人和文化"的思想精髓归纳为三个层次：人心所向，上下团结，建功立业。人心所向是一种和谐的精神状态，上下团结是凝聚的方法和力量，建功立业是群体共同追寻的价值目标。在充分发掘、弘扬中华民族文化精髓，立足学校建校70多年的办学特色基础上提出的"人和教育"办学理念，是对人和价值观、内容、方法论的传承，能让学生知人和、行人和、创造人和，为融入社会奠基。"人和为魂，和谐育人"是其核心。人和教育的教育目标指向儿童全面和谐发展，包括：自我之和，自我的身心和谐健康；与人之和，与他人能够和睦相处，和谐建功；与自然之和，热爱自然，与自然相融。总之，以"人和"为核心动力，在人际和谐的校园环境中实施一切教育，从而收到良好的效果。

（二）厘清了学校文化与特色校本课程的关系

第一，课程建设是学校文化建设的集中体现。人和文化是看不见、摸不着的"虚体"，而课程活动则是浸润着学校文化的看得见、听得着的师生日常活动"实体"，应当成为学校文化建设的主导方向。第二，特色校本课程实现人和文化的价值传递。学校开发特色校本课程的过程即充分挖掘学校和社区的课程资源，联系学校的历史和文化传统，考虑校本课程的内容构成，采取校本课程的实施方式，等等。第三，人和文化与特色校本课程建设相互循环，共同发展。从课程建构学的角度说："学校是真正意义上的生长课程的地

方。"[①]伴随着新课程改革的日益推进,必然要求建立学校教育的一种新的规则和秩序,即特色校本课程构建,奠基学校文化建设。通过校本课程建设,实现学校文化与课程文化的相互滋长、良性循环,形成文化、课程一体化的教育范式。

（三）建立人和特色校本课程的目标

将人和文化融入学校课程而形成的课程目标是"一个指向,六点特质"。"一个指向"是培养全面和谐发展,具有人和特质的少年。"六点特质"包括:和德、和健、和雅、和理、和美、和融。其呈现为一个人在意识形态、行为表现上的特质。德是德行,是立人的根本,和德:内心平和,德行如一。健是健康,身心健康位于发展的首位,和健:身体柔和,灵动康健。雅是文化修养,是精神的食粮,和雅:化道为和,文雅多礼。美是境界,是人的艺术修养和高雅情操,和美:我与艺和,美由心生。理是事物的规律,是是非得失的标准,和理:探究求和,遵循事理。融是融合,是在人和中最终达成的教育气象,和融:群体共和,其乐融融。从个体之和,到与人之和,再到与群体之和,这六点课程目标互为关联,相互渗透,将人和文化融入促进学生发展的综合素质和生长需要之中,简称为"人和六质"特色课程目标。

三、目标导向,系统建构特色校本课程群

课程群就是将那些相互影响、前后有序和具有课程间互动的相关课程以集群的方式重新集合所形成的课程体系,从而使知识和素养系统化,使学生发展整体化。课程群的提出,使我校课程建设工作走向了科学化、系统化的轨道。

依据课程群的理念,学校以国家课程为核心,以地方、校本课程为拓展,系统建构以"人和六质"为主题的课程体系。这六大课程群分别是:和德课程群、和健课程群、和雅课程群、和理课程群、和美课程群、和融课程群。"人和六质"就是人和教育所要着力培养学生的六大素养。

---

① 周仕龙,封留才.学校课程建设的校本化实践及其反思[J].全球教育展望,2004,33(1):39-41.

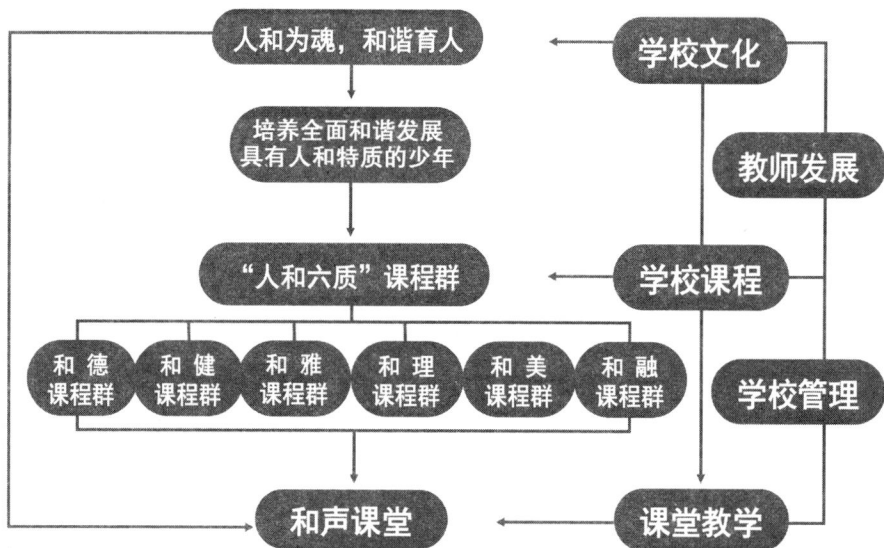

图 3-1 人和教育"五维一体"课程体系结构图

和德课程是以国家课程"道德与法治"（品德与社会）为核心的课程。该课程是以学生生活为基础、以学生必备品格形成为核心、促进学生社会性发展的综合课程。

和健课程是以国家课程"体育与健康"为核心的课程。课程坚持以《义务教育体育与健康课程标准（2011年版）》为课程目标，是培养健康运动、身心和谐、体育精神等素养的实践性课程。

和雅课程是以国家课程"语文""英语"为核心的课程，是培养学生语言综合运用能力，实现文化传承、多元理解、长于表达等素养的基础性课程。

和理课程是以国家课程"数学""科学"为核心的课程，是培养学生理性思维、勇于探究和应用创新等素养的基础性、实践性课程。

和美课程是以国家课程"美术""音乐"为核心的课程，是培养学生审美情趣、艺术表现等素养的艺术课程。

和融课程以国家课程"综合实践活动"课程为核心，是培养学生综合运用各学科知识，认识、分析和解决现实问题，融入自然、融入生活、融入社会等综合素质的活动性课程。

以"人和六质"为主题的课程体系，既可以保证国家课程的基础性和规范性地位，同时也可以把地方课程、校本课程融入学生成长所需要的素养体系中,实现国家、地方和校本课程的整合,形成有机整体,促进学生能力的培养。

第二节 | "人和六质"校本课程的开发

"人和六质"课程群中的每个群都包含了国家课程、地方课程和校本课程三级课程。国家课程体现了一个国家的意志,是专门为培养未来的国家公民所需要达到的必备品格和关键能力而设计与开发的。国家制定了各学科的课程标准和教材。地方课程是为满足当地社会发展,由省(市)一级教育行政部门充分利用本地课程资源而开发的课程。重庆市教委对地方课程也有明确的相关规定并提供了相应的课程教材。因此,对于国家课程和地方课程而言,学校以"必修课"的形式,抓好和声课堂的建设,省时高效,落实国家课程全面育人的主渠道功能。而校本课程是学校根据本校的育人目标而自主设计与开发的课程,体现了"人和教育"的办学特色。

一、"人和六质"校本课程的性质与原则

(一)"人和六质"校本课程的性质

必修课和选修课,是以课程计划中对课程实施的要求来区分的两种课程类型。其中,必修课的主导价值在于培养和发展学生的共性,而选修课的主导价值在于满足学生的兴趣、爱好,培养和发展学生的个性。我校在推进人和教育特色课程群建设中,夯实核心课程,开发校本课程,实现办适合每个学生的教育、培养具有"人和特质"少年的教育目标。其中,和德课程群的校本课程培养目标和内容主要是面向全体,要求人人必须参加,故以年级必修课的形式,培养学生的必备品格。而和健、和雅、和理、和美与和融等五大课程群以国家课程标准为核心,开发了丰富多彩的选修课程,特别突出实践能力与创新精神、"人和"特质的培养与中华优秀文化的传承、创新,给不同的学生提供了和而不同的发展平台。

因此,"人和六质"校本课程根据课程群性质、内容、对学生的要求等不同情况,分为了两种课程形式:年级必修课和选修课。虽然同为校本课程,却以

不同的形式共同落实对学生必备品格和关键能力的培养。

(二)和德校本课程开发的原则

(1)育人为本,重在实践的原则。坚持"以人为本"的学校德育价值观念、思维模式。丰富多彩且为学生所接受、喜爱的教育活动,让学生在做中学,做中练,做中思,做中会的过程中养成了高尚的德性素养。

(2)实践活动育德,重在激发体验的原则。德性养成,不仅要在课堂上接受教育,更重要的是要在生活中、社会实践中自觉培养,使德性成为自觉的意识、自身的习惯、主动的要求。而道德实践注重参与者的体验和感受,而非道德知识和技巧。体验、感受是在真实生活和具体情境中产生的。所以,学校道德教育的有效途径是能引起学生生命感动的活动。

(3)全面协调,重在德性和谐发展的原则。完整的人以德性发展为内核,德性发展对人的整体发展具有支撑性和统摄性的作用。道德教育要把自然的、个体的人变成社会的、文化的人,首先要把人培养成基于他自身条件的、精神发育良好的、个性独特的生命体,着力于个体的德性和谐发展。

(4)师生互动,重在自育、自立的原则。坚持主体德育,尊重学校德育的两个主体,即学生、教师,充分调动师生的积极性、主动性和创造性,引导学生自主学习、自我教育、主动发展。

(5)着眼连续性发展,重在阶段特点的原则。学生的和谐发展必须经过反复且长期的历练,既有"纵向"的日积月累,又有一个"横向"的多侧面、多层次积累,如此才能形成持久的、稳定的、内化的行动方式。课程开展应关注过程,针对儿童年龄特征循序渐进。以低、中、高三个年级段,六个主题,即"懂规、有礼、明责、能孝、守信、会'和'"开展每个年级都各有侧重的系列活动。

(6)学校、家庭、社会相结合的原则。要把学校阶段活动作为促进学生和谐发展的一项系统工程,充分整合学校、家庭、社会的各种教育资源,协调多方力量形成合力。要特别重视发挥家庭教育和社区教育对中小学生成长的积极影响,努力营造良好的育人环境,为人的德性素养的养成提供环境和条件。

(7)同伴合作,和谐育人,共同发展原则。开展"班、年级教师集体协调育人研究会",即"班级教育研讨会"和"年级综合性教育研讨活动"。通过教师对具体班、年级教育、管理的问题或成功经验的研究,调节力量,达成合力,落实班、年级教育、管理,实现和谐育人。通过多向沟通互动,建立班、年级教师集体育人力量的自我调节机制:从过去的自发调节、偶然调节,初步实现自觉调节,最终达到规范化、制度化调节,使教师和学生双主体的发展真正得以实现。

（8）培养过程动态化的原则。所谓"动态化",首先是指"和德"培养是一个活跃的、综合的过程。我们必须探索小学阶段学生德性发展规律,根据学生德性发展规律来研究学生德性培养的途径与方法。其次,就"和德"培养方法而言,针对小学生以形象思维为主逐渐向抽象思维发展的思维现状,我们把学生"和德"培养方法定位为活动。而且我们相信只有通过"活动"这个儿童感兴趣的、独特的学习方式,才能极大地调动学生参与的积极性,使其有效体会并践行道德认知、道德情感、道德意志、道德行为,从而加强学生的德性修养。最后,六个阶段内容呈螺旋上升态势:个人—集体—家人—他人—社会,品行教育由易到难,符合学生的认知规律,能有效推进学生德性形成。

（三）选修课程开发的原则

选修课是对国家课程和地方课程的有效补充和丰富,选修课的学习不一定要在课堂中完成,还可以在环境、平台、空间中来进行,以培养、发展个人的兴趣、爱好,目的在于提升学生的综合实践能力和创新能力,并让学生在课程学习中获得自我实现。

在2015年6月14日举办的中国互联网+创新大会·河北峰会上,业界权威专家、学者围绕"互联网+教育"这个中心议题,纷纷阐述自己的观点。结论是"'互联网+'不会取代传统教育,而且会让传统教育焕发出新的活力",互联网+教育的结果,将会使未来的一切教与学活动都围绕互联网进行,老师在互联网上教,学生在互联网上学,信息在互联网上流动,知识在互联网上成型,线下的活动成为线上活动的补充与拓展。所以,"互联网+"模式为实施"人和六质"课程群选修课提供了必要的条件、实施途径和解决方法。大数据为选修课做了支撑作用,翻转课堂模式改变了选修课学习的时间和空间,利用教育游戏的特征构建虚拟的学生学习成就系统,如Moodle平台的积分勋章制,将虚拟的积分转化为实物的勋章。从而让选修课脱离"自主必选课",成为真正的从学生实际出发的校本课程。学校以"互联网+"模式为实施途径,以选修课为实验研究基础,为"人和六质"课程体系下的国家课程和地方课程的改革探索出一条教育现代化的道路来。

课程按"人和六质"归类设置,以综合性内容为主,以活动、动手参与、社会实践等为基本形态,不以学理性知识为核心,可以整合多学科的内容,学生可以根据自己的特长,选择课程内容并设计实施。

在教学方式上,各学科课程与信息技术要深度融合,实现一种既能发挥教师主导作用又能充分体现学生主体地位的以"自主、合作、探究"为特征的教与学方式,从而把学生的主动性、积极性、创造性充分地发挥出来。可以采取混合式学习模式,即线上学习与线下练习展示相结合的方式,比如体育类课程,老师录下讲解动作要领的视频放于网上,学生在家学习内容,在学校自主课程时间,老师只需让学生练习并给予指导。另外也可以线上练习与线下培训相结合,比如儿童创客教学,有需要学生搭建电子电路的过程,因操作复杂,需要前期知识作铺垫,可让学生在校接受培训,利用在线学习平台在家完成并反馈学习成果。同时,根据课程特点,可采用学生喜闻乐见的教学方式,如活动课、研究性学习等,以及采用灵活的教学方法,如情境教学法、快乐教学法、问题教学法等。

课程是每周2节连堂80分钟的长课。除一年级学生的意识和规则才开始建立不利于走班外,二至六年级均开设选修课,且实行年级内走班制教学。

课程主要以个人参与和小组参与为基本组织形式,任课教师可以采取个人教学和组合教学两种教学方式。组合教学最多2人,2人都应具备独立任教该门课的能力;报名和教学时合班教学,两位老师要明确好各自的职责和任务,可以轮流主讲,同时辅导,同时评价,责任共担。

二、和德校本课程的目标与内容

人和教育下的校本德育课程是为培养具有六大"人和"特质之一的"和德"特质而实施的活动课程。"和德"是六大特质的根本,德是德行,是立人的根本,"和德"指的就是"内心平和,德行如一"。

（一）和德校本课程的总目标

"内心平和"是人德行如一的重要内在特质，所谓内心平和，就是我们平时所说的"心安理得"。为什么能够心安理得？就在于行为符合了"道"，符合了人世间的规律，因此可以内心十分平静，不眼热、不自卑、不怀疑。

"德行如一"是一个人的道德认知与品行表现一致，即我们常说的表里如一，言行一致。德行是人对道德的认知在内心的梳理、内化并表现在外的行为规矩。

在对学生德性内涵做了一定研究的基础上，我们最终确定把"懂规""有礼""明责""能孝""守信""会'和'（即身心和谐）"作为学生"德性"方面的必备品格。

（二）"人和六典"课程的主要内容

"人和六典"课程是培养"和德"特质的六项主要品质时必须要开展的、全员参与的、最具典礼仪式化的、最彰显这一阶段品质培养侧重点的活动课程。即在六个年段通过"懂规""有礼""明责""能孝""守信""会'和'"的六个重点，用主题活动的方式分年段实施。第一阶段：懂规——少先队仪式；第二阶段：有礼——礼仪队会；第三阶段：明责——责任星评比；第四阶段：能孝——十岁集体生日；第五阶段：守信——诚信誓师会；第六阶段：会"和"——毕业典礼。

（三）各年级单元课程的具体目标与内容

1."懂规"单元课程

（1）单元目标：渗透规则意识，引导学生认识规则的重要性；帮助学生了解日常学习生活中必须遵守的基本规则，并学习遵守；培养少先队员的荣誉感；增强各学科教师之间的协作，形成教育合力，深化"懂规"教育。

（2）单元内容：开展五类乖苗苗争章活动；少先队入队知识学习；"我是懂规乖苗苗"少先队仪式比赛（见附1）；开设懂规课程，学习《人和街小学〈学生在校一日常规〉》。

附1："我是懂规乖苗苗"主题典礼流程

1.主持人宣布少先队仪式比赛开始。

2.各班分别上台展示少先队仪式全过程,同时展现懂规教育成果。

(1)整队,报告人数。

(2)出旗、敬礼、奏乐。

(3)齐唱队歌/指挥。

(4)中队长讲话。

(5)开始队会活动内容。

A.乖苗苗懂规行为展示。

B.集体宣誓——乖苗苗,有爱心;讲文明,懂礼仪;身体健康,懂学习;校园纪律,我遵行! 我遵行!

(6)中队辅导员讲话。

(7)呼号、退旗、敬礼、奏乐。

3.大队辅导员总结发言并宣布评比结果。

4.对展示出色的班级进行颁奖。

2."有礼"单元课程

(1)课程目标:帮助学生了解礼仪在人际交往中的重要性,激发其学习文明礼仪的愿望;使学生了解日常生活中基本的文明礼仪规范,并在人际交往中学习运用;引导学生逐步养成讲文明、有礼貌的良好行为习惯。

(2)单元内容:开设文明礼仪课程,学习"人和校园十礼";制订班级文明礼仪规范;寻找校园礼仪星;分班自编礼仪童谣,评选出优秀儿歌并在年级推广传唱;举行"人和蓓蕾展礼仪"联合中队活动和"我是礼仪小蓓蕾"表彰会(见附2)。

附2:"人和蓓蕾展礼仪"主题典礼流程

1.主持人宣布活动开始。

2.活动三步骤。

(1)礼仪童谣唱起来。

各班派代表上台展示班级学生创编的礼仪童谣,强化学生对各种礼仪规范的认知。

(2)礼仪行为亮起来。

用表演情景剧的方式,呈现有礼教育中的重点、难点或学生认识较为模糊的两难问题,深化有礼教育。

(3)礼仪明星夸起来。

表彰各班礼仪明星并颁发证书。

3.齐唱儿歌《咱们从小讲礼貌》结束典礼,有序退场。

3."明责"单元课程

(1)单元目标:引导学生认识自己的角色,明确应担当的责任;帮助学生学会承担在学习生活中应担当的各种责任,学会自立,培养责任感;借助典礼调动各学科教师、家长及学生的主动性,开创"人人主动参与、个个担当责任"的育人氛围,体现"人和教育"特色。

(2)单元内容:开展"走近伟人"读书活动,举行"我的责任榜样"故事演讲比赛;学生制订"我的责任我担当"责任目标计划书;开展"争当人和责任星"评比活动,制订活动规则,每月进行评比;"我是明责小主人"行为剧场展示;举行"我是人和责任星"表彰典礼(见附3)。

附3:"我是人和责任星"表彰典礼流程

1.主持人宣布活动开始。

2.活动1:我的责任我知道。

"我的责任有哪些?""我尽到了哪些责任?"通过对这两个问题的抢答和现场采访的方式,引导学生回顾总结,重温责任。

3.活动2:我的责任我担当。

用表演情景剧、表演三句半、读自己的日记作文等方式,展示学生在明责教育活动中取得的进步。

4.活动3:责任之星展风采。

表彰各班评选出来的责任之星,颁发证书。

(1)责任之星发表获奖感言。

(2)家长代表发表感言。

(3)领导总结发言,提出下一阶段责任目标。

5.齐呼活动口号,结束典礼。

4."能孝"单元课程

(1)课程目标:进行中华传统美德"孝道"教育,使学生能够体会父母养育之情,培养学生感恩情怀;通过感恩教育帮助学生建立和谐人际关系,使其懂得孝敬父母,尊敬老师,关爱同学;利用"十岁集体生日"庆典,有效整合家庭、学校、社会等多方教育资源,提高教育实效,让"孝道"美德根植于心,感恩情怀相伴一生。

(2)单元内容:孝敬经典人人颂;成长手册人人做;成长感言人人写;感恩歌曲人人唱;成长故事家长讲;典礼请柬人人做;十岁生日一起过(见附4)。

附4:"感恩的心"十岁集体生日庆典流程

1.成长故事篇。

(1)齐唱《感恩的心》,活动开始。

(2)聆听家长代表、学生代表、教师代表讲述自己的成长故事。

(3)教师带领孩子们唱《时间都去哪儿了》。

2.学习展示篇。

学生展示课程学习成果,展现自己的成长足迹。

分班展示不同学习内容,如1班葫芦丝吹奏,2班英语歌曲合唱,3班音乐教材歌曲表演唱等。每个班成果汇报后是本班家庭节目展示和每个家长上台为孩子们送生日礼物环节。

3.感恩展望篇。

(1)播放学生十岁生日心愿视频。

(2)四年学校生活视频回放。

4.祝福宣言篇。

(1)看家长、老师的祝福视频。

(2)校长祝词。

(3)全场轻唱《生日快乐》歌。

(4)推出生日蛋糕,许下美好心愿。

(5)共享生日蛋糕,品味成长快乐。

5."守信"单元课程

(1)课程目标:结合"品德与社会"课程相关内容与生活实际,引导学生明白诚信是立德之根、为人之本,立志做诚信之人;引导学生结合自身实际确立自我诚信目标,并能付诸行动,努力达成;家校配合,营造诚信环境,帮助学生铸就诚信品质。

（2）单元内容：开展经典诵读活动，搜集诚信名言，演讲诚信故事，创编诚信格言；举行"我是诚信小公民"宣誓仪式（见附5），签订诚信公约；每学月制订诚信目标并努力达成，家长、同伴参与评价；举行3月5日学雷锋实践活动。

附5："我是诚信小公民"主题典礼流程

1. 主持人宣布活动开始。

2. 认识诚信。

（1）诵读诚信经典。

（2）展示诚信情景故事。

3. 走进诚信。

（1）各班学生代表上台宣讲自己的诚信目标。

（2）视频展示家长诚信寄语。

4. 立志诚信。

（1）共同宣读年级诚信公约。

（2）学生签订诚信公约。

（3）握拳庄严宣誓。

（4）领导寄语。

6."会'和'"单元课程

（1）课程目标：巩固"懂规、有礼、明责、能孝、守信"等德育成果，并以培养"内心平和、德行如一"的"和德"特质学生为目标，引导学生在日常生活中努力践行以上品质；各学科根据"优秀毕业生评价标准"激励学生奋力争先，营造积极向上的学习氛围；通过毕业典礼展示人和少年"六质"，树立人和学子的自豪感，激发感恩之情。

（2）单元内容：举行"争当优秀毕业生"誓师大会；举办"人和好少年"形象设计大赛，用文字或图画描绘心目中的人和好少年形象；举行"献礼母校"毕业典礼（见附6）；评选表彰"人和好少年""优秀毕业生"。

附6："献礼母校"毕业主题典礼流程

1. 舞龙表演拉开序幕。

2.回顾感恩篇。

(1)齐唱校歌。

(2)影片回顾陪伴成长的那些人。

(3)家长代表发言。

(4)学生代表发言。

(5)给母校赠送礼物。

3.风采展示篇。

(1)各学科代表上台展示(英文歌曲联唱、体育技能展示、废物利用时装秀、器乐演奏等)。

(2)表彰"人和好少年"和"优秀毕业生"。

(3)教师表演,表达希望与祝福。

4.展望未来篇。

(1)VCR展示未来职业(学生自选角色提前拍摄)。

(2)教师代表发言。

5.齐唱《毕业歌》,典礼结束。

三、和健课程选修课的目标与内容

1.课程目标

通过和健课程学习,在学生学会运动技能的同时,增进身体健康,养成健康的行为习惯和良好的生活方式;提高心理健康水平,培养坚强的意志品质,培养创新精神和创新能力,形成积极向上、乐观开朗的生活态度;增强社会适应能力,建立起对自我、群体和社会的责任感,学会尊重和关心他人,培养学生与同伴协同合作达成共同目标的人和品质,形成现代社会所必需的合作与竞争意识,培养良好的体育道德和团队精神。

2.课程内容

和健课程选修课分为球类、基本身体活动类、体操和民族民间体育项目四大类,共开设了15门课程。

表 3-1　和健课程选修课内容

课程分类	课程名称
球类	篮球、快乐足球、乒乓球、羽毛球、高尔夫
基本身体活动类	体育游戏、田径
体操	艺术体操、健美操
民族民间体育项目	踢毽子、橡皮筋、游泳、轮滑、太极拳、跳绳

四、和雅课程选修课的目标与内容

1.课程目标

和雅课程的学习,不但巩固学生国家课程,即语文和英语学科的学习成果,而且培养学生听、说、读、写等方面的技能,形成一定的语言综合运用能力;培养学生的观察、记忆、思维、想象能力和创新精神;帮助学生了解世界和中西方文化的差异,拓展视野,培养爱国主义精神。同时,特别重视阅读类课程,通过优秀文化的熏陶感染,提高学生的思想道德修养和审美情趣,使他们逐步形成良好的个性和健全的人格,促进德、智、体、美诸方面的和谐发展,为终身学习和发展打下良好的基础。

2.课程内容

和雅课程的选修课分为文化传承、多元理解和综合表达三大类,共开设30门课程。

表 3-2　和雅课程选修课内容

课程分类	课程名称
文化传承	国学启蒙之《三字经》、国学启蒙之《弟子规》、曲苑、对子对对对、遨游汉字王国、声韵启蒙、爱上古诗词、走进三国、走进"和文化"、猜谜语、歇后语、神奇的汉字
多元理解	世界寓言故事精选、儿童文学欣赏、童话坊、绘本阅读、童话世界、我们的节日、外国经典故事欣赏、绘本欣赏与动画
综合表达	成语世界、儿童诗歌、金话筒小主持、蓓蕾剧场、故事与演讲、快乐英语、English Bridge、English Club、影视欣赏与趣味写作、人和文学社团

五、和理课程选修课的目标与内容

1.课程目标

和理课程的学习,是国家课程数学与科学等课程学习的拓展,是学生已有的基础知识和基本技能的综合运用和提高,能发展学生的抽象思维、推理能力、合作交往、语言表达、实践能力和创新意识。特别是在学生运用科学探究技能和方法去探究、解决问题的过程中,强化善于思考、勇于开拓、实事求是的科学态度和养成求真务实、坚持真理的科学精神,促进科学素养的提高。

2.课程内容

和理课程分为益智游戏、动手实践、应用创新三大类,共20门课程。

表3-3 和理课程选修课内容

课程分类	课程名称
益智游戏	古典游戏组合(七巧板、九连环、华容道、鲁班锁、五子棋)、魔方、火柴棒变变变、扑克牌游戏、趣味数学、数学益智苑、数学思维训练营、魔法俱乐部
动手实践	模型制作、折纸与数学、拼装看世界、手工科普、合理安排与最佳策略、校园小农人
应用创新	数学实验与论文、科学小博士、生物小实验家、疯狂科学、智造社、百变数学

六、和美课程选修课的目标与内容

1.课程目标

和美课程的学习,使学生学习并掌握必要的艺术基础知识和基本技能,拓展文化视野,发展艺术表现能力、创造能力和审美能力,促进学生形成基本的人文素养和艺术素养;丰富学生的情感体验,培养良好的审美情趣和积极乐观的生活态度,激发学生用艺术形式美化生活的创作热情,促进学生健全人格的发展。

2.课程内容

和美课程的选修课主要分为艺术表现和艺术创造两大类。其中,艺术表现分为演唱、演奏、造型与表现和综合性艺术表演四小类,艺术创造又分为设计与应用、即兴编创和综合探索三小类,共28门课程。

表3-4 和美课程选修课内容

课程分类		课程名称
艺术表现	演唱	童声合唱、独唱表演
	演奏	古筝演奏、葫芦丝演奏、欢乐的鼓
	造型与表现	陶艺空间、创意黏土吧、趣味篆刻、彩泥变变变、西洋画室、手绘天地、国画
	综合性艺术表演	民族舞蹈、现代舞、琵琶弹唱表演艺术、行进管乐
艺术创造	设计与应用	巧手扎染、白描工笔画、趣味剪纸、标牌设计
	即兴编创	新歌曲 sing my song、书法赏析与创作
	综合探索	综合美工、"豆"里开心、创意画室、叶子与生活、我是音乐小达人、叶画与表达

七、和融课程选修课的目标与内容

1.课程目标

和融课程面向学生完整的生活世界,其内容来源于学生日常学习生活、社会生活与大自然,使学生获得关于自我、社会、自然的真实体验,建立学习与生活的有机联系,初步养成自理能力、自立精神、热爱生活的态度。同时,通过动手操作实践,初步掌握手工设计与制作的基本技能;学会运用信息技术,设计并制作有一定创意的数字作品,重点培养学生创新精神和动手实践的能力。

2.课程内容

和融课程的选修课共分为生活技能、心理健康、设计制作和信息技术四类,共18门课程。

表 3-5　和融课程选修课内容

课程分类	课程名称
生活技能	小小营养师、旅游小达人、小小理财师、开心厨房
心理健康	童子军成长素质训练、EQ成长乐园、自救与逃生术
设计制作	儿童十字绣、结艺美饰、小小"饰"界屋、毛线编织、千变万化的纽扣世界、百变魔术气球
信息技术	儿童创客体验、电脑作品制作、信息技术与生活、SCRATCH少儿编程、RC模型车组装技术

第三节 │ 校本课程的实施与管理

　　课程实施是指把课程计划付诸实践的过程,它是达到预期的课程目标的基本途径,是校本课程开发的重要组成部分。一般来说,课程设计得越好,实施起来就越容易,效果也就越好。但是,课程设计得再好,如果在实践中得不到有效的实施,那也就没什么意义了。因此,加强课程实施与管理是落实课程计划的重要环节。

一、重建课程组织

　　校本课程的开发与实施是学校的组织行为,通过建立一定的组织机构,激发和组织广大教师参与课程的开发,才能保障课程开发的有效实施。

　　为此,学校成立了课程开发领导小组、课程学术委员会和课程开发审核小组,按照"申报—审核—实施"的运行机制,确保校本课程开发的有效实施。

（一）成立课程开发领导小组

　　课程开发领导小组是学校教学管理团队,并任命了课程群群主。其主要职责是制订学校校本课程开发的规划和有关规章制度,检查、评价开发工作,对优秀校本课程和先进工作者进行表彰。

（二）成立课程学术委员会

　　为充分发挥教师在学校改革、课程建设中的主体作用,学校成立了课程学术委员会。该机构的任务:研究和讨论学校课程总体规划方案;立足本课程群制订校本课程的开发方案,研究和解决学校课程建设中的诸多问题,如建立小学生核心素养的学科分阶段目标体系和基于核心素养培育的人和课程体系;带头开发校本课程,推进学校课程建设。

课程学术委员会委员分别由学校领导、学科教导主任、部分学科教研组组长和学科骨干教师组成,除语文、数学各4~5人外,其他学科均1~2人。

(三)成立课程开发审核小组

聘任课程群群主,成立课程开发审核小组,其主要职责:受理各学科、各年级教师申报的校本课程开发申请表;审核校本课程计划、课程纲要,对形成的校本教材初稿提出修改建议,审定教材最终稿。这个团队中除学校课程群群主外,还有一部分是专家顾问。学校建立专家信息库,根据学校课程改革与发展的需要,在大学、教科院、教师进修学院等聘请课程与教学论方面的专家、学者和教研员,作为课程开发领导小组的顾问,帮助学校培训教师,把握学术方向,提高课程开发的质量与水平。

综上所述,为了促进和保障校本课程的有效实施,学校建立和完善了课程组织机构。通过成立课程开发领导小组,充分发挥其组织、决策职能;通过成立课程学术委员会,充分调动和发挥学科骨干教师的主体性;通过成立课程开发审核小组,充分发挥其学术引领、理论培训和指导的职能。学校通过自上而下和自下而上的课程组织的建立,促进了教师队伍素质的提升,保障了校本课程的组织实施。

二、落实实施过程

(一)必修课程:制订实施标准,统一推进课程建设

"人和六典"作为和德课程群的校本课程,以必修课的形式,分阶段、分主题实施。针对这类课程,学校组织相关学术委员制订了单元课程实施建议,并形成了"先学习,明重点——分任务,共实施——用仪式,展成效——重评价,达目标"的工作思路,有序地开展课程建设。

(1)"懂规"单元实施建议:学年初开展年级大教研活动,学习《一年级阶

段化特色活动方案》，使全体教师明确本年度教育工作重点；根据活动方案有计划地开展学月活动，引导学生认识规则，学习遵守规则，体会规则带给大家的好处；各班开展五类乖苗苗争章活动，激励学生自觉遵守规则；观看视频资料，了解少先队仪式全过程；掌握佩戴及整理红领巾的方法；学唱队歌，训练队列；熟悉并牢记少先队的呼号；各班编排体现教育成果的小节目，在少先队仪式上进行展示。

（2）"有礼"单元实施建议：学年初开展年级大教研活动，学习课程方案，了解此课程的目的、意义、内容、方式；按照课程方案有计划地开展各学月教育活动，有侧重地进行"基础礼仪"方面的培养，鼓励学生创编礼仪童谣；在活动过程中收集相关资料及典型事迹，进行前期教学活动小结，制订班级礼仪规范，收集学生自编童谣，整理成册；各班级、各学科分工合作，筹备年级展示活动；举行"人和蓓蕾展礼仪"典礼，展示礼仪教育成果，表彰一批知礼守礼的"人和礼仪小蓓蕾"。

（3）"明责"单元实施建议：学年初开展年级大教研活动，学习《"我是明责小主人"年级特色活动方案》，了解此活动的目的、意义、内容、方式；根据年级特色活动方案循序渐进地开展教育活动，引导学生认识自己的角色，明确自己的责任，制订"我的责任我担当"责任目标计划书，学榜样践行责任，从认知到行动落实明责教育；拟定班级责任星的评选标准，每月评选"班级责任星"；筹备"我是明责小主人"行为剧场展示活动，各班编排体现明责尽责的行为剧，使学生通过观看表演进一步明确该如何承担责任；评选一批在活动中表现出色的"人和责任星"，进行隆重表彰，邀请家长参与表彰活动。

（4）"能孝"单元实施建议：举行年级大教研活动，组织老师学习《四年级阶段化活动方案》，明确本学年教育工作重点及活动安排；按计划分学月开展系列教育活动，即诵读孝道经典—制作成长手册—抒写感恩日记—共度十岁生日；举行十岁集体生日隆重庆典，为学生的成长献礼，让学生在师长的关爱中感受成长的快乐，感受被爱的幸福，萌生感恩之情；建立家校联系共育机制，引导学生将感恩之心落实于行动，提高"孝道"教育实效。

（5）"守信"单元实施建议：举行年级大教研，学习《五年级阶段化活动实施方案》，制订年级诚信公约；组织学生诵读诚信经典，写诚信座右铭，讲诚信故事,举行以诚信为主题的演讲比赛;根据年级诚信公约,结合自身实际,拟定个人诚信目标;举行"我是诚信小公民"宣誓仪式;各科任教师在学科教学中渗透诚信教育;根据学生自定的诚信目标落实情况,各班开展诚信度积分评比活动,激励学生争做诚信公民;根据积分情况评选诚信之星,给予表彰。

(6)"会'和'"单元实施建议:举行"人和好少年"形象设计大赛,根据学生意愿进一步完善"人和好少年"及"优秀毕业生"评价标准;举行"争当优秀毕业生"誓师大会,帮助学生明确目标,坚定信念,争当优秀毕业生;各学科教师在日常教学中以优秀毕业生评价标准要求学生,促进学生全面发展;各科任教师结合本学科特点及"人和特质"要求,组织学生精心编排展示节目,为毕业典礼做准备;制作毕业纪念册;选购赠送给母校的礼物;举行隆重盛大的毕业典礼,以节目表演、赠送礼物、代表发言、表彰优秀等多种形式体现学生六年的成长与进步,表达对母校的怀念与感恩;学唱《毕业歌》。

(二)选修课程:立足"互联网+",满足不同学生的发展需求

1.利用网络全面调研,明确学生发展需求

开设选修课一方面是弥补国家课程、地方课程的不足,另一方面是满足学生个性发展的需求。所以,需要了解学生到底需要些什么。于是,人和街小学借助互联网开展了一系列的调查与分析,帮助摸清情况。

(1)学校组织专家、骨干教师认真分析"人和六质"课程群,梳理群内学科课程,特别是区别于国家课程和地方课程之外的教学内容。比如,和融课程群中的生活技能课应该是每个学生必需的,但其不在国家课程之中,学校又不便于全面培训,对此,学校负责梳理出生活技能的各个方面,制订一个基础目标,让家长进行指导,最后由家校进行联合评价。自主选修课必须成为学校教育的补充,既能丰富学生的学习生活,又能激发学习热情,不能成为课堂教学的翻版。当"人和六质"课程群自主选修课核心素养提炼出来后,我校通过家长会、网站、微信等平台让家长和学生明白"人和六质"课程群的架构和意义,从而让学生及家长确立自己选课的目标。

(2)利用问卷星平台进行师生的全员调研,调研内容:在"人和六质"课程群的框架下,老师能提供的自主课程内容有哪些,学生想学的内容有哪些。请西南大学教育学部教育专家分析问卷数据。通过和任课老师、学生代表、

家长代表进行座谈,对各个课程群在各年级阶段的课程分配比重进行分析,从师生实际需求出发,开设相应的课程,聘请专家对课程进行论证和优化,并参与开发。

(3)利用调研数据,对学生选课需求进行分析细化,对应"人和六质"课程群进行梳理,所在年级教师根据自身的教学实际能力,将学生的选课需求与学生发展相结合以进行课程的开发与准备。"互联网+"模式让调研数据的收集与反馈更加快捷与直观。从而通过师生的互动学习促进对教育公平理论的思考,教育公平不仅是对学生的公平,也是对教师的公平,在"互联网+"模式下,这种教育公平能将学校与家庭、教师与学生的需求更加完美地融合在一起。

2. 研制课程指南,教师申报课程

在分析了大数据的基础上,学校将发布本年度各年级的《选修课程指南》,教师可以根据该指南,结合自己的特长进行选择并申报,由此开启新学年选修课程的开发与实施工作。

表3-6　选修课申报及开课流程

时间	工作	责任人
6月	学校研制并发布新学年《选修课程指南》	课程学术委员会 课程开发领导小组
7月初	教师填写《选修课申报表》申报课程	任课教师
7月底	学校审批和发布	课程开发审核小组
8月	教师完成课程开发	任课教师
开学前两周	教师再次提交课程介绍,审核小组再审核,确定网上信息发布的内容	课程开发审核小组

3. 网上选课,尊重学生个体需要

当课程审核小组再次审核过关后,将最后确定的相关课程内容的介绍发送给信息中心,由信息中心做好网选课程平台的数据录入工作,由此迈开了网上选课的第一步。然后,经历"课程宣传—数据测试—网上选课—名单统计"等流程,新学年的选修课正式开始了。

表3-7　选修课开课流程

时间	工作	责任人
开学前两周内	审核课程内容,做好网上信息发布	课程开发审核小组
	信息中心做好数据录入,包括课程信息和学生登录账号(即学生身份证号或护照号)	信息中心
学生报到日	课程内容宣传及介绍网选方法	班主任
开学后第一周内	完成选课平台的数据测试	信息中心
	学生与家长一起完成网选	教导处
	数据统计,分发名单	教导处

为了方便和指导家长与学生顺利选课,学校专门制作了《选修课网选流程指南》,示例如下:

2017—2018学年度选修课网选流程指南

新学年选修课网上选课工作即将开始,为方便大家顺利选课,请认真阅读该指南,并按提示操作。如果在测试及选课过程中不能登录或有其他不能解决的问题请立即与班主任联系。

一、时间安排

测试时间:2017年8月31日9:30—17:00

选课时间:2017年9月3日(周日)10:00—17:00

二、操作流程

第一步:手机扫描选课平台二维码或登录网页。

网址:https://rhjxxwj.sojump.com/jq/16087993.aspx

第二步:登录。

选课平台二维码

手机登录界面

电脑登录界面

第三步:选择校区和年级,查看课程介绍。

测试时,选择学生所在校区和年级,进入并查看所开设的选修课程介绍,根据孩子自身兴趣、特长,商量将选择的课程。因为每个课程都有人数限制,所以请把希望选择的课程做个排序,做好多个备选方案。

 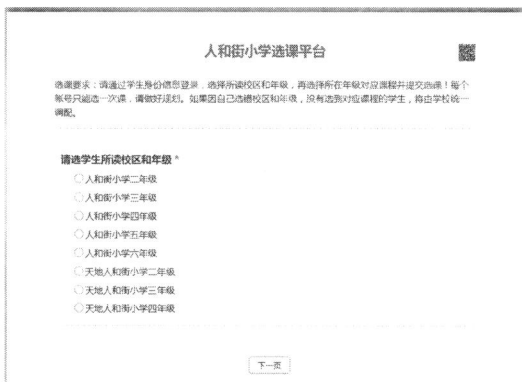

手机界面　　　　　　　　　　电脑界面

第四步:选择课程并提交,结束选课。

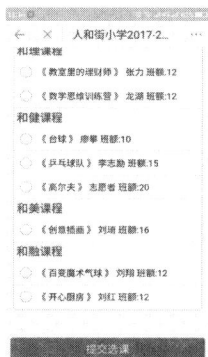 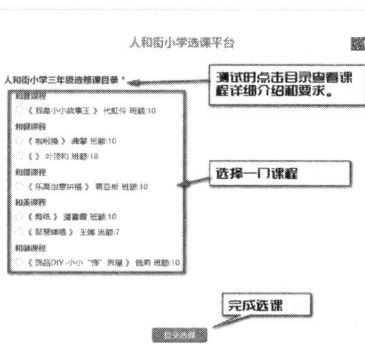

手机选课界面　　　　　　　电脑选课界面

图文结合、简洁明了的操作指南降低了操作难度,大大提高了选课的工作效率,深受家长们的喜爱。借助互联网的选课方式,其时代性强,特别是手机扫描二维码参与选课,打破了空间的限制,使选课工作更加方便快捷。

为了给孩子选到需要的课程,常常是全家总动员,一起参与,由此"选课"又变为"抢课"。有家长说:"每学期为孩子选课,全家一级战备。平台一开放,很多课都是秒杀。我们的心情非常紧张,生怕心仪的项目被别人抢完啦。"还有家长说："每次抢课的时候都是拼人品,抢网速,那个紧张啊,抢到了孩子喜欢的课程或喜欢的老师的课时,那个喜悦不亚于中了彩票!"

其实,选课的过程还是一个家长和学生一起梳理学生发展需求和制订发展规划的过程。有家长这样说："抢课的不易,让孩子体会到公平与竞争,激发他们对知识的渴望;当最终抢到了,才会明白学习的机会得来不易,不能辜负。"有孩子则说："今年又要选课了,这是我最激动也最矛盾的时候。既想到钟老师的'开心厨房'学做饭,又想去崔老师的课上练画画,再一看课程介绍,居然还有可以看电影的数学课,太神奇了,样样都想选却又担心报不上名。我和妈妈一起提前把想上的课名抄在小本上,反复地排写报名顺序又反复地修改。到了报名那天,一大早爸爸、妈妈、手机、电脑齐上阵,十点一到妈妈一个秒杀,终于如愿以偿,选到了曾老师的'数学思维训练营',我一定好好上!"

4.每周80分钟长课,全面实行走班制

因一年级刚入校,班级的意识和规则才开始建立,所以学校的选修课在二至六年级开设,是每周80分钟的长课。

表3-8　人和街小学教育集团选修课教学时间安排表

时间	星期一	星期二	星期三	星期四	星期五
下午第一节	天地校区二年级	天地校区三年级; 人和街校区二、三、四年级			天地校区四年级; 人和街校区五、六年级
下午第二节					

因为选修课班额少,需要的教室或场地比常规教学班级多,所以两个校区根据各自的情况安排教学时间,充分利用学校的教学条件和资源,为课程服务,为学生发展服务。

开课第一天,所有的任课教师到教学班按名册依次点名,带领学生到指定场地上课。

表3-9 2017—2018学年人和街校区选修课安排

年级	序号	课程群	课程名称	教师	人数	上课地点
二年级	1	和雅	课本剧表演	李晓霞	13	二(1)教室
	2		绘本天地	李佳	13	二(4)教室
	3		声韵启蒙	梁咏梅	12	二(3)教室
	4		走进童话	郑维华	12	二(2)教室
	5		英语歌曲演唱	朱胜男	14	英语活动室1
	6	和健	篮球	向宏钊	20	室外篮球场1
	7		青少年高尔夫	刘涛	11	羽毛球馆
	8	和理	手工科普	马睿	15	科技活动室6
	9		数学益智苑	杨承石	13	逸夫楼二楼1室
	10	和美	黏土制作	肖映红	12	美术活动室4
	11		古筝	李婉韵	9	音乐活动室4
	12		书法入门	骆协宏	14	清风轩
三年级	1	和雅	我是小小故事王	代虹伶	10	三(1)教室
	2	和健	啦啦操	龚攀	17	体操房
	3	和理	数学思维训练营	叶顶和	10	三(2)教室
	4		拼装看世界	蒋亚彬	10	科学活动室1
	5	和美	剪纸	潘喜霞	9	美术活动室2
	6		琵琶弹唱	王娜	6	音乐活动室2
	7	和融	饰品DIY:小小"饰"界屋	钱莉	8	三(3)教室

年级	序号	课程群	课程名称	教师	人数	上课地点
四年级	1	和雅	大胆表达，我自信	杨晓玲	12	四(1)教室
	2		爱上古诗词	蒋金绵	12	四(3)教室
	3	和理	教室里的理财师	张力	12	四(2)教室
	4		数学思维训练营	龙湖	11	科学活动室3
	5	和健	篮球	陈海鹰	15	室外篮球场2
	6		乒乓球队	李志励	14	乒乓球馆
	7		青少年高尔夫	孔林	15	羽毛球馆
	8	和美	创意插画	刘琦	14	美术活动室3
	9	和融	百变魔术气球	刘翔	12	科学活动室2
	10		开心厨房	刘红	11	科学实验室
五年级	1	和雅	语文思维训练营	刘燕	10	五(1)教室
	2		快乐作文大本营	刘晓东	10	五(3)教室
	3	和健	足球	廖攀	9	田径场
	4		青少年高尔夫	刘涛等	21	羽毛球馆
	5	和理	百变数学	张识荣	10	睿智教学楼4楼1室
	6		趣味科学	李红	11	科技活动室2
	7	和美	创意贴画	刘宁	9	五(2)教室
	8		陶艺	王琳	11	美术活动室1
	9		葫芦丝	李茜	10	音乐活动室6

年级	序号	课程群	课程名称	教师	人数	上课地点
六年级	1	和雅	故事与演讲	罗伟、谢松	28	六(6)教室
	2		趣味影视欣赏与写作	刘婕、张帅	24	六(4)教室
	3		人和文学社团	于红	8	六(8)教室
	4		绘本故事	郭婧	13	六(5)教室
	5	和健	田径	曾勇	12	田径场
	6		篮球	陈明庆、张朝阳	20	室内篮球场
	7		乒乓球训练	夏来智、吴莉萍	30	乒乓球馆
	8		陈氏太极与正派太极操	张贵生、冯于洋	22	孔园
	9		羽毛球	胡筠、刘培珍	20	羽毛球馆
	10		青少年高尔夫	孔林	20	体操房
	11	和理	智造社	蔡磊	12	科学活动室3
	12		数学思维训练营	陈思怡、罗正伦	28	六(10)教室
	13	和美	国画(基础班)	胡萍	17	国画教室
	14		摄影	杨涛、秦溙	30	六(9)教室
	15		创意插画	刘琦	21	美术活动室3
	16		综合手工	任唯一	18	美术活动室4
	17		扎染	潘喜霞	15	逸夫楼二楼2室
	18		新歌曲 sing my song	于丹淳	9	音乐活动室3
	19	和融	SCRATCH少儿编程	邓江华	13	信息教室1
	20		手工DIY	彭娟、潘艳蓉	28	六(7)教室

三、强化课程管理与评价

(一)抓实校本研修,提高教师课程素养

校本研修是指以学校为基地,以解决学校和教师教育教学实际问题为重点,综合使用学校现有资源,多角度、多方面地整合力量,让教师在专家引领、同伴互助、个体反思实践中实现专业发展的一种培训方式。

教师是课程实施过程中最直接的参与者。开发课程的质量高低、课程计划能否成功实施,教师的素质、态度等是关键因素。因此,我们开展了多层面、多主题的研修活动,以研代训,抓实校本研修,激发教师的参与热情和提高教师的课程素养与能力。

学校进一步完善了校本研修制度,在每学期开学前、半期和期末根据课程研究的具体情况,拟定相应的主题,开展学校层面、课程群层面、年级层面和教师层面的研修活动,使培训落到实处。

(1)学校层面的研修活动。学校根据教育教学存在的普遍性、共性问题,组织全部教师开展集中学习、培训和交流活动。如请西南大学教育学部副部长于泽元教授做"校本课程的开发"、请北京师范大学刘美凤教授做"课程开发绪论"等与开发课程与实施能力有关的专题讲座,提高教师对课程及开发的认识。

(2)课程群层面的研修活动。由群主负责组织,根据本课程群课程建设的情况,拟定专题,开展学术研讨、案例分析、教学设计展评等活动。

(3)年级层面的研修活动。由副群主即年级组长组织,针对该年级课程建设出现的问题拟定专题,开展相关研讨。

(4)教师层面的研修活动。不同校区,同一个课程的老师,围绕共同的问题和主题,开展自主的、合作的研修,解决自身的教育教学问题。这种自主、自发的研修活动,是教师研究主动性和积极性的最好体现,既灵活又具有实践性,增强了课程开发研究的力度。

(二)建立课程开发奖励制度,培养教师的成果意识

校本课程中,教师既是课程的开发者、实施者,也是成果的享有者。因此,抓好课程研究和成果的积累、编写等工作,能提高教师的课程能力和成果

的价值,增进教师的成就感。为此,为调动广大教师主动参与课程开发的积极性,确保课程的有效实施,学校制订了相关的奖励制度。该奖励分为两部分:一是校本课程开发与实施津贴,主要用于开发与实施工作研究会;二是校本教材的编写奖励津贴。

校本课程开发与实施津贴主要用于保障日常课程教学的课时费、教研、资料购买和收集等工作。

校本教材的编写奖励津贴主要用于资助教师校本教材的编写和出版、微课录制与管理等,激励教师在做好日常工作的同时,重视成果的发表,并从物质上给予保障。在课程实施完成一个阶段后,教师可向学校校本课程开发审核小组提出教材编写的申请。经批准后,按教材编写要求开展工作,将成果固化。校本教材通过评审可分为特质课程教材和普通课程教材,特质课程教材公开出版,普通课程教材则在校内印刷。

(三)强化教学常规管理,保证课程落到实处

管理方面,聘任年级组长担任副群主,负责日常的教学常规管理,特别关注2人组合教学的班级,要求每节课2个老师必须都在教学现场,一人主讲时,另一人辅助教学,将学生分组,落实到个人。如有特殊情况需请假要先报课程群主同意,未经同意上课时不在场的,按学校"教学六认真"的相关制度处理。

(四)"四位一体"工作模式,推进对课程的多元评价

校本课程的开发与实施,特别是选修课可选择、小班化、走班制的实行,使得学校课程生态空前活跃。如何评估课程实施的效果?怎样保证课程的设计和实施贯彻学校的育人目标?这些问题给课程评价带来了前所未有的挑战。因此,学校构建了"四位一体"课程群教育教学工作实施模式。

"课中学—课外练—活动中用—竞赛中提升"的"四位一体"工作模式对应了课堂教学、课外活动、校内(竞赛)展示活动、社会(竞赛)展示活动这四种教学形式。该模式符合面向全体学生,进行全面的、共性和个性和谐发展的素质教育思想;四种教学形式的顺序符合学生认知发展规律,也符合抓好课

堂教学的主渠道,向课外延伸、拓展教学的工作策略;先学习后运用,先教学后活动的安排,符合基础教育中教师主导下的以学生为主体的学习特点。按照该工作模式的程序,首先要抓好课堂教学的质量,从而使整个课程教学质量得到提高。因此,要评价这个课程,我们重点从"活动中用"和"竞赛中提升"两个方面来观察评价。

"活动中用"指在校内各种活动中,要求参加了与活动内容有关的选修课的孩子必须上台做课程学习汇报。比如体育节上,和健课程群跳绳班的孩子们舞动自己的长、短绳,轮滑班的孩子们排成一队溜进现场,艺术体操班的孩子们挥起彩带,足球小子们则表演带队、传球……再如四年级的十岁生日庆典活动中,和美课程中葫芦丝演奏、合唱等班的孩子进行现场表演,书法、美术、陶艺、趣味贴画等班级的孩子们举办作品展,和雅课程则带来了诵读和小品表演,等等。整个活动的节目不需要老师花时间另行指导,而是立足课堂学与练,大大提高了课堂效率。

"竞赛中提升"是指抓住社会(竞赛)展示活动的机会,使学生的学业水平得以提升,这是学生汇报其学业成果的最高形式。

这种评价方式既评价了学生个体,又包括了班级评价。如和德课程群制订了与每个单元课程相匹配的《学生操行评价表》,教师根据该内容细化学月目标,开展相关课程。学月末通过学生互评、小组评、家长评和教师评等方式进行评价,学期末则对达标的学生进行表彰。与此同时,学校也根据各班开展相关课程的教育积极性、主动性及学生达成状况评选出年级"文明礼仪示范班"。

当然,除了从这两个方面评估课程以外,我们还通过座谈法、比较法和问卷法等,从多角度了解课程的成效,提高课程评价的效度和可信度,从而有针对性地指导课程开发工作,使之能更好地实现课程目标,促进学生核心素养和关键能力的培养。

第四节 │ 校本课程的效果与感悟

教师们的倾情付出、大胆创新与实践,换来了孩子们的喜爱和热情投入,换来了家长们的拥护和支持,基本达成了校本课程开设的目标,初步实现了学校落实核心素养、培养学生关键能力的宗旨,使"人和六质"课程群体系更加完善和丰富。

一、学生的收获与感悟

学生作为课程学习的主体,既是课程的评价者,又是课程的被评价者。因此,学生及家长的意见是我们判断校本课程开发与实施的效果的重要信息来源。

(一)和德校本课程:品德高尚,德行如一

1."懂规"单元课程实施效果

我们根据6岁年龄阶段学生的身心发展规律,以"我是懂规乖苗苗"的序列教育活动为载体,将学生的行为习惯养成与少先队雏鹰争章的形式有机生动地结合起来,通过定章(制订"乖苗苗行为准则")、争章(落实过程与阶段性评价)、颁章(组织生动活泼的表彰仪式)、护章(完善互相监督与激励的机制)等过程,让学生为自己确立小目标,发现自己的优点,看到自己的进步,体验自己的成功,为成为"有礼"的人和小蓓蕾奠定行为基础。

而"我是懂规乖苗苗"主题典礼,更加深了同学们作为少先队员的自豪感与使命感。

"我们全班同学在班主任周老师有条不紊的安排下进行排演,周老师对每一个角色、每一个细节都细心指导。作为中队长的我,真是既紧张又兴奋,生怕我哪一个细节没做好而影响到全班的比赛。比赛当天,我们全班同学在周老师的指挥下统一着装,动作干净利落,精神饱满,信心十足地参加了比赛。在今后的每一天中我们都将更加努力,我也会永远记着这一天,争做一名爱校、爱家、爱班级的少先队员。"(2013级10班易思含)

"我很高兴和我的同学们一起圆满完成了中队的队会仪式比赛,获得了一等奖的好成绩。这次比赛振奋了我们每位少先队员的精神,让我更清楚地

了解了作为一名少先队员的职责与荣誉，我相信我们中队的团结一致将一直鼓舞我们每一位少先队员！"（2013级7班李言之）

丰富的活动帮助孩子们认识了规则的重要性，了解了规则的必要性，并在争章与竞赛中收获了快乐，收获了自信。

2."有礼"单元课程实施效果

学生在一年级"懂规"的教育基础之上，进入二年级的"有礼"教育实践活动。通过礼仪童谣人人编、礼仪故事人人讲、争当礼仪小蓓蕾等学生喜闻乐见的活动形式，将文明礼仪的内容细化为在家庭、学校、社会中应遵循的文明言行方式，依托家、校与社会的教育合力，多方面有效地促进学生言行一致，做一个讲礼仪的小蓓蕾。

在"人和蓓蕾展礼仪"主题典礼结束后，孩子们这样表达他们的收获：

"声音洪亮、步伐整齐、掌声阵阵、气氛热烈，这就是人和校园举办的礼仪童谣大赛的现场氛围。各班同学表演生动有趣。轮到我们二年级10班表演时，我们认真准确地做好每一个动作和表情，展现了二年级10班的风采。虽然比赛结束了，但比赛时的情景在我脑海里留下了美好的记忆。我们不仅学会了童谣，更重要的是明白了礼仪之美。让我们大家齐奋发、共努力，争做人和校园的礼仪小标兵。"（2018级10班张馨引）

"学校举办的'人和蓓蕾展礼仪'这项活动太有意义啦！在这项活动的准备过程中，我班同学认真创编礼仪童谣，不断改进，深刻体会。通过这项活动，我知道了我们日常的学习、生活方面还有很多行为标准，并应该随时注意自己的言行，我会管好自己，不乱扔垃圾，不在公共场所大声喧哗，还要养成自觉排队等好习惯。"（2018级8班杨雯乔）

二年级的学生通过活动感受到了文明礼仪的重要性与必要性，并能够在自己的实际生活中履行，让我们育有所获。

3."明责"单元课程实施效果

三年级的"明责"教育，让每个孩子给自己制订责任目标，在班级与校园里找准自己的责任岗位，并坚持认真履行。在活动中，孩子们不断明确自己的责任，懂得了作为小主人的担当。同时，班级、校级"责任之星"的评选，更是不断激励着孩子们坚守岗位任务，接受全员监督。年级教育活动对学生责任感的培养扎实到位,让孩子们受益匪浅。

"今天的颁奖典礼中我非常高兴,因为我获得'责任小明星'的荣誉称号。我以后要再接再厉,坚持做好自己的服务工作,当好"闪亮十分钟"的组织者,做好老师的小助手!"(2017级4班张津煸)

"我是班级的图书管理员,虽然这次我没有获得'责任小明星'的荣誉,但是我得到了老师的鼓励,老师说,只要我继续做好管理,下次一定会得到'责任小明星'。我有信心!"(2017级13班郭玉涵)

三年级的"明责"教育,让孩子们明确了班级即家园、自己即小主人的认识,营造了"人人主动参与、个个担当责任"的良好教育氛围。

4."能孝"单元课程实施效果

在四年级"能孝"课程教育活动中,我们重点关注学生的感恩教育,通过一系列的课程活动不断引领孩子们回顾、感受、理解父母的爱、家人的爱、师长的爱、同伴的爱,并通过举办十岁集体生日活动,升华孩子们的内心体验与感受,让孩子们懂得感恩,学会感恩,为他们人生的下一个十年奠基情感的基石。

"今天的集体生日活动给我极大的震撼!同学们的才艺让我佩服,同学、老师、家长的成长故事让我感动,父母、老师们的祝福让我充满激情。与同学们齐诵十岁宣言和一起吃生日蛋糕的情景都深深地印在我的脑海里。我深知我的成长离不开父母、老师的教导,我要感谢他们,我要用好好学习来回报他们。"(2016级7班肖博文)

"十年,我们从呱呱坠地,嗷嗷待哺,牙牙学语,蹒跚走步,到背着书包上学堂,这一切都离不开家人的哺育、学校的培养。今天的生日,是我们成长进步的一个新起点,让我们向陪伴我们健康快乐成长的爸妈,引领我们走进知识殿堂的老师,真诚地说一声——谢谢! 同时,对明天的我们道一句:'探索奋进吧,还有很多未知领域需要我们去拓荒! 这也是人和少年应有的责任与担当!'"(2013级2班胡睿熙)

"十岁,人生的第一个十年,孩子们将告别幼稚,迈向青少年阶段,在这重要而特殊的人生时刻,人和街小学为四年级的孩子和家长,精心安排了一个难忘的十岁集体生日会。我作为家长,有幸参加了学校组织的这次活动,和女儿一起度过了令人难忘的时刻。在这个名为"我是人和小孝星"四年级十岁集体生日会上，孩子们以班级为单位，表演了朗诵、舞蹈等精彩节目，此外，生日会上还有老师寄语、亲子运动会等内容。这场特殊的集体生日会隆重却不奢华，简朴却不简单。感谢学校、感谢老师们为孩子和家长们准备了如此有意义的十岁生日，感恩你们，引领着孩子，奔向美好的未来！"（2013级2班熊思齐的妈妈）

"四年级十岁生日会不仅拉近了学校和家长之间的距离，还让家长们了解了孩子们的真正心愿。呈现在十岁生日心愿墙上的孩子们的心愿，每一个都是那么真诚、美好和实在。每一个孩子都能在台上展示自己，自信地表达自己，让我们家长看后非常感动。当每一位家长上台为孩子送上生日礼物并紧紧相拥时，他们的心贴得更紧了！非常感谢学校及老师们以这么好的形式让孩子们过了一个真正有意义的十岁生日。（2013级2班邓爵兴的妈妈）

十岁集体生日会是四年级非常重要的一项教育活动。在整个课程序列活动中，学生与家长都沉浸在"爱"之中，收获益处，实现了学校教育与家庭教育携手育人、合作共赢的课程目标。

5."守信"单元课程实施效果

"我是诚信小公民"序列教育活动为同学们搭建了诚信教育体验平台。同学们紧紧围绕"诚信"这一主题词，制订学习目标，开展了经典诵读、搜集名言、演讲故事、创编格言、签订公约、正反体验等活动。这些课程学习，让同学们懂得去批判现实生活中不诚信的行为，知道社会生活呼唤诚信，愿意为建设诚信社会尽自己的一份力量，公民责任意识得到极大提升。

"在诚信教育活动中，我知道了许多诚信名言，了解了许多诚信故事，阅读了许多诚信经典，懂得了诚信乃立身之本。我会在学习与生活中，坚持做一个诚信的小公民。"（2015级8班秦怡静）

"今天我代表班级上台签订了诚信公约，我感到非常光荣，我认为诚信要从一点一滴做起，我要与同学诚信交往，答应别人的事要做到，对待父母要诚信，对待师长要诚信。社会需要诚信的公民，诚信是做人之根本！"（2016级11班王一多）

通过诚信的序列教育活动，同学们深入地理解了诚信，懂得了诚信的重要价值,并将诚信主动落实到自己的一言一行中。

6."会'和'"单元课程实施效果

"争当优秀毕业生"的序列教育活动,包括同学们制订毕业规划,开展毕业誓师大会和丰富多彩的体育、科技、艺术、语言、阅读等活动。"争当优秀毕业生"系列评价活动贯穿全年,为毕业生提供了更多的展示和成长的空间。隆重的毕业典礼,是母校送给学生们的一份礼物,为人和学子的小学生涯画上了圆满的句号,寄予了学校对同学们的祝愿与殷切期望。

"还记得六年前,我们是什么都不懂的小孩子,带着懵懂和无知走进人和校园,对小学生活充满无限的向往。在老师们的教导与呵护下,从怯生生的人和小蓓蕾逐渐成长为睿智灵动、尚美惟新的人和好少年。忘不了,人和校园里那14棵为我们遮风挡雨的黄葛树;忘不了,两江运动场上,我们无数次挥汗如雨的起跑、冲刺;忘不了,孔子园、3E楼同学间的欢声笑语。虽然以后的晨会我们再不能唱起"两条江,在身边"的校歌,但漂书活动、跳蚤市场、毕业典礼一定会成为我们重逢时的联络语言!"(2014级8班吴睿)

"今天的毕业典礼上,我们管乐团又进行了演出,这是我们最后一次在学校里演出了,我很荣幸我是其中一名长号手。在学校里我收获了很多很多,在乐团里我也明白了许多道理,尤其记得获得金奖的时刻,同学们喜极而泣。我们一路走来,一路成长!"(2014级4班张新雨)

"昨天的毕业典礼活动非常成功! 我相信,许多家长和我一样心情激动、充满感激、充满不舍。谢谢各位老师,是你们的爱和辛勤付出,成就了孩子们的健康快乐成长。谢谢你们! 我想对全体老师说:'做人和街小学的学生家长,孩子成长很快乐,我们很安心,我们很感恩!'"(2014级9班杨舒麟的妈妈)

在贯穿一学年的"争当优秀毕业生"教育活动中,每个孩子都按着开学初制订的目标不断奋斗前进,在学校教育的大熔炉里获得"和而不同"的成长,期待他们振翅高飞!

总之,通过"人和六典"校本课程的实施,学校创设了德育从目标、内容到方法、途径和评价的序列化、阶段性的整合规划,克服了德育"一刀切""整齐划一""违背儿童身心发展规律"等弊端,探索了德育的新方法。

(二)选修课程:自主选择,主动发展

我们以学生为评价主体和对象,对全体参与选修课学习的学生进行了网上问卷调查,同时召开了部分学生、家长参加的座谈会。

问卷主要调查了学生的兴趣和爱好、态度和评价、学习效果的自我评价以及对选修课程的总体评价等,共设计了15个问题,以选择式问题为主。两个校区的有效问卷占总数的96%,达到了理想的样本数。

通过调查,我们发现通过选修课学习学生的收获主要有:

1.满足了学生的兴趣和需要,体现了选修课开设的价值

在《为了中华民族的复兴 为了每位学生的发展:〈基础教育课程改革纲要(试行)〉解读》一书中,按课程计划中对课程实施的要求的逻辑关系,将课程分为了必修课程和选修课程。其中选修课程开设目标为"满足学生兴趣、爱好,培养和发展个性"。因此,学校把"满足学生兴趣、爱好,培养和发展个性"作为开设选修课的重要目标之一,而学生对问题"你的学习收获有哪些?"的回答中,"发展了兴趣与特长"这一回答排在了第一位(见图3-2),这充分体现了选修课开设的价值所在。

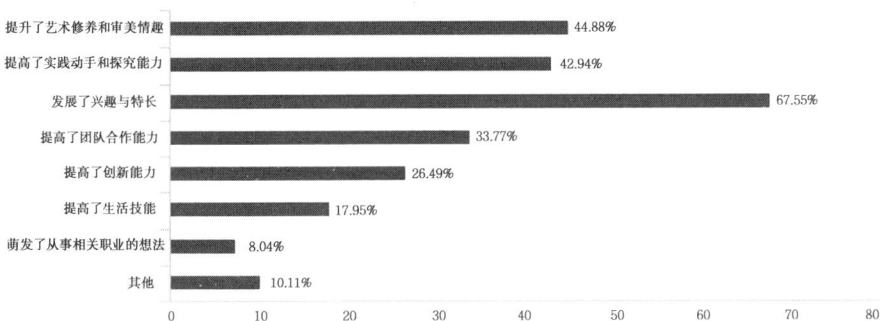

图3-2 "你的学习收获有哪些?"调查结果统计图

在访谈中,学生和家长们认为,选修课的开设非常利于学生兴趣和特长的培养。

"学校开设的选修课程非常丰富,适合'普遍发展,重点选择'的培养理念。孩子每学期选择一个项目,经过几个学期把很多项目都感受了一下,最后锁定一个项目,专心练习,成为学校提倡的全面发展又和而不同的人。"(访谈家长1)

"孩子每学期都很期待上自主课程,我觉得这样有针对性的选修课太好了,让孩子们根据自己的兴趣选修,既能挖掘孩子们的天赋特长,因材施教,又能培养孩子们的兴趣爱好。我们家长觉得非常棒!"(访谈家长2)

"自主课程让我可以选学喜欢的课程,上学期我选到了喜欢的儿童文学鉴赏,不但看到了很多喜欢的文学名著,还增强了自己的文学欣赏水平,真是一举两得。这学期我选了最喜欢的篮球,在球场上我找到了自信,也锻炼了体魄和提高了团队协作能力,最关键的是能玩篮球,太开心了!希望我的篮球技能越来越好,成为一名篮球小子!"(访谈学生1)

"每年的自主课程内容丰富多彩,而我都能在第一时间选到自己心仪的自主课程,非常开心。自主课程既培养了我的兴趣爱好,发挥了自己的个性特长,又丰富了我们的校园文化生活。在每周的开心厨房,我都能学到不同美食的做法,既饱了口福,又学到了知识,还能回家做给爸爸妈妈吃,非常有成就感。我很喜欢这门课程。"(访谈学生2)

2.提高了实践能力,奠定了创新的基础

实践是创新的基础,没有实践,创新则如无根之萍。在对问题"你的学习收获有哪些?"的回答中,"提高了实践动手和探究能力""提高了创新能力""提高了生活技能"等也占了较大的比例。而对学生及家长的访谈更让我们欣喜地看到创新的火花正在实践中跳跃。

"我爱扎染课程。当我们掌握基本方法后可以按自己的想法自由发挥,自己认为怎么好看就怎么设计和制作。一节课下来,每个同学的作品都不一样。真有意思!"(访谈学生3)

"学校的自主课程丰富多彩,形式多样。这些课程能培养孩子们的动手实践、自主探索与合作交流的能力,体现了义务教育的完整性,推进了素质教育,从多个方面培养孩子们的创新精神和实践能力,激发孩子们的学习兴趣和探索精神。学校老师多才多艺,整体安排非常棒!"(访谈家长3)

"学生自主参与,自主探究,是培养学生成为课堂学习主人的关键。学生在学习中遇到困难,教师会及时帮助,使学生想象得更合理,创新得更成功。学生在自主参与的时空里得到了更好的发展、健康的成长,多谢教师的多方位引导拓展了学生的自主渠道。"(访谈家长4)

3.学生的满意度高,激发了主动学习的热情

学生对选修课程的学习态度和评价是反映课程实施效果的重要指标。为此,我们设计了这几个问题:你是否选到了自己想选的课?你喜欢上学校的选修课吗?喜欢的主要原因有哪些?学习选修课程后,你回家做了些什么?你喜欢怎样评价你在选修课中学习的成果?你是否能够完成选修课程的任务?你对自己选修的校本课程的学习结果满意吗?等等。

从调查结果来看,82%的学生选到了自己最想选的课,97%的学生喜欢自己选修的课程,喜欢的原因有:对课程的内容非常感兴趣,能学习更多课外知识;教学准备充分,课程活动精彩;学习过程很轻松,没有负担;能发挥自己的特长,有成就感;喜欢走班上课的模式,可以交到新朋友。有99.3%的孩子能完成课程的学习任务,98%的学生满意自己的学习成果,而且绝大部分学生课后经常主动学习、巩固、表演展示(见图3-3)。这是"学会学习"这一核心素养中乐学、善学的重要表现。

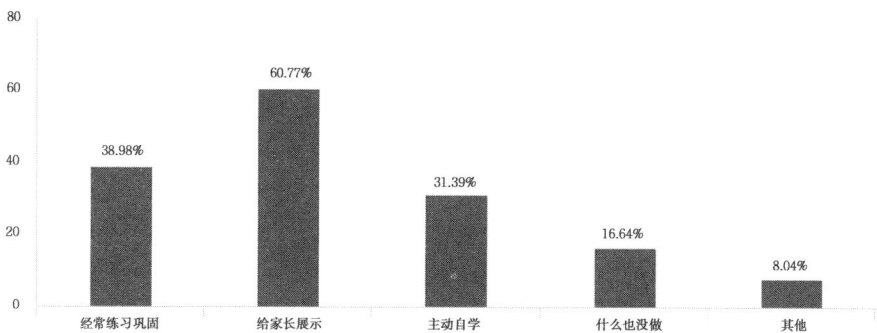

图 3-3 "学习选修课程后,你回家做了些什么?"调查结果统计图

"一开始,我以为高尔夫很容易学,不就是那一个简单的动作嘛,只要用力就可以把球打远。虽然高尔夫运动的核心动作是挥杆,但要挥好杆其实并不容易,只要动作稍不到位,就肯定打不远球。如果杆面在击球时没有回正,球飞出去时就会向左偏或向右偏。所以,要想打好高尔夫球,我除了在学校上课时专心听、跟着老师学以外,还利用周末的时间刻苦训练。练习中我不断总结方法,注重细节,吸取经验教训,把每一个动作都做到位。在运动中找到了乐趣,这就是高尔夫的魅力所在。"(访谈学生4)

"学校的自主课程太有趣了。这学期我如愿以偿地抢到了开心厨房这门

课。上每周的开心厨房就像过节一样开心,我不仅学会了做蜜糖番茄、番茄炒鸡蛋、凉拌豆腐干、黄瓜鸡蛋汤、牛肉烧萝卜,还学会了包抄手、摊煎饼、做甜品,大大地满足了我的味蕾。以前我不太喜欢劳动,自从参加了有趣的开心厨房,我爱上了做菜,不但跟着钟老师学习制作各种美食,有时候还跟着电视里的美食节目做。每周末,我都把本周学到的菜做给大人们吃。虽然我做得还不太好,但是我积极参与,乐在其中,妈妈也不用再担心我饿肚子了。"(访谈学生5)

"自从选择了小小'饰'界屋这门课,我从一个不会做手工的小孩变成了一个心灵手巧的孩子。现在做出来的发卡一点儿不比商场里卖的差。每当戴着自己做的发卡我都很自豪,觉得它们最美了。我非常喜欢这门课程!假期里,我有时间就多做几个,送给我喜欢的人。"(访谈学生6)

当然,学生们的收获还体现在许多方面:拓展了视野,增强了体质,培养了耐心、勇敢等意志品质,增进了团队合作能力,提高了综合运用知识和解决问题的能力,萌发了未来从事某种职业的意愿,等等。

"这学期学校开设的自主课程形式更为新颖独特,内容更加丰富多彩,如开心厨房、众人划桨等都较以往有很大的创新,让我们能够在轻松愉快的游戏、实作中锻炼提高团队协作、人际沟通等能力,希望能一直坚持开展下去。"(访谈学生7)

"有些事看上去难,但实际做起来并没有想象中那么难,十字绣就是这样。以前我由于太浮躁、不细心,以至于连尝试的勇气都没有,从而失去了很多很多的东西!今年,我选了十字绣磨炼自己,希望通过学习十字绣让自己获得一些可贵的品质,比如:认真、投入、坚持、不怕困难、敢于挑战自我……尤其希望自己能改掉不细心的毛病。其实细心就是成功的关键之一,可以说拥有细心就拥有无限机会。"(访谈学生8)

"我幸运地选中了RC车模组装技术课程。老师让我们先玩,在玩中了解车模,再让我们学习组装,并让这样的学习有用武之地,比如在科技节开幕式上进行表演。老师的专业水平很高,也很耐心,我要点赞!"(访谈学生9)

"这学期的信息技术与生活课程是学习运用3D软件设计装饰房间。这个软件太有意思了！我用这个软件为自己设计了梦想中的家：一座漂亮的房子。它有一个螺旋式的楼梯、粉红墙壁的卧室、大大的客厅，还有两个美丽的花园。当然，房间里还少不了各种各样的装饰。将来，我想当一名室内设计师，将梦想变为现实。"(访谈学生10)

"我家小妞毫不犹豫地选择了游泳课程。自从坚持游泳以后，孩子睡得非常香甜，身高也增长得快。入冬后，除了一次打喷嚏稍多点以外，居然一次发烧也没有，有点儿感冒症状多喝水就缓解了，我觉得真是太神奇了。每次天冷，我穿着厚厚的羽绒服坐在办公室，想着她光着身子在冷冷的水中锻炼，除了担心，更有一种敬佩之情。"(访谈家长5)

"这个课程是孩子自主选择的，充分尊重了她的意愿，也培养了她的自主意识、创新精神和实践能力。俗话说：艺多不压身。通过这两年多的学习，孩子的综合素质得到了提高，掌握了摄影、篆刻、厨艺等技能，让她拥有了健康高雅的生活情趣和积极向上的生活态度。"(访谈家长6)

"学校的自主课程注重孩子的社会实践、艺术及体育教育，并注重提高孩子的文化修养。老师们都非常尽心尽职尽责，可以说这是老师们在本职工作之外送给孩子们的一份礼物。我们能够感受老师们在担任本职课程教育之外，还要精心设计这一附加课程的良苦用心。自主课程的学习是孩子们学习生涯中难得的体验及实践机会。感谢所有老师们的付出。尽管选课时间段较短、名额少，让人觉得有些无奈，但真实体会却是：无论选择学习哪一门课，都有收获，即使不如当初所愿，却有意外收获。我们二年级的两个印刷成册的绘本，三年级的各种创意豆画，都超出了当初的预想，所谓得失随缘，一切都是最好的安排，老师们精心设计的课程及作品成为孩子成长过程中珍贵的回忆。感谢学校，感谢各位老师！"(访谈家长7)

学生和家长们热情洋溢的话语，充满了愿望得以满足的喜悦感、特长得到发展的成就感和对学校开设选修课程以及任课老师辛勤工作的赞赏之情。从学生的效果维度来看，选修课程的开设践行了人和教育的办学理念，满足了学生多样化、个性化发展的需要。

当然，在问卷调查中，我们也发现了一些问题，比如在回答问题"你是否选到了自己想选的课"时，82%的学生持肯定的回答，而没有选到自己想上的课的原因包括了"随意选择""家长要求"或"想选的班人数已满"等多项内容。其中,"想选的班人数已满"成为学生没有选到理想课程的主要原因,这也为我们线上与线下的学习提供了发展的必要性。因此,建立相关制度,激励教师主动加大课程网络微课资源的开发力度,成为学校选修课程的又一紧迫任务。同时,通过调查和访谈,学校也收到了诸如"可否真正按兴趣和意愿自主选择,而不受名额限制""针对学生喜欢的课程,多设平行班""增加课时"等建议。这些意见和建议,学校将认真研究,根据校情、师情和学情,尽可能地完善选修课的开发与实施,使之充分发挥校本课程的功能,与国家课程、地方课程一起有效落实对学生核心素养及关键能力的培育。

二、教师的收获与感悟

校本课程是新一轮基础教育课程改革的亮点之一,它扩大了教师的自主权,使教师具有开发和编制课程的权力,在一定程度上推动了教师的专业化发展,同时也对学校、对教师提出了严峻的挑战。经过几年的实践研究,在人和文化的引领下,老师们团结一心,携手共研,克服了许多困难,在选修课的开发与实施的路上与学生们共发展,同收获。

为了进一步了解选修课程开发过程中教师的参与态度、学习行动、专业发展和成功经验等,学校设计了调查问卷,从教师的角度来评价选修课程开发的成效。该问卷围绕课程开发的内容与模式、研究的方式与方法、成果及成效、问题及建议等方面设计了24个问题,以选择式问题为主。调查对象为选修课程的105位任课教师。通过对问卷结果的整理和分析,教师们有以下收获。

(一)提升了职业成就感和幸福感

在学校的管理目标中,除了"培养全面和谐发展具有人和特质的少年"的育人目标外,还明确提出了"让教师获得从事职业的自信心和幸福感"的教师目标。在回答问题"您对现在开设的选修课程满意吗?"时,有97%的教师表示满意,而让其满意的原因来有:学生喜欢97.8%,家长支持59.34%,同事赞赏32.97%和个人成就40.66%。

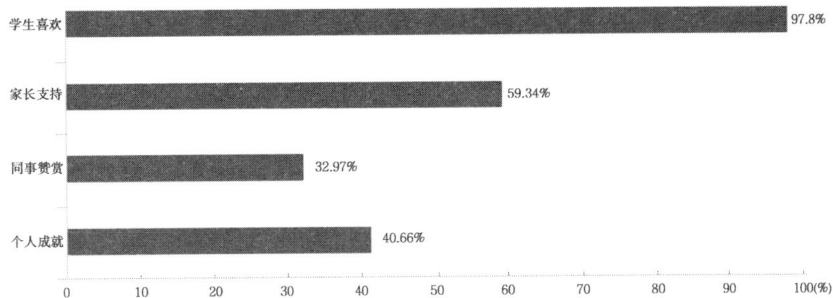

图 3-4 教师对选修课程满意的原因情况统计图

(二)提高了教师的课程研究能力

职业幸福感与自我成就感的提升,增强了教师参与的主体性与自信心,在调查"你在选修课程教学中的收获"时,他们一方面感受到自己拥有了一定的课程权利,实现了自身价值,有83%的老师认为自己的课程开发能力得到了提高,另一方面也有43%的教师感受到了课程开发对自己带来的挑战与压力,从而在"希望今后学校加强哪方面的培训指导和研究"调查中,表达了对进一步提升课程研究能力,如通识理论(30.53%)、学科专业知识(67.37%)、研究方法(55.79%)、教学技能(44.21%)等方面加强培训的愿望。

(三)发展了教师综合运用资源的能力

调查中发现,教师在开发课程时,除了个人自学钻研外,有43%的教师选择了与同伴一起讨论、共同开发课程;在挖掘课程资源方面,有55%的课程资源来自专业教材,有30%的来自网络资源,有15%的来自家长及其他专业人士的社会资源;在课程实施过程与评价方面,有91%的教师通过建QQ群、微信群与家长交流互动,使家长成为课程的校外辅导老师,也参与对学生课程学习的评价。

教师整合各种资源能力的提升,使课程更开放、更丰富、更有实效。在工作中,大家不断实践、研究、反思、总结,达成了课程开发与实施工作的共识:课程开发要紧扣文化,主动建构;开发过程要共学共研、减负提质;教学过程要寓教于乐,实践创新;课程评价要家校互动,多元评价。

一个课程从无到有,从无声到有声有色,其背后,都有着怎样的故事呢?

每学期,学校都会围绕"我的选修课"这一主题,举办分享会。以下几篇具有代表性的发言文章,可以让我们从中感受老师们的成长与收获。

教师感悟之一:充满魔力的自主选修课程

分享者:罗伟

让每位老师自主开发设计,并实施一门全新的课程,这是多么巨大的挑战。一开始老师们确实不适应,感到"压力山大"。好在人有无限潜能,我们一步一步,总算走出了一条路。回顾艰辛而又充满希望与激情的开拓之路,我们感慨万千。

一、老师们智慧付出,可圈可点

(一)态度上重视

接到任务后,每位老师充分挖掘自身潜能,根据学校发布的课程指南,结合自己的特长确定了课程方向。暑假里大家查阅大量资料,架构课程内容,初步拟订出教学计划。

课程实施过程中,老师们认真备课,收集相关文字、图片、音像资料,老师们还花钱自购教辅资料。可以说每位老师为了上好每周一下午这两节选修课,在备课方面所花的时间和精力远超过两节语文课。

不定时自发研讨。年级语文组的老师们常常一起交流教学过程中的心得体会,提出困惑,分享经验,互相学习,共同提升。

(二)策略上创新

1.教学形式多样

为了让孩子们对这门选修课程更感兴趣,老师们颇费心思:例如于红老师的朗读班,不仅仅是教学生怎样发音朗读,还让学生听著名播音员的音频资料,进行欣赏、评价、模仿,孩子不仅感到有趣好玩,更觉得这门课程跟生活如此贴近,兴趣更加浓厚;苗曦老师的绘本课,不单单让学生欣赏绘本故事,还自创绘本——自编故事,自配插图,自订成册,孩子们很有成就感;杨涛老师的"蓓蕾剧场",除了让学生表演课本剧,还新编故事,进行二次创作,学生自编自演,乐在其中。

2.评价方式多样

为了让孩子们对选修课程更感兴趣,老师们也非常关注学习过程及结果的评价。罗伟老师的"外国经典故事欣赏"课堂设立了助教制度,在讲台边安排助教座位,孩子们轮流当助教,主要负责点名、课间管理、课后评价总结、奖品发放等工作。上一节课表现最好的学生就是下节课的助教,孩子们都以当上助教为荣,课堂学习热情高,兴致浓。

期末评价,许多班级都用巡回展示表演的方式进行:吴丽萍老师带着孩子们吟诵对子,刘洁老师组织学生开谜语派对,苗曦老师鼓励孩子们到各班展示自创绘本,杨涛老师带领剧团到各班展演课本剧……这样的展示可以让其他班级的学生了解自己没有参加到的课程的内容,借此对学校开设的自主课程有更多了解,也让表演的孩子们很有成就感。

总之,为了上好这门课程,老师们都开动脑筋,各显神通。个性化、多样化的教学形式与评价方式不仅体现了老师们的教学智慧,更证明着大家对这门课程高度负责任的态度。

二、孩子们热情参与,乐在其中

每个星期一中午的"闪亮十分钟"小课堂一结束,需要走班的孩子们就迫不及待冲出教室,直奔自主课程的教室而去。课堂上的专注投入自不必说,有时下课铃响了,若当堂内容还没有结束,有的孩子就赶紧跑去把教室门抵着,说老师你继续讲,我不让他们进来。部分孩子平时有下课要回教室的习惯,结果只好被关在外面进不来。兴趣是最好的老师,有了兴趣,下课似乎也变得不那么重要了。

在小组总结会上,说起孩子们的进步,老师们的自豪感与成就感溢于言表:苗曦老师的"绘本欣赏"课程——学生在了解绘本结构的基础上自创绘本,每个同学都有了自己的处女作。刘洁老师的"谜语猜猜猜"课程——学生了解了谜语的文本特点及分类,每个孩子都能自编谜语。于红老师的"小主持人"课程——孩子们在实战中增强了语感,口语表达更加自如。罗伟老师的"外国经典故事欣赏"课程——孩子们从故事中受到启发,自发探究自己的家族历史,制作家谱,比较创世神话,填写调查表,在学习中拓宽了文化视野,提升了道德认知水平,寓教于乐的课堂深深吸引着孩子们。潘艳蓉老师的

"儿童文学名著欣赏"课程——教给学生课外阅读的方法,增强了学生课外阅读的兴趣,孩子们更爱看课外书了;梁咏梅老师的"故事大王"课程——让学生了解了一个完整的故事是怎样构成的,学习怎样把故事讲好听;杨涛老师的"蓓蕾剧场"课程——孩子们了解了剧本的编写知识,能自编自演课本剧;吴莉萍老师的"声韵启蒙"课程——让学生对中国传统文化对对子有了深入了解,而且学会了吟诵对子;蒋秀芸老师的"好玩的儿童诗"课程——让学生给诗歌配图画,试着仿写,学生对诗歌这一文体有了更多了解,有的甚至可以自己写诗;彭娟老师的"三字经与中国传统文化"课程——让学生听传奇故事,看相关动画片,打快板诵读三字经,联系现代生活自编三字经,把枯燥的内容变得生动有趣。

这学期还未结束,学生对新学期的自主课程已充满期盼。听到有的孩子私下议论:我选课的前一天晚上不睡觉,半夜起来选,就可以想选什么就选什么了。

充满魔力的自主课程,激发了老师们的创造潜能,点燃了孩子们的学习热情。学生热切的期盼对老师而言是压力,更是动力。新学期,让我们相约更加美妙的自主课程,不见不散!

教师感悟之二:小小鸡毛毽 和健大课堂

分享者:胡筠

本学期,我申报了"踢毽子"课程作为和健课程三年级的选修课内容。

暑假里,我早早地做起准备。在我的想象中,学生们在二年级进行过民族民间体育项目的学习,接触过鸡毛毽,而且学校每年的运动会也有该项目的比赛。会选择踢毽课程的孩子,肯定都是有一定踢毽基础、乖巧协调的女孩。我和孩子们的踢毽课,应该会进行得非常的轻松愉快。这些猜想,让我很是开心!

当学生名单拿到手上时,我吃了一惊。天!什么情况?居然三分之二是男生!再一接触,超过一半的孩子动作极不协调,只有5个孩子能踢到自抛的毽,没有一个可以连踢。我的心一下子跌入了谷底,只觉得前方困难重重。

有困难不退缩,这是我们体育人的特质!在认真思索后,我决定把"培养学生对踢毽运动的兴趣"作为主要目标,主要采用"小班教学中,游戏法促进学生掌握单足内侧踢毽的技术"的操作模式,将选修课程与小课题研究结合起来,每节课结合教学目标都设计一个有趣的游戏,让孩子在玩中体会动作,掌握方法。

有趣的游戏从制作简单的纸毽开始,孩子们用自己制作的毽,玩"种树"、玩"插秧",在各种抛接活动中与毽成功地"交朋友",慢慢熟悉了毽的性能,能够完成单个的自抛自踢。接下来,个人的"闯关赛""夺红旗"等游戏,双人踢毽版的"石头剪刀布"等,以及团体的"打擂台""接力赛"等游戏,都成功地激发了孩子们的练习热情和斗志,在一次次的激情参与中,在一次次的满头大汗中,孩子们的动作慢慢协调了,从踢纸毽到踢塑料毽,再到踢鸡毛毽;从不会踢毽到能踢一个,两个,三个;从随意的踢毽到有了规范的盘踢动作,孩子们每次课都在进步。学期结束时,孩子们爱上了踢毽,每个孩子都实现了至少连踢4个的学习目标,更有孩子可以轻松地连踢20多个。面对自己的成功,孩子们很开心,我更是高兴!

获得收获的不仅是孩子们,还有我自己。感谢学校,提供了这样好的一个平台,让我能在教材上深入研究,提升教学和科研能力!感谢孩子们,在这学期的真诚互动中,给了我信任和友谊!孩子们,下学期,我们再接再厉!

教师感悟之三:快乐选修课 创意巧手贴

分享者:刘宁

"教师不能只成为课程实施中的执行者,更要成为课程的建设者和开发者。"小小的选修课,对老师的要求可真高啊!

磕磕绊绊三年过去了,我认为,选修课的第一个难点是确定要开设一门什么课,它既是教师比较擅长、能够把握的,又是学生感兴趣,对落实实践创新、艺术表达等核心素养培育发展有帮助的。经过观察,我发现,小学三四年级的孩子普遍喜欢绘画和手工制作,但不少孩子的观察能力、注意力不够,也不够耐心细致。心理学家皮亚杰认为,智慧的花是开放在手指尖上的。苏霍姆林斯基也曾说,手是思想的镜子,是智力才能发展的刺激物,是意识的伟大培养者,是指挥的创造者。因此,培养儿童手的精细动作能力非常重要。

鉴于以上的观察和思考,我开设了"创意贴画"课程,它属于"人和六质"

课程中的和美课程群。开设这门课的目的是通过指导学生用种子、毛线、珠子、纽扣等材料制作贴画,培养学生认真观察、有意注意及耐心细致的习惯,培养学生的创造性思维和想象力,锻炼学生的动手能力,初步体验感受艺术创作的魅力。

一、课前尝试,把握制作难点

开设一门全新的课程,课前的准备是非常重要的。因此,暑假里,我自己买来材料,尝试制作种子贴画。这样,既可以把握其中的难点,又可以在上课时作为给学生的示范。

这样一尝试,问题出来了。我自己制作一幅贴画,花了两个多小时,那么,对于学生来说,一幅作品就绝不是他们一个下午两节课时间能完成的。所以,我把学生完成一幅作品的时间定为2周。

第二个问题,范画只是最后的成品,制作过程如何指导?现场示范太复杂,不可行。我突然想到,可以利用照片。我把自己制作的过程分步拍成照片,再把这些照片制作成我的教学课件,一些特别需要注意的地方也单独拍照,方便学生观察、模仿。

二、范画欣赏,激发创作热情

课堂上,首先让学生欣赏作品,通过看一看、摸一摸等多种途径,让学生认识到五谷杂粮是平凡的,但平凡的东西也有它神奇的地方,这就需要靠我们神奇的大脑,让平凡的五谷杂粮变得不平凡,让他们有一种想要亲手制作一幅画的愿望。然后,教孩子认识工具和材料。接着,通过比较优秀作品和不够好的作品,让学生讨论得出,要想做好种子贴画,要注意:(1)轮廓图要画好;(2)粘贴时要排列整齐、均匀;(3)制作时要细致、耐心。

三、操作指导,锻炼动手能力

在贴画的创作指导模式中,我们一般采取以下步骤:观摩范画—选择材料—描画轮廓—粘贴线条—填充画面—阴干作品。

描画轮廓是做好贴画的基础。对于一些美术基本功好的孩子来说,这一步不成问题,可对于一些美术基本功一般甚至不太好的孩子来说,画不好轮廓图就意味着他做不出漂亮的作品。为了让孩子们都有成功的体验,我为孩子们提供了轮廓图初稿,他们可以描,也可以照着画。

制作贴画可是个功夫活儿，更是个耐心活儿。孩子们不仅要将一粒粒种子粘贴到所需要的部位，还要极其耐心地将这些种子一颗颗排列得非常整齐、紧凑。特别是用黑米勾线的环节，需要极为细心、耐心地制作，这时候就需要借助镊子等工具。在这个过程中，不仅锻炼了学生的动手能力，还锻炼了他们的意志品质。

四、研究材料，拓宽创作思路

在进行了一段时间的种子贴画之后，孩子们开始觉得种子的颜色比较单一，不够鲜艳。为了解决这个问题，我引导孩子们展开讨论，研究我们还可以使用什么材料，让我们的作品更漂亮。孩子们给出了各种各样的答案：小珠子、小纽扣、各色毛线、各种干果的果壳，还可以用彩色皱纹纸搓成纸团或纸条……

于是，现在的贴画课堂上，范画只是一个提示，孩子们可以自己选择喜欢的材料进行创作，不同风格的作品在孩子们的手上诞生了。这也在一定程度上培养了他们的思维能力。

想象力是思维能力的核心，是创造性思维的羽翼。爱因斯坦说，想象比知识更重要，因为知识是有限的，而想象力概括着世界上的一切，推动进步，并且是知识进步的源泉。后来的贴画课堂，老师只给出一个主题，引导学生尽可能根据平时在学习、生活中所看到的事物来展开想象，放飞自己的思想，独立或与同学合作完成设计和制作。

作品是评价学生知识技能掌握程度和课堂教学效果的标准之一，但学生完成的作品并不能完全代表一切，学生在创作的过程中获取经验和教训这才是最重要的。因此，在我的选修课堂中，过程评价很重要。在贴画的创作过程中，不少孩子的观察能力得到了培养，注意力更集中了，当他们专注于制作贴画时，控制力也逐渐增强。虽然创作出完整的作品，对于孩子来说，并不是很容易，但是孩子在制作的过程中却能体验到极大的乐趣。我也会在孩子们制作的过程中不时地为他们照相，并发到QQ群里，家长们经常为孩子的专注和努力而喝彩。当然，孩子们也创作出了许许多多的优秀作品。四年级十岁集体生日庆典活动中，我们展出了一部分作品，获得了参观的老师和家长们的好评。当看到经过自己不懈努力得到的成果，每个人的脸上都露出了喜悦的笑容。

教师感悟之四：教室里的理财师

分享者：张力

说到"理财"这个话题，大家肯定不会陌生，因为这是时下最流行也最受关注的一个话题。但说起到底什么是理财，怎么理财？大家的回答五花八门。有人说：理财就是买股票、买基金、炒房；有人说：理财就是把结余下来的钱存入银行；有人说：理财就是经营好自己的资源。假期里，我查阅了大量的资料并恶补了一些基本的理财知识，最终确立了理财课程目标和课程实施计划。

在第一次自主课程上，当一撅撅的人民币图片出现在屏幕上时，才发现那些个小家伙直愣愣地盯着钱不挪开，我心里暗喜，原来这些小家伙对钱那么感兴趣。我们从了解货币的起源到认识中华人民共和国成立以来人民币的更新与换代，再到世界各地的钱币；从如何辨认钱的真假到如何购物；从如何管理压岁钱到储蓄……我想把我所知道的理财知识都一一传授给他们，可一段时间下来，孩子们却没有了先前的热情。他们喜欢钱，但对钱却没有概念，只是具有儿童所特有的强烈的消费要求和欲望。这个课程如何继续开展下去呢？这才刚开头呀，一年的课程怎么办？

"山重水复疑无路，柳暗花明又一村。"一次数学课堂研讨"和声"，我猛然想到和声课堂，自主课程更应该"和声"呀！与其煞费苦心、绞尽脑汁构思，还不如把时间和空间让给学生，这不正是自主课程的初衷吗？于是我大胆进行改革，"小立课程"，采取主题教学，内容确定少点，让学生更多地参与自主学习和自由实践活动，由此"大作功夫"。本期共开设了3个主题活动：生钱之道、我的生日、暑期出行。下面通过两个片段来看看我们是如何开展的。

片段一：让孩子们自己去调查，搜集自家理财之道

我的爸爸买手机时，同一款手机看了好几家店。（理财之道1：货比三家）

我的妈妈在一次商场打折活动中，买了一条不是特别喜欢但从价格来说

很合算的裙子,买回家后却一次都没有穿过,太浪费了!(理财之道2:理性消费、合理购物)

爸爸、妈妈将部分积蓄投入了阿姨开的店,每年都有分红。(理财之道3:理财就是经营好自己的资源)

我还有个妹妹,妈妈说还好爸爸在鲁能买了2套学区房,上中学不愁了,现在学区房房价猛涨,如果我努力学习能自己考上巴蜀中学,那不就节约了指标费用,到时候再把房子连指标一起卖不就能赚很多吗?(理财之道4:买房理财)(从孩子当时的表情你能感受到她有多佩服她爸,感觉她爸简直是理财专家呀!)

片段二:今天我是老板

我们开展了一次浓缩版的跳蚤市场营销活动,从策划、调查印证到最后具体营销全都由孩子们自己完成。有的组在班级内调查什么东西是这个年龄段最喜欢的,包括商品的颜色,以及可以接受的价格等,做了全面的调查分析。有的自己去买材料做发卡、装饰品、书签、拼装玩具等,再以比成本高出很多但又低于市场价的价格销售。有的组还去收集了一些同学们闲置的物品或手工作品帮忙代卖,并从中获取一定的利润。这是一次独立的营销活动,他们体会最多的就是"赚钱太辛苦了!""钱不好赚呀!"。有了这些真实感受后,孩子们试着计算了自己每个月、每年、小学阶段大概支出的培训费用。仅仅小学阶段的培训费用,数目就惊人,从他们当时的表情可以看出,他们似乎意识到了开源节流的一些作用。孩子们甚至还有了这样的设想,在年级或学校设立一个长期的二手交易区,还可以利用网络,给全国或全世界的小学生提供线上交易平台,这是多么大胆的构想。

理了快一学期了,我的财没理出来,但是理出了孩子们对这个课程的热爱,理出了孩子们懂得挣钱的不易,理出了孩子们对新知识、新领域的主动探索,理出了我对这个课程继续研究下去的动力和激情。和声课堂,给予我们的不仅是观念的转变,更是从心底到行为的转变。自主课堂就是我们试验的舞台,它没有教材内容的限制,更没有分数的要求,有的就是在不违背校本课程原则的前提下,可以大胆尝试、大胆创新,这是自主课堂赋予我们的权利。

从调查与分享之中,不难看出,教师参与选修课程开发与实施的过程也是教师学习与行动的过程。选修课程的实施与推进,促进了教师的专业化成长。

在调查中,教师们提出时间与精力是影响选修课程开发的重要因素。为此,学校认真对待,特别加强"四位一体"课程工作推进模式与和声课堂教学模式的研究,使教研与科研一体化,提高课堂教学效率;同时,进一步完善相关制度,使教师保持对选修课程积极投入的激情和持续的动力,促进教师研发共同体的发展,切实减轻教师的负担,更有效地促进选修课程开发的质量和水平。

三、学校的发展与收获

人和教育以"人和"为学校文化的核心,是学校课程建设和课堂研究的基础理论。为实现"培养全面和谐发展具有人和特质的少年"的课程目标,建构了"人和六质"课程体系,在实施中做到了开放整合,创造性开发课程;做到了整合创新,全面推进课程的实施;做到了目标为本,建立了基于学校课程的综合素质评价体系,促进了学生全面、自主、个性的发展,实现了和而不同,为每位学生提供了适合的教育。

(一)开放整合,创造性开发"人和六质"课程

经过多年的探究和实践,我校紧扣"人和文化",开放课程选择,整合课程资源,创造性地实施特色课程体系。

1.充分利用现有课程资源,促进校本课程实施的境域性

运用校园文化作为隐性的课程资源,促进校本课程实施的境域性。学校根据儿童的身心发展特点,从可听、可看、可感、可传的角度,让校园文化立体化、具象化、艺术化,将二人挑担、三人吹笙、众人拉纤等"人和"文化元素应用在学校的校歌、校门、礼堂、走廊等各个角落,以篆刻的"人和"印章作为学校的校徽,并建成了人和教育博物馆、文字博物馆,谱写了校歌并拍摄了MV等,为学生营造了一个蓬勃向上、充满文化意境的生活和学习环境,为和雅课程提供了教学资源。

2.拓展课程时空,实现校本课程实施的立体化

学校通过立体设置空间,增加各类功能室,统筹场馆使用,为课程实施创设一个崭新的阵地。每个校区,学校都设置了满足学科教学使用的科学教室、形体室、合唱室、陶艺室、书法室、微机室,以及9000平方米的操场和2200平方米的地下室内篮球、羽毛球、乒乓球运动场馆;有可容纳400~600观众的"人和剧场",以及"音乐沙龙"、儿童美术绘画作品展走廊、音乐厅演出剧照走廊等;开辟了教学楼屋顶"科普天地",建起了"试验田""养殖园""航海池""赛车道""小小气象站";还有"人和电视台"、校园安全监控系统、校园网站等数字化网络系统设备等,为满足课程实施需要,奠定了坚实可靠的空间基础。

3.综合课程内容,实现校本课程实施的主题化

"人和六质"特色课程打破传统的板块状课程内容设计,以主题方式开展,融多学科知识为一体,融多学科素养为一体,变单一学科的"小课堂"为多门学科统整的"大课堂",充分激发学生的学习兴趣。

在主题式教育中,以年级主题的方式进行学生的德行培养和品德养成。在和德课程中,各年段根据教育目标设计,形成一年级"懂规"、二年级"有礼"、三年级"明责"、四年级"能孝"、五年级"守信"、六年级"会'和'"的阶段化主题。整合各学科的课程学习,通过少先队仪式、礼仪队会、责任星评比、十岁集体生日、诚信誓师会和小学毕业典礼的"人和六典"来实现课程育德的目标。

在主题式教学中,不拘泥于学习学校编写的教材,设计主题内容统领教学。如以"嘉陵江探源""长江探源"为主题,带领低年段学生参观三峡博物馆、人和教育博物馆,了解长江的地质、人文;指导中年段学生游览嘉陵江,在嘉陵江边采风摄影,收集嘉陵江的美景;高年段学生自主参观白鹤梁博物馆,进行嘉陵江溯源,丰富两江的地理人文知识。陈星橦同学所做的《关于枯水季节嘉陵江河坝情况的调查研究》引起了社会的极大关注,《中国教育报》、中央电视台都进行了专门报道。

在主题式活动中,学校将传统的艺术节、体育节、读书节、科技节进行课

时统整,确定孩子们喜爱的相关主题,以综合实践周的方式开展。比如,体育节上以民族传统运动会为主题,各年级选取了蹴鞠、摔跤等不同民族的传统运动项目为竞技比赛项目。科技节以"废旧物品的再利用"为主题,学生利用废旧奶盒、饮用后的吸管,制作成各式各样精致的物品,各具特色,新颖实用。

4.提高学生的课程参与度,实现校本课程实施的生活化

我们当前的课程只是为学生遥远的未来做准备,而缺乏对学生现实、当下生活的观照与服务。因此,我们在课程实施中,强调首先为学生的现实生活服务,并将未来的需要建立在现实需要之上并纳入其中。

生活即课程。课程回归生活,与生活接轨。如和融课程的"生活实践"课,将学生生活中必备的基本技能和常用技能运用到课程中,从最基本的穿衣、叠被到烹饪、电工和木工等,做分年段的学习和培养。

社会即课程。课程直接面向社会,让校园成为模拟的小社会,让学生与社会生活融为一体。在和融课程的"职业体验"中让学生体验不同职业,在跳蚤市场等活动中出售自制物品;"游学交流"让学生在美国家庭中生活一周,学生通过体验生活,走进社会,培养与人和谐相处的能力,让实践和生活成为学生个人发展的源头。

自我即课程。让课程向自我开放,学生可以自由地展示他们的智慧和情感,学会自主,学会选择,学会创造。在和融课程中,六大社团供学生自主选择,满足大家兴趣特长的需要。在音乐沙龙和英语沙龙等社团活动中,学生在老师的组织下自主策划、自主开展、自主评价,主持人、表演者、评价者都由学生自己担任,学生的情感、个性得到充分张扬,知识能力得到极大提升。

(二)整合创新,全面推进课程的实施

1.让课程丰满起来

学校开设的校本课程,在保证国家课程规范性的基础上,进行整合创新,以必选、自选等多种方式实施。每个课程的核心课程做到开齐开足,校本课程则分为四类:(1)学校必修课程,班班必开;(2)年级必修课程,不同年级开设不同内容;(3)学校选修课程,全校选拔部分学生参加;(4)年级选修课程,年级内个体自主选择参加。这些课程的开设和实施,增加了学校课程的丰富

性、选择性与多样性。下图是以"和美课程群"为例的课程实施体系。

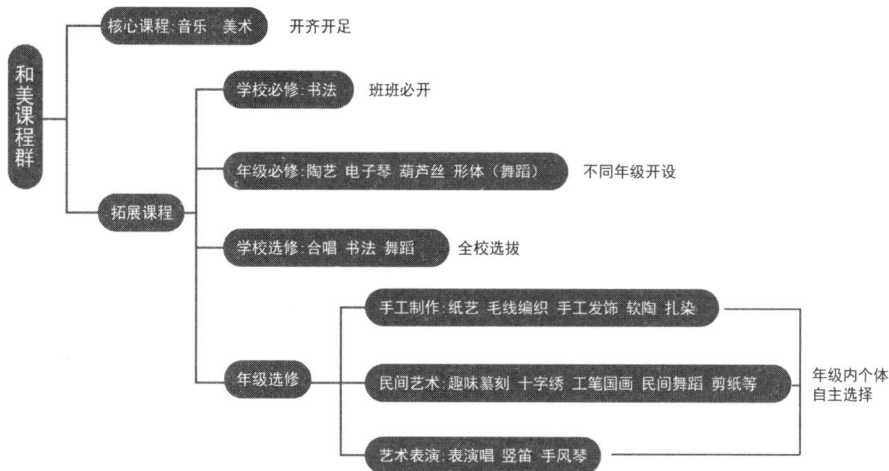

图 3-5　和美课程群课程情况

2.给学生一张幸福的课程表

学校在课程的选择、空间和时间上进行了改革。包括以下举措：

第一,网络选课。开发网络自主选课平台,开学初,学生根据自己的兴趣爱好,与家长一起进行网上报名选课。

第二,走班制。每周利用一个下午的大课时,学生进行走班上课,在专用教室内与不同班级学生共同学习。

第三,长短课。在课程的整体时间安排上,学校打破原有40分钟一节课的固定时间单元,学生的课表里出现了80分钟、40分钟、35分钟、25分钟、10分钟的课型。比如80分钟的陶艺课程,25分钟的音乐沙龙和10分钟的"英语天天见""闪亮十分钟"课程等。另外,除了在单课型时间上的调整,也有综合课型时间的统筹安排,比如和融课程群的综合实践周活动,在一周的时间中,学生能够实现全员参与、自主学习、学与用高度结合。

(三)目标为本,建立基于学校课程的综合素质评价体系

1.确立"人和六质"的评价标准体系

评价标准中,知识与技能是该课程对每个学生学业质量评价的一个基本标准,是这门课程的共性目标。我校特色课程目标除学科共性目标外,更增加了有鲜明人和文化个性的目标,特别强调学习过程中生与生、生与师、生与

团队、团队与团队等"人际交往能力"和"合作学习"的评价,做到定量和定性相结合的评价,不仅关注学生的学业质量,更看重学生人和特质的发展。

2.开发基于"人和六质"的学生综合素质评价体系

建立与校本课程开发与实施相一致的学生综合素质评价体系,实现评价与课程深度结合,实现评价为促进学生发展服务。如"和德课程"建立了一年级至六年级的系列评价手册,一年级为"我是懂规乖苗苗"评价表、二年级为"我是有礼小蓓蕾"过程评价手册、四年级为"我是人和小孝星"评价表等。"和健课程"形成了1~6年级学生学习成绩评价内容、方法和标准。根据学生的个体差异以及学生在该学期学习各方面的进步幅度(即进步成绩=期末成绩-期初成绩),分别对每学期结束时的测试结果及相应的评价指标(如体能、知识与技能指标等)进行了综合评价。

3.多方参与,形成多元化的学生综合素质评价过程

课程评价包括评价内容的多元化,评价的内容不仅包括知识与技能,也包括真实情景中的人际交往等社会性行为、能力的表现;评价主体的多元化,评价的主体不再仅是老师,可以是学生自己、小组、班级甚至家长和社会;评价对象的多元化,评价的对象从对个人的评价扩展到对小组、对团队的评价;评价形式的多元化,评价的形式可以是自己评自己、个人评团队、团队评个人、团队评团队;评价的方式可以是质性评价和质性与量性评价统整的综合评价、表现式评价等;评价价值的多元化,评价的价值既有参与、构建、尊重的价值,也有交往、协商、合作等促进发展的价值。

如,2014年新年音乐会全班整体参与,表演音乐课堂所学。在整学期的音乐学习中,孩子们的学习积极性非常高。他们再不是以前的被动参与者,而是成为一个主动参与者。这种终结性评价,不同于以往逐个考唱歌、考节奏这种单一的评价方式,而是一种学生全员参与、完全开放性的评价方式。

特别是"互联网+"让教育从封闭走向开放。在开放的大背景下,全球性的知识库正在加速形成,优质教育资源正得到极大程度的充实和丰富,这些资源通过互联网连接在一起,使得人们随时、随事、随地都可以获取他们想要的学习资源。教师与学生获取课程资源的渠道不再仅限于学校和教材。教师建立了课程学习QQ群或微信群,及时向家长反馈学生学习过程和学习成

果,把所有的家长引入课程之中,共同成为教师、评价者等。而家长也及时将学生在家练习、展示、自学及问题等情况通过学习群发送出来,使之既是学习情况反馈,又是非常有效的学习资源。在这样的学习群中,人人能够创造知识,人人能够共享知识,人人也都能够获取和使用知识。及时的互动,打破了家校之间的时间界限,使学校与家庭之间的联系更加紧密,共同携手促进核心素养的培育。

4.建立学习成就系统,激活学生终身学习

学校细化六质课程群自主选修课目标、各年段目标等,建立统一的阶段性认证标准。比如生活技能的阶段标准,一年级能整理好学习用具、二年级能打扫房间、三年级能做饭和洗衣袜等。或是体育项目中的跳绳,按个数作为阶段的认证标准等;或是信息技术中用打字速度来认证这一项目的等级。另外,在六质课程群中同一群内,可以进行等价的认证。

"互联网+"模式的网络认证平台,使学生都能在见证人帮助下,登录平台,提交自己的认证资料,学校组织相应老师审核并颁发签名认证阶段证书。特别是对于生活技能类的认证,主要以家长为见证人完成,教师只负责认证和评价工作,也可以通过综合实践活动进行相应的展示,让学生的自主学习,变成实践活动。

下一阶段,学校将利用开源学习平台Moodle搭建虚拟的学习成就系统,在线上提交学习过程资料,如线上学习记录、作业提交学习成果、勋章系统认证学业,师生通过Moodle学习平台进行教学互动与反馈,并成为每个孩子的自主选修成就系统,可查询,可建档,可以查看每次认证的作品和视频、认证的老师,让人和成就勋章成为学校每个学生值得珍藏的小学记忆。人和六质课程群校本课程将插上"互联网+"的翅膀,如展开双翼的苍鹰,飞得更高更远,成为人和教育理念指引下的闪光点。

第四章

和声课堂
——尊重差异,寻求共识

　　课程是学校教育的核心,是学校特色发展的内涵所在。课程的理念、理想必须落实到课堂教学实践才能得以实现。[①]如果课改思想不落实到课堂,不能让课堂教学发生相应的变化,那么"即使再完美的课程方案,也只能止步于美好的设想而已"[②]。从这个意义上来看,课堂不仅是课程与教学实践的中介,更是检验课程是否真正引领教学实践的"实验场"。

　　"一个宽松、平等、和谐的课堂,会让学生在心理上感到安全,受尊重,有信心,从而保证其内心的自由,让生命充分地敞开、表现和绽放。"[③]所以,关注课程,聚焦课堂,让课程融于一种真正的课堂生活,让课堂选择真正适合"自己"的课程,如此,鲜活的主体生命才能绽放,教学相长才能顺理成章。

---

① 张建琼.课堂教学行为优化研究[D].西安:西北师范大学,2005:3.

② 姚志敏.课程改革背景下的教师课程执行力研究[D].上海:上海师范大学,2011:摘要.

③ 冯君莲,魏珊.论教学民主及其实现[J].湖南师范大学社会科学学报,2014(1):129.

第一节 | 和声课堂的内涵

结合学校文化、课程的建构,总结反思学校已有的课堂教学改革,人和教育下的和声课堂应运而生。人和教育体现了我校办学育人的核心价值观念,彰显了我校的办学个性,是催生我校和声课堂理念的深厚土壤。和声课堂,准确地诠释、解读了人和教育思想,可以说它是为人和教育理念下的课堂量身打造的。

一、和声与课堂

和声是指两个以上不同的音按一定的法则同时发声而构成的音响组合。

在课堂教学中,有着来自教师和学生的不同声音,传统的课堂是把其中一些声音压制下去,以保证声音的统一性,最终成就了单调的课堂,也培养了单面向的人。

人和街小学以人和教育为号召,强调人与人之间的和谐。而这种和谐,是不能以差异化声音消除为代价的,相反,要能够汲取来自古人的智慧,以和而不同作为人和文化建立的根本要求。在这个意义上,可以说和而不同是我们走向人和教育的方法论。

和声思想符合和而不同的思想,它强调我们尊重课堂上那些富有差异的声音,不是致力于消除这些声音,而是努力倾听这些声音,引导这些声音产生共振,形成美妙的和声,在和声中创造、生成。

二、和声课堂的界定

根据上述和声的原理和思想,我们认为和声课堂是尊重差异、寻求共识、人人发展的课堂。

1.尊重差异

简单来说,尊重差异就是尊重课堂上每一种声音,包括教师的声音、不同学生的声音,这些声音之间可能存在着巨大的差异,但是我们必须相信,每一种声音、每一种意见都有其内在的合理性,都是不同的人站在自己的立场,依据自己不同的知识、经历和情感状态做出的理性判断,因此在这不同的声音中，都蕴含着生命的理解、渴望乃至智慧，需要我们去尊重、去倾听、去理解。只有抱着这样的理念，教师才会认真地倾听学生，发现来自学生生命深处的冲动和来自学生生活的智慧，和学生一起成长；只有抱着这样的理念，学生才会尊重他人，一方面亲其师，信其道，一方面学会从不同声音中汲取营养，获得成长。可以说，只有尊重差异，学生才真正获得了学习的自主，才有了真正参与到教学中的可能性。

2.寻求共识

美国学者路易斯·沃斯认为，共识是指一个社会不同阶层、不同利益的人所寻求的共同的认识、价值、理想、想法。大众民主中，共识并不等于所有社会成员就所有问题或大多数问题达成一致意见，而意味着我们要养成人际互动、讨论、争辩、协商和妥协的习惯，要容忍异议的存在，甚至要克制自己，时刻保持冷静。这一理解显然与和而不同的思想有着本质上的一致性。理解共识要克服两个错误观念：①共识就是要寻找答案的唯一性。例如有一个问题：三国最聪明的人是谁？有人说是诸葛亮，有人说是孔明，有人说是司马懿，有人说是刘备，有人说是曹操。仔细询问原因，说诸葛亮者是遵循习惯的做法，说孔明者认为外人对诸葛亮应称呼他的字，说司马懿者则认为诸葛亮没有斗过司马懿，说刘备者认为诸葛亮再厉害还是对刘备服服帖帖，说曹操者认为刘备始终在曹操手心里捏着。最后大家取得的共识就是：由于不同的人对聪明的理解不同，大家判断的标准不同，所以这个问题有不同的答案，不同的答案都有道理。这就是共识，保持了答案的多元性，但是大家对多元性认可了，这就是共识。②共识就是寻求答案的多元性。这种见解走向了另外一个极端，对有些知识而言则是有问题的。比如"3+8=?"这样一道题，张三认为等于10，李四认为等于11，王五认为等于13。询问原因，张三则说8和2能够凑成10，所以等于10，这个时候老师就可以告诉他，这个算式里并不是2，而是3，这样张三就会发现少了1，也就会认同李四的答案。王五会说8加2等于10，再加上3就是13了，老师就可以问他2从哪里来的，这样他也会发现自己的问题，从而认同李四的答案。这样大家就在"3+8=11"上取得了共识，这个答案实际上就是具有唯一性的。可见，寻求共识并不是不要知识的准确性，而是意味着教师在教学过程中，一定要克服用自己的思想压制和取代学生思想的冲动,压制自己要告诉学生"标准答案"的冲动,而是虚心倾听来自学生的意见和智慧,和师生一起倾听来自教材的意见,然后通过不同意见之间的对比分析和学生一起取得对知识的认同。这样寻求共识的三个主体——教师、学生和教材的意见都得到了倾听和尊重。寻求共识的另外一个关键词是"寻求",一方面代表了大家对共识的渴望,不断去寻找彼此可以认同的东西,从而把大家团结起来而不是一盘散沙;另一方面也体现了人们在学习知识过程中通过各种方法所展开的合作与探究过程。从传递标准答案到寻求共识,是教学思想的巨大转变,也是人和教育、和声课堂的精髓所在。

3.人人发展

尊重差异让每一个人都可以倾听不同的声音,获得不同的智慧,从而走出狭隘的自我,走向更加广阔的世界;寻求共识则是在不同声音的基础上,通过思想的碰撞、差异的融合,从而产生新的知识、新的视野、新的智慧,因此在这个过程中,师生相长,教材也获得了丰富和拓展。也就是说,在和声课堂中,人人都获得了成长和发展。

最后,我们也可以依据这样的思维方式来理解和声课堂:"尊重差异"是和声课堂的观念基础,"寻求共识"是和声课堂的过程特征,"人人发展"是和声课堂的必然结果。

三、和声课堂的教学原则

原则是指人们说话或做事所依据的法则或标准,教学原则是教学工作的法则或标准。判断一个命题是否是教学原则主要看它在教学中是不是必须遵守的。和声课堂不仅要遵循一般的教学原则,而且有自己特定的原则,这里说的几个原则就是这种特定原则,违背了这几个法则或标准,实际上就不是和声课堂了,但有可能还是具有一般教学的特征。

1.适度留白

所谓适度留白,简单来说就是教学设计上和教学过程中教师必须放下控制学生的欲望,留给学生足够的学习时间和空间。这一点对于很多教师来说殊为不易,因为在传统教学中教师总是会利用自己缜密的思维和逻辑来结构课堂,不给学生留下一点空白,从而把课堂的进程牢牢地把握在自己的手中。然而这样一来,课堂就成为教师"教的过程",学生的学并没有参与进来,他们只是在被动地接受。作为一个原则,和声课堂要求教师要有开阔的视野和开放的胸怀,以大板块来结构课堂,让课堂中充满了留白,从而给学生思考和发出声音的余地。

2.人人参与

人人参与的原则,简单来说就是在课堂教学过程中,每一个人,甚至包括教材,都应该参与其中,并得到尊重和倾听。这里的参与,并不是说坐在教室内就是参与,而是充分发挥了主体性的参与,是提出自己意见和智慧的参与。对于教材,我们过去往往把它看作一个客体,看作学习的对象。在和声课堂中,它也是一个主体,也在时刻发出自己的"声音"。让教材参与课堂之中,意味着我们不把教材看作死的知识,而是可以交流、对话的"活"主体,也是可以丰富、接受师生意见的"活"思想。在和声课堂中,教师也只是一个参与者,而不是一个主宰者。只不过这个参与者在知识上比学生理解得更透彻,在经验上更丰富一点而已,因此相对于其他的个体理应获得更多的倾听,但绝对不能是独角戏,更不能是一言堂。

3.注重倾听

简单来说,倾听就是仔细、认真地听。从更深层次上来说,倾听需要克服自我中心,不用自我的观点去覆盖对方,而是专注地理解对方究竟在表达什么,甚至关注到对方想表达什么。心理学认为,倾听自身就具有强大的作用,可以让被倾听者发现自我的力量,从而更加自信,获得更有力的自我成长。

和声课堂的每一个参与者都必须学会倾听,老师要善于倾听学生,学生也要善于倾听老师和同学,只有这样,大家才能够在彼此不同的意见中汲取营养。在这个意义上我们可以说,倾听就是在课堂教学过程中有效地捕捉和利用每一个信息、每一种差异和每一次冲突,从而可以不断创新、生成,形成高超的课堂教学艺术。

4.寻求共识

如前面在概念界定中所言,寻求共识是和声课堂的精髓所在,因此寻求共识既是和声课堂的一个特征,也是一个普遍的教学原则。这一原则既是指课堂教学最终的结果性原则,也是指渗透在整个教学过程中始终要追寻的精神。

总之，上述四个原则是最能够体现和声课堂精神的法则和标准。适度留白是教学内容选择和设计的原则，人人参与和注重倾听是教学过程中的原则，寻求共识则是有关教学目标和结果的原则。同时，我们也必须看到，上述四个原则实际上也并非机械地存在于某个环节中，而是有机地渗透到各个教学环节，对每个教学环节的展开提供有效的指导。

四、和声课堂教学模式

教学模式是指在一定教学思想或教学理论指导下建立起来的各种教学活动的基本结构或框架。一般来说，一个完整的教学模式往往由三个部分构成：①理论基础或者基本观点；②操作程序；③实践策略。和声课堂的理论基础或者基本观点就是人和教育与和而不同的思想，我们在前面已经有了很多阐述；实践策略会因为学科、课型和教学内容、目标任务的不同而产生很大的变化，需要教师在日常实践过程中进一步摸索、发现和总结。因此，这里只是根据和声课堂的主要精神和一般原理提出一种普适性的教学程序，这种程序体现了和声课堂所依据的思维规律和核心精神，既有一定的顺序性，又可以根据课堂教学的不同情境进行灵活的改变。根据上述思想，我们提出五步骤和声课堂教学模式。

1.设置情境

设置情境是和声课堂在导入阶段的普遍做法。之所以要设置情境，原因在于我们每一个人所产生的每一个观点，都生成于一个具体的情境之中，只有具体的情境才能够触发我们的思想。和声课堂首先要做的就是激发每一个参与者思考，然后才能够做到和而不同，而这种激发就需要适当情境的设置。

这里的情境并非是狭隘的，既可以指一个生活场景，让孩子在生活场景中发现要思考的问题，也可以指由其他导入过程所形成的可以引发思考的情境，主要包括以下几类：①由复习旧知识所引发的新情境；②直接由新知识所形成的问题情境；③以一个疑难问题所形成的情境；④由一个故事所形成的问题情境等。不管何种情境，教师必须通过情境的设置引发学生的思考，让学生发出自己的声音，提出自己的意见，这样才真正达到了和声课堂导入的目的。

2.发现差异

设置情境的目的是为了激发儿童的思考,激发思考的目的则是为了发现这些思考有何差异。需要注意的是,这种差异既发生在学生之间,也发生在师生之间,甚至师生之间的微妙差异更值得重视,因为教师往往难以发现自己思想的本来面目。发现差异对于和声课堂而言具有三个方面的意义:第一,学生的思考必然会有不同的差异,因为他们处的环境、所经历的人生、所获得的知识等是不同的,所以即便他们对同一问题说出相同的话语,他们对它的思考也是不同的,对这些不同,教师必须能够深入探究,并引导大家来发现。可见,发现差异就是对儿童思维的关注,就是对他们个性的尊重。第二,差异是成长的基础,正是有了差异存在,人们才能够突破自我思维的局限,获得新的视野和新的认识,因此可以说发现差异为师生的共同成长提供了契机。第三,把发现差异设置为和声教学模式的一个环节,也确保教师对不同声音的倾听,避免教师用自己的思考去压制和取代学生的思考,从而使学生的主体性得到鲜明的体现。

发现差异的首要手段就是倾听,也就是要细心听取每一个人意见中的细微之处。一般来说,在明显的不同意见中发现差异并不难,难的是在学生意见基本一致的情况下发现差异。发现差异的另外一个重要条件就是教师要有一个开放的心态,真的愿意去利用差异把学生的认识推向新的高度。如果教师的心封闭了,那么一些细微的差异就被忽略掉了,一些可贵的发现因此也会被抹杀。

3.聚焦疑点

发现差异之后,接下来最为主要的就是要聚焦疑点。这里的疑点主要是指在差异背后实际存在的矛盾点、冲突点,是差异之所以存在的根本原因。比如在前面所举的"三国最聪明的人是谁?"这一例子中,差异根本的焦点在于判断聪明与否的标准不同,有的人采用的是绝对的标准,有的人采用的则是相对的标准;前面所举的"3+8=?"的例子中,学生的差异实际上集中在凑十之后究竟还剩下几的问题。可见,所谓的疑点,实际上就是接近问题的关键点、突破点,也是人们思维的焦点。抓住了疑点进行点拨,往往有拨云见日的效果,可以让思维豁然开朗,体现出极大的教学艺术性。从某种意义上来说,能否聚焦疑点,是判断一个教师是否成熟、是否思路清晰的主要标志。有不少教师对学生引导半天而学生不得要领,甚至越引导学生越糊涂,也是这个问题没有做好。

聚焦疑点首先必须对差异的细微之处进行倾听和辨析,要能够迅速辨别出不同意见的真正差异所在,真正的矛盾和焦点所在。要达成这样的效果,教师必须具备两个条件,一个就是对学生的思维方式有着足够的敏感,另一个就是对当下正在学习的内容有着十分透彻的理解,学生对内容的任何思考都能够迅速在自我认知版图上定位。比如前面"3+8=?"的例子,教师必须清楚儿童在思维过程中经历了哪些步骤,当他(她)说出等于12时是什么步骤出现了问题,问题是如何出现的,这样疑点就可以迅速定位。

4.寻求突破

聚焦疑点之后,教师必须通过点拨或者引导的方法来带领大家寻求突破。所谓突破,也就是把疑点、难点解决掉,发现其内在的规律所在。有些突破比较容易,比如前面"3+8=?"的例子,只要弄清楚凑十之后还剩下几这一问题,突破就是自然而然的事情了。然而对于"三国最聪明的人是谁?",要让大家认识到彼此的标准不同就有不同的结果,而且认识到别人的标准也有一定的道理,实际上是一件不容易的事情,教师需要尝试不同的方法来实现突破,这也正是"寻求"这一词汇的真正意义所在。

5.达成共识

经历了前面的过程,达成共识实际上就已经是水到渠成的事。所谓达成共识,也就是对前面突破之后生成的东西的认同,比如对"3+8=11"这一答案的认同,对于"不同的标准就有不同的答案,不同的标准都有道理"这一思维转变方式的认同。需要再次强调的是,这种认同并不是"被迫同意",而是心悦诚服、明明白白的同意和欣然的接受。往往很多教师问学生:"对不对?"学生都会说"对",然而有不少学生都还处于懵懂之中,这并不是达成了共识。还有一种情况是有些学生虽然说懂了,然而从他们的眼神中依旧可以看出迷茫,说明他们认为某些东西虽然有道理,但他们心中还有没有认同之处,还有不清晰之处,这个时候不要去赶时间,把疑问之处找出来,一一辨析清楚,比以后反复"烫剩饭"要好得多。

上述五个步骤几乎适用于所有的学科,原因在于它揭示的其实是一个人人都有的思维历程,只不过渗透了和而不同的原理而已。此外,这些步骤虽然有一定的顺序,但在具体实施过程中并不是僵死的,教师可以根据需要灵活地进行调整。在有些课堂上,上述过程也不是运用一遍就万事大吉,它们可能像交响乐中的主旋律一样反复循环出现,不断推动师生走向更加复杂、更加高级的认知。

第二节 | 和声课堂教学改革实践行动

学校文化与"人和六质"课程的建设需要与之相适应的和声课堂的教学改革。作为课堂教学的实施者——教师,对和声课堂教学理念的认识与践行,是核心素养落地生根的保障。因此,抓好和声课堂教学改革的实践行动既紧迫又任重道远。

一、理论学习,认识"和声"

学校以学术研讨沙龙、印发理论小册子等多种形式,分别组织各学科分管行政的领导、骨干教师及全体教师共同解读、学习和声课堂理念。

(一)专家解读,行政聚焦

我校特别邀请了西南大学课程与教学专业的教授参与学术研讨沙龙活动。活动旨在认识"和声"课堂共性特点、内涵解析、课堂要素、课程构架等。经过一个学期和声课堂沙龙活动的反复研讨,学校行政及骨干教师对和声课堂共性特点及初步构架达成共识:和声课堂的价值追求体现在尊重差异、寻求共识、人人发展;和声课堂的教学原则包括适度留白、人人参与、注重倾听、寻求共识;和声课堂五步骤基本教学模式——设置情境、发现差异、聚焦疑点、寻求突破、达成共识。

(二)教研培训,组长先行

和声课堂理念通过开展"和声课堂大家谈"沙龙活动、教研组长随堂听课、开展学月教学活动反馈会等活动进行推进。在教导主任层面,以学科为主导,落实"和声课堂大家谈"活动。坚持每月开展一次教导主任沙龙活动,通过与专家对话、学科课例研讨、学科问题讨论、评价标准研讨等,及时沟通在实施和声课堂中的问题,升华了对和声课堂理念的认识。在教研组长层面,开展教研组的"和声课堂大家谈"活动。开学初每个教研组长明确教研职责,落实教研活动。在第一个月的教研活动时间,组织4次教研组内的"和声课堂大家谈"活动,在设置情境、发现差异、聚焦疑点、达成共识的和声教研活动中不断内化和声课堂的理念。

(三)印发手册,全员共学

经过前期的理论论证和讨论,学校专门组织编写、印发了《和声课堂》学习手册,手册上详尽地阐述了和声课堂的目标、原则和操作步骤。老师们人手一册,便于大家日常研读和学习讨论。同时,学校组织了全员性的学习和分学科、分年级的研读会,把和声课堂的思想融进每个教职工的心田。

思想引领行动,学习拓宽视野。通过分层学习,大家对和声课堂的基本思想有了粗浅的认识。

二、案例初探,感知"和声"

"纸上得来终觉浅,绝知此事需躬行。"经过理论学习,学校首先组织部分骨干老师对和声课堂理念进行了初步探索。

数学学科朱文静老师执教的《运算定律》一课,是和声课堂课例展示的第一课。教学中,朱老师创造性地使用教材,将加法交换律、加法结合律和乘法交换律、乘法结合律放在一个课时进行教学。在教学加法交换律和加法结合律时,将主动权交给学生,让他们自己经历计算、观察、猜想、验证、得出结论的全过程;教学乘法交换律和乘法结合律时,让学生通过迁移、转换、猜想、验证等数学学习方法得出结论。这样教学发展了学生的数学思维,提升了学生的数学能力,教学省时高效。

语文学科秦溱老师执教了《普罗米修斯》一课。对于和声课堂的教学,秦老师也有了几点新的认识:其一,只要教师给学生探索的权利和机会,每个学生都能在探索中显示自己的才华。教师要创设情境,鼓励学生大胆质疑,在质疑的基础上寻求共识,这样课堂气氛活跃,学生积极性高,课堂效率大大提高。其二,适度留白不是毫无目的的放任自流,而是教师在深入钻研教材的基础上,以大板块来结构课堂,留给学生足够的学习时间和空间。课堂教学的目的不仅仅是揭示真知,告诉结果,更要赋予方法、启迪思维、体验过程,教师多一分耐心,多一些等待,学生才会拥有更为舒展的思维空间。其三,在课堂中,只有尊重差异,学生才真正获得了学习的自主,才有了真正参与到教学中的可能性。学生敢于大胆地表达自己的所思所悟,课堂才能实现思维的碰撞,差异的融合,人人才能获得成长和发展。

体育学科陈明庆老师执教了《少年拳第一套》第二课时。陈老师针对学生身心发展现状和教材特点,把学生分成几个学习小组,在小群体内通过合理的分工(讲解员、学练员、纠错员),自己看图、分析动作,自学动作,然后每个学会了的组员用带领法来教会学习小组的其他同学相关动作,完成学习任务。在这种合作学习的过程中,有人在读图解,有人在练习,这个时候大家能够发现彼此之间的差异,发现差异了,老师实时引导聚焦疑点,当每个组的疑点都指导到位,学生就可以对这个动作形成一个共识,就完整地实现了一个和声课堂教学模式的过程。接下来沟通交流的过程中,这个共识进一步扩大,小组内的共识变成了全班的共识。

英语学科刘小菁老师执教了《Vegetables》一课。刘老师按和声课堂的教学模式,用课文的Chant作为设置情境,然后分小组进行试读,给学生空间,让人人发声,尝试读这个Chant,从中发现差异,找到学生学习的难点,再聚焦疑点进行教学突破,最后完成当天要学的这些关于农场的蔬菜的单词。教学简而不繁,实而不华。

一次次实践探索和课后的理性探讨,增强了全校教师对和声课堂的认识。同时,"课例+专家解读"的校本研训方式,消除了大家对"和声课堂"这一新理念的敬畏与不解。

三、人人参与,实践"和声"

经过前期的案例初步探索,老师们对和声课堂有了初步的认识。然后,学校又组织"和声课堂大家谈"活动,人人研读《和声课堂》理论手册,边学习边在课堂上实践。在教研活动时间,开展"和声课堂大家谈"活动,有争论,有讲解,有共识,共同探讨老师们对和声课堂的理解与实践,其中不乏困惑,也昭示着老师们在课堂教学中不断探索发展的步伐。

经过一段时间的实践探索,全校各学科推选出来的12名教师代表也在全校"和声课堂大家谈"活动中对和声课堂的研究过程做了分享交流,反映了此阶段教师们对和声课堂的理解和困惑。

数学学科粟佳老师着眼"尊重差异",从布置不同难度的习题开展分层教学,允许学生保留自己喜欢的解题思路,不追求"最佳策略"来探索如何体现"尊重差异"的理念;周美琼老师从数学小棒的运用这件小事谈到了学生差异的处理,达到和声课堂人人发展的目的。

语文学科成鑫老师从学生课堂发言随着年级升高越来越少的现象入手,研究课堂提问策略,致力于在和声课堂上让学生从"无声"到"发声";付艳老师发现学生的识字差异、朗读课文差异、理解文章差异,从自己的教学实际出发分享了如何"尊重差异"的几个办法,提出了是不是什么差异都要尊重,学生情况比较一致的时候怎么发现差异、处理差异等困惑。

体育学科廖攀老师以"接棒位置应该在哪儿的两次差异处理"这个实例谈了"适度留白"原则在教学中的应用,发现适度留白要以钻研教材和研究学生为前提,难度要适中。

音乐学科梅灵敏老师谈了设置情境的好处和办法。

英语学科赵凡凡老师从怎样"发现差异"出发,谈了在教学设计、课堂氛围等方面落实"注重倾听"原则的几个策略。

信息学科范宇老师关注了"人人参与"的原则,从学习内容的有趣、适度、课堂评价以及先进的信息技术平台几个方面谈了落实人人参与的途径。

美术学科王娅飞老师从课程标准寻找和声课堂的植根之处。

科学学科谭燕老师从科学探究的猜想环节着手深入研究了"发现差异"的途径和办法。

幼儿园董娟老师从亲身经历的两次同样内容的主题活动,采用不同的方式所呈现出的不同效果,谈到了教师角色的转变对落实和声活动原则、实施和声活动模式、提升和声活动有效性有着非常重要的作用。

这个阶段的和声课堂研究,有生动的课例,有专家的引领,真实反映了研究中遇到的问题和困难,为全校的和声课堂深入研究的推进奠定了很好的基础。

四、核心+团队,领悟"和声"

(一)"说、讲、评"三人团队,共研和声

为形成教研团队并突出教研组共同体对和声课堂的研究,学校倡导以"和声"课堂研究作为校本研修的主题,每个教研组中由三人或两人组成"说、讲、评"的教学研究团队,通过一人说课、一人讲课、一人评课的方式,展示团队对和声课堂的理解和研究,形成和声课堂各学科特色。全校组成了2~3人的教研团队61个,分年段、分学科、分主题进行了和声课堂的团队研讨活动,覆盖面广,参与积极性高,研究氛围浓。

(二)骨干教师开放课堂,示范引领

除了"说、讲、评"三人研究团队外,学校还组织各学科市区级骨干教师上示范课,围绕年段的重点课题开展相关的教学研究,并以课例的形式发表各自的研究成果。

(三)核心团队聚焦难点,深度研究

各学科建立了和声课堂研究的核心团队,每学期进行核心团队的集中学习,与专家一起研讨、学习、研课、上课、反思,学科间加强交流,促进了核心团队深度研究。此阶段,在全校行政领导的关心、专家的持续引领下,通过各学科核心团队和声课堂的教学展示、反思,以及实践与理论相结合的解读,进一步推进了全体老师对和声理念的理解。

三种校本研修方式,使和声课堂的研究面向全体,人人参与的同时又重点突出。多学科的教学研究课堂多次向渝中区、重庆市乃至全国的教育同仁开放,同时,多名老师参加了各级赛课并多次获奖。

表4-1　赛课获奖统计(2012—2016年)

时间	国家级一等奖	国家级二等奖	市级一等奖	市级二等奖	区级一等奖	区级二等奖
2012年	1	—	6	—		—
2013年	3		2		2	4
2014年	1		4		2	
2015年	2	1	2	2	3	
2016年	5		2		2	
合计	12	1	16	2	9	4

注:"—"代表未获奖。

与此同时,每个学科都推出一节基本具备和声课堂特点的研究课。(附课例简介)

和德课程:品德与社会《家乡的美食佳肴》

上课教师:姚莉

获奖情况:渝中区赛课一等奖

这堂课从学校"和声课堂"的理念出发,关注学生的行为,情境设置是视觉与听觉的碰撞,让学生情不自禁地陷入对美食的遐想之中,自然而然地投入对美食的探究之中。活动课的设计,实现了人人参与,课堂师生交流氛围和谐,教师尊重学生生活体验,关注学生,在课堂生成中找到了聚焦的疑点,然后顺学而导,达成共识,巧妙地完成了既定的教学目标。

和雅课程:语文习作课《我最得意的长处》

上课教师:骆应华

获奖情况:全国赛课一等奖

2015媒体看课全国习作教学擂台赛获优秀攻擂手

完整的习作教学过程有选材、构思、起草、修改、发表等环节。本节课只有20来分钟,有意识地只展示了"选材"这一个教学环节。这堂微课的意图在于用短课的方式,印证并落实和声课堂模式在习作课中的呈现。

依据学情,老师大胆取舍,把"明白选择最得意的长处有三类思路"作为本课核心知识目标。上课时,单刀直入,直奔核心目标的达成而去,引领学生通过小组讨论、集体交流的方式,从"你最得意的长处是什么",到"为什么",追问"你们有没有发现大家选择得意长处的理由有什么规律",三个问题环环相扣,聚焦疑点后再次组织学生讨论,达成共识。最后,让学生重新审视自己的选材,用所学方法修改或重新选择"自己最得意的长处",把共识用于实践,最终达成人人发展的目标。

和雅课程:英语《A Day Trip in Chongqing》

上课教师:朱胜男

获奖情况:全国第十届小学英语优质课展评一等奖

重庆市"一师一优"晒课特等奖

围绕重庆独特的文化,自编教学内容,紧扣英语学科核心素养中的文化品格及语言的综合运用能力,让学生能以小导游的身份用英语介绍自己的城市。板书的设计充分体现重庆这座城市独有的地域文化特色。特别是在最后一个教学环节,学生分组选择城市的某一景点,自行创编情景剧,学生运用不同的智慧,通过思想的碰撞、差异的融合,从而产生新的知识、新的视野、新的智慧,获得了丰富的拓展,在课堂中人人获得了成长和发展,体现了和声课堂的尊重差异、寻求共识、人人发展的理念。

和健课程:体育《8字跳长绳》

上课教师:龚攀

获奖情况:全国体育教师基本功大赛赛课一等奖

遵循《义务教育体育与健康课程标准(2011年版)》的基本理念,以"健康第一"为指导思想,根据"在小学阶段,要注重体育游戏学习,发展学生的基本运动能力"的教学要求,将动作技能分解并创编入设计的游戏情境中,在设置的情境中发现差异,在学生参与中聚焦疑点,在老师的指导和巩固练习中寻求突破,最终达成共识,从而促进学生全面发展。

本课一开始,老师创设了闯关游戏的学习情境,学生表现出非常高的学习积极性。在游戏"自动闸门"这一情境中发现通过与没通过、通关时机与速度的动作差异;在游戏"卷帘门"中,通过学生的实践,交流自己的心得,在老师的引导下聚焦了同学们对动作理解的疑点;在游戏"穿越火线"中,通过再次的体验、交流,寻求到完成动作的要点,得到动作的突破;最后在完整8字跳长绳的练习中,提高动作的完整性,达成进绳时机和过绳速度的共识。

本课用几关游戏,将本节课的动作技能层层递进地引导出来,始终坚持和声课堂的五个教学步骤,很好地达成了本课的知识、技能和情感目标。

和理课程: 数学《分数的意义》

上课教师: 何袁静

获奖情况: 第二届全国和美教育赛课一等奖并现场展示

重庆市小学数学优质课竞赛一等奖

"分数的产生和意义"这节课,一开始便组织了真实的、适度开放的尝试活动,让学生尝试着自己画图表示$\frac{1}{4}$,学生的表示各不相同:有的用一个正方形,有的用4个圆。面对学生的不同情况,老师充分尊重学生的差异,并抓住学生生成的资源,自然而然地从旧知过渡到新知。随即迅速辨别出了不同意见的真正差异所在,找到差异背后实际存在的冲突点聚焦疑点。"涂色的明明是一个圆,为什么可以用$\frac{1}{4}$表示?"老师抓住这一疑点进行突破,可以让学生的思维豁然开朗。最后的操作活动中,人人参与,动手分一分,真正同化分数的意义。黄爱华老师曾评价到:这是我听过的思路最清晰的一节"分数的意义",老师在整个过程的设计中对每个位置的预设和路径非常清楚,一些问题提得很到位,如"同样是$\frac{1}{4}$,为什么有的用一个圆表示,有的用4个圆表示呢?"很多地方情境的呈现、问题的提出、老师的追问、师生的互动、最后的总结都做得非常漂亮。

和理课程: 数学《植树问题》

上课教师: 杨承石

获奖情况: 重庆市小学数学优质课竞赛一等奖

展示情况: 中小学整改委2015年基地学校学术年会现场课

"植树问题"基于对学生数学素养的培育与和声课堂所倡导的尊重差异、寻求共识、人人参与的教学理念,结合学生的实际对教材进行了二次开发。

新课伊始,老师设置了一个让学生猜测的情境:"一共需要植多少棵树苗?"由于学生的生活经验和认知水平有差异,得出了棵数与间隔数不同关系的几个结论,由此引发认知冲突。随即引导学生思考并提出问题:"棵数与间隔数到底有什么关系呢?"这样的追问不但聚焦了学生的疑点,而且把学生的思维引向深入,激发了学生探索兴趣。为了寻求突破、解疑解惑,学生则想到了画线段图验证的方法,由此通过实践、小组交流达成了共识,得出了棵树与间隔数之间的关系,并解决了问题。此时,教师再引导学生回顾探究的过程,让学生自己总结出:合情猜测—画图验证—寻找关系—解决问题的研究过程。这样的回顾不但总结了学习方法,也让学生积累了数学活动经验。

和理课程: 科学《用电池点亮小灯泡》

上课教师: 黄颖

展示情况: 渝中区科学教研活动现场展示

老师设置了怎样用电池点亮小灯泡的教学情境,经过简单地认识电池和灯泡的结构之后,发给每个学生一张记录纸,让他们画出连接方法,并在全班交流汇总;再经过两人一组的实验探究,验证全班猜想的方法,最后对用电池点亮小灯泡的方法达成共识。

和美课程: 音乐《多瑙河之波》欣赏课

上课教师: 李茜

展示情况: 渝中区音乐教研活动现场课

本节课的情境设置是直接导入本课的教学重点——手风琴的认识和介绍。学生通过亲身体验和老师的示范演奏,直观感受乐器独特的音色,增加了对乐曲的聆听兴趣,迅速融入情境。每位学生都有着各自不同的感受,针对这些差异,老师引导学生通过小组讨论的方式,从音乐要素节奏、力度、速度、情绪出发,逐步聚焦疑点,讨论出本课教学目标:"理解乐曲分为两个不同主题的原因"让学生自己梳理并在黑板上呈现出各组欣赏后的感受,最后引导学生通过反复聆听,对比两个主题音乐旋律,从而达成共识。

本节课,所有的教学环节为提高学生的音乐鉴赏能力而设置。所有的音乐实践活动都遵循了和声课堂适度留白、人人参与、注重倾听、寻求共识的教学原则,达到了增强学生音乐审美能力的目的。

和美课程: 美术《蹦蹦跳跳》

上课教师: 唐可

展示情况: 渝中区美术教研活动

老师敢于打破传统的上课模式,给学生营造了一个宽松的学习环境,把课堂还给学生,让孩子们自主探索,真正诠释了和声课堂的精髓。教学设计巧妙,又适度留白,做到了学生主体、教师主导,把本节课的教学目标及重难点无痕地落实到教学中。

和融课程: 信息技术《美化文字》

上课教师: 范宇

获奖情况: 全国信息技术优质课竞赛一等奖

重庆市"一师一优课"小学组特等奖

课堂导入,利用比赛设置情境,让学生熟悉工具栏上对应的工具按钮。受比赛的激励,学生不但人人参与,更是主动积极地投入。名义是比赛,实际是学习知识,掌握了工具按钮的作用,自然为后面的操作打下了知识基础。

在学生掌握了基础知识以后,利用任务给学生留下探索的空间。为四个小组分别设计了四个任务。任务为学生留下空白,激发他们探索求知的欲望。学生在探索的过程中自然得到了操作方法的训练。

完成任务后的交流活动,既是学生展示自己探索成果的时间,也是学会倾听的时间。学生在倾听他人意见的同时对知识进一步巩固。大家通过互相的学习,掌握了本课的所有知识与操作技能,便可以在接下来的自主作品中,运用这些方法,发挥自己的创意,收获满意的作品,提高自身的能力。

本课充分发挥了和声课堂的理念,巧留白,重参与,共讨论,齐发展,学生在积极有效的氛围中得到了知识的学习和能力的提高。

和融课程: 幼儿园《真正的魔法师》

上课教师: 李美丽

展示情况: 重庆市贯彻《3~6岁儿童学习与发展指南》幼儿园课程改革研讨会

活动中通过绘本信息"魔法师的本领"和"魔法师考试",创设了魔法考试的神秘情境,激发了幼儿的兴趣,让幼儿自主参与到活动中。老师在教学中还结合绘本中的信息留出空白,以问题引导让孩子自主观察参加考试的小魔法师的队列状态与三轮魔法考试的考题和考试结果,在倾听、观察、辨析和交流讨论中突破了序数中相对空间关系的教学重难点。随着考试难度的层层深入,孩子们也变得越来越紧张和兴奋,过程中还伴有上台操作、集体验证、人人参与操作的环节,在亦教亦玩中一步步巩固序数概念,达成共识。最后在一个小魔法师通过考试来到魔法之都的情境孩子们得到一个大彩蛋,如果实物序数正确还会得到魔法师的礼物,这再一次点燃了孩子们的参与热情。活动结束了,情境并没有结束,孩子们带着自己体验学习到的数学知识和礼物愉悦地回到了现实中去。

本次活动充分考虑和发挥了和声活动中的情境设置对学龄前孩子的激奋作用,以故事情境、问题情境引导孩子们主动参与、明晰差异、积极验证,在互相倾听和留白讨论中达成共识,既提升了孩子们绘本阅读的能力,也让孩子们理解了序数的知识要点。

一次次成功的教学展示、一堂堂获奖的和声课堂,是教师们对和声理念的内化与外显。在落实五步和声教学模式的校本研修实践行动中,学校逐渐形成了以教研组为单位,分单元、分类型的研究策略。

五、同课共构,升华"和声"

为落实学校文化、课程建设的"和声课堂",经过前阶段循序渐进的探究,和声教学观念已经形成共识,课堂研究更加深入,和声课堂的模式正在形成。在走向纵深化的阶段,课堂研究的目标是:遵循和声课堂理念,在教学中体现"让学"思想,建立和声课堂教学模式的学科框架体系。于是,学校从课堂研究维度,提出了实施"同课共构"的校本研修计划,人人践行,全面深入推进和声课堂教学研究。

(一)关于"同课共构"

"同课共构"就是针对共同的教学课题,进行集体备课,让不同教师的教学资源、教学理念、教学思路在充分讨论的基础上得到整合,确定统一的教学目标、重点难点、教学方法和手段,形成统一的教学设计,使用共同的教案、多媒体课件等,由不同的老师根据个人素养,用不同的教学风格在不同的班级进行教学。听课时,大家对不同老师在相同教学环节下的不同情况进行记录,课后根据记录进行审视和比较分析,总结出最佳的课堂教学调控机制,完善教学内容,创新教学方法,并在新的班级教学,根据学生的实际情况改进使用。

(二)行动计划

第一阶段:自学理念,确定课例。

教师自己或教研组重温和声课堂理念,在学习的基础上,根据和声课堂"三理念""四原则""五步骤",确定同课共构的课例,上报教导处。

第二阶段:实践课例,相互观摩。

教师根据自己上报的课例,依托教研组、年级组进行和声课堂教学研究,然后进行同课共构的和声课堂的教学实践活动。教导处、分管学科主任、核心团队成员、本学科教师相互听课,观摩学习。

第三阶段:总结课例,推优宣讲。

实践和声课堂课例后,每位教师进行课堂反思,总结案例,并分学科组宣讲;学期末,各学科推出优秀案例在学校科研学术年会上向全校宣讲。

(三)行动总结及反思

全校组成39个同课共构教学研究小组,围绕39个课题,推出150节研究课,进行和声课堂教学实践活动。针对共同的教学课题,根据和声课堂"三理念""四原则""五步骤"进行集体备课—上课—议课—再备课—再上课—再议课……这样一轮一轮的研究,有专家的引领,有核心团队的指导,有老师的实践,每一轮老师都有共同的话题,都有新的收获,更对和声课堂有了新的理解,教研氛围浓厚,掀起了和声课堂研究的高潮。

实践和声课堂课例后,各研究团队组成了上课教师+核心团队成员的案例宣讲团队,在学科组和全校共同分享在和声课堂同课共构中的成长与收获,再一次让教师进一步内化和声课堂的理念、原则、步骤。

上海市青浦区教师进修学院副院长关景双这样说:"课例研修是以行动教育为引领,以教师为主体,以教学问题为主题,以观察点着眼,以观察与反思为手段,以互动对话课堂思想方法的教学研究。"和声课堂教学研究就是依靠一节节课例的研修行动得以步步深入。在研修过程中,特别是"同课共构"

的校本研修活动中，每个教研组人人参与，全员行动，积极探究，人人进步。教师在同课同构的过程中互相学习、引发智慧和思维的碰撞，在碰撞中实践，在实践中反思，在反思中达成，在达成中分享，在分享中成长。教学在不断地实践和体验中得到升华，共同构出精彩而有效的课堂。

同课共构，使教师对和声课堂教学中共同关注的问题更加关注，不仅进行理论层面的研讨与交流，更进行课堂实践检验与探索，让和声课堂理念落地生根，内化为行动。

第三节 │ 和声课堂在学科中的实践研究

北京师范大学教授刘坚曾发表过这样的观点：没有困惑、苦恼，甚至彷徨，说明课改还未真正起航；没有争论，甚至反对声，说明课改还没有触及问题的要害。真正意义上的改革一定伴随制度重建，一定冲击文化传统，一定触及人的心灵。和声课堂经过循序渐进的探究，老师们的教学观念在转变，课堂研究在深化，和声课堂的意识在增强。在和声课堂教学实践探索过程中，学校逐渐形成了以"核心团队+教研组"为单位分单元、分课型充分研读教材，解读教学内容、重难点、教法学法，落实和声教学模式的实施策略。在研究过程中，有痛苦、挣扎，也有喜悦和收获，我们欣喜地看到和声课堂的思想终于落在了日常的教学中，课堂教学从形到神都基本具备了和声课堂的特点。在此基础上，各学科核心团队提炼总结了和声课堂研究心得及教学策略，得到了专家和全校教职工的一致认可。

一、品德学科：德行共融，师生共和

品德学科国家课程《道德与法治》(《品德与社会》)的和声课堂研究，依托团队，利用和声课堂的理念、原则以及和声课堂的教学模式，探索品德学科各年段不同课型和声课堂的实施，用常态化的教学深入细致地进行品德学科和声课堂的研究。

（一）研修行动：依托团队，抓实年段课型研究

1.低段：活动课型

品德课程标准指出：品德课程呈现形态主要是儿童直接参与的主题活动、游戏和其他实践活动。课程目标主要通过教师指导下的各种教学活动来实现。活动是教和学共同的中介。教师的主要作用是指导儿童的活动，而非单纯地只讲教科书；儿童更多地是通过实际参与活动，动手动脑，而非仅仅依靠听讲来学习。低段和声课堂以活动为载体，课堂由多个活动组成，每个活动都反复采用设置情境、发现差异、聚焦疑点、寻求突破、达成共识的和声课堂五步模式。

例如：低年级研究团队打造的《道德与法治》（第一册）第十课"吃饭有讲究"的主题二"食物的诉说"一课，由黄小妮老师执教，充分体现了和声课堂低段活动课的特点。

课堂由几个生动的活动串联而成，孩子参与的热情度高。第一个活动是食物的自我介绍，从孩子们一日三餐中爱吃的食物说起。预先准备的食物卡片提供了情境，激发了学生们的兴趣，而后请小朋友按照"我是_____，吃了我_____"的句式，介绍自己扮演的食物朋友，发现差异。老师再顺势引导主食、蔬菜、水果的概念，并让大家了解各自扮演的食物分类，最后在美食列车的活动中达成共识。

第二个活动：我是小小营养师。设置情境：请小朋友帮助食堂阿姨搭配营养均衡午餐。请一年级的小朋友进行讨论，初步完成了午餐的搭配，发现差异。老师聚焦"均衡营养金字塔"的疑点，让小朋友自己发现应该多吃五谷杂粮、蔬菜水果，少吃肉类和零食，然后自主调整小组搭配的午餐，真正理解营养均衡的含义，达成共识。

通过课例，我们总结出品德和声课堂低段活动课的特点：由多个活动构成，一个活动一个目标，每个活动围绕目标实施和声课堂五步模式。每节课呈现多个和声课堂五步模式的循环。

2.中段：调查采访课型

品德学习内容开放，它是不局限于课堂内的教学活动，而是体现课前、课中、课后，校内外连续、完整的活动过程。强调从学生日常生活常见的现象，

以及学生的生活疑惑和感受入手,拓展学习主题。而研讨问题的提出,不追求固定的、统一的结论,为学生留有更多的选择和创造空间,让学生能从多角度获得更深刻的生活和情感体验。和声课堂指出:尊重学生个体差异和独特体验,引导学生自主构建新知,在多元化的体验中达成共识。这与品德学科特点不谋而合。在调查活动中如何将和声课堂的适度留白、人人参与、注重倾听、寻求共识的原则融入其中,是中段品德课的探讨和实践目标。

中年级研究团队以人教版《品德与社会》(四年级上册)第三单元第二课"钱该怎样花——对想买的东西的调查活动"为和声课堂研究案例,进行采访调查课型研究。

(1)课前调查,人人参与。

课前,要求孩子们制作一张调查表,如表4-2所示。

表4-2 钱该怎样花调查表

我想要的	
爸爸妈妈想要的	
我们全家想要的	

怎样指导孩子们制作调查表呢? 一般来说,是由教师在备课时根据教学目标设计好的,要求每个孩子回家都要按照事先设计好的调查表进行调查。

(2)小组交流、发现差异。

在调查过程中,老师发现孩子们的调查能力存在差异。有的孩子在制作完调查表后就已经填上了自己想要的东西,第二天就反馈了调查表。而有的孩子直到开课也没有做好调查。排除孩子忘记此事的因素,其实是孩子们在活动中缺少调查方法。比如:访问,与父母的沟通出现了问题;观察,对家庭平时生活不关注和了解等。就此,教研团队进行了研究,怎样让孩子们学会调查方法,培养孩子们的调查能力呢? 通过调查能力强的孩子讲述自己如何调查,教师给出调查方法和手段,解决了孩子们在调查过程中的难点。最后通过商讨得出在品社课活动中最常用的调查方法是访问法、观察法,在群体调查时可以使用问卷法等。这一个活动的开展强调了和声课堂人人参与的教学原则,孩子们在活动中亲自参与调查,或访问或观察,切实有效地达到了教学目标。

（3）课堂汇报，注重倾听、聚焦疑点。

在汇报中，孩子们兴致极高，调查的结果有：①我想要的东西：玩具、书籍、文具……②妈妈想要的东西：衣服、皮包、首饰……③爸爸想要的东西：相机、手机……④我们全家想要的东西：投影仪、双开门冰箱、日常生活用品……在孩子们的汇报中，老师发现家庭富裕的学生，在"我想要的"一栏中填写"没有"或者是非常高档的物品；普通家庭的学生，想要的东西一般是玩具、书籍、文具等，但大多集中在第二类。课堂的汇报，需要孩子们的积极参与，来自不同家庭的学生的需求是不同的，他们所呈现的问题也是不一样的。在孩子们汇报和倾听的过程中，通过教师的及时引导，为后面的寻求突破打下基础。

（4）交流讨论，寻求突破，达成共识。

孩子们的调查结果五花八门，物品琳琅满目。聚焦的疑点是：是不是我们想要的东西都能买。突破的方法是：学生讨论，各抒己见。有的说："书籍可以买，这是学习的必需品。玩具不用急着买，有的玩具很昂贵，再说了我们已经是大孩子了，应该多和书做朋友。"有的说："文具需要买，用完就要及时补充。不过有的同学是互相炫耀文具漂不漂亮，酷不酷，就没有必要买。"有的说："勤俭节约是一种美德，对于奢侈品就不应该买，不是急需的物品可以在有剩余的钱时再买。不过，过生日、节日的时候也可以买一些自己喜欢的东西作为纪念。"有的说："不应该用父母的钱在同学中显摆自己。"有的说："全家人想要的物品可以考虑先买。如果这个东西可以维修就不必买。"还有的说："我们首先要了解家里的日常基本生活的开支，我们需要的商品很多，但还是要有计划地消费，不能用哭闹、赌气的方式向父母提要求。"还有的说："即便是物品便宜也必须理性消费。"……孩子们的讨论很激烈，最后达成共识：我们想要的东西不一定都能买；不能向父母提出不合理的消费要求；不能攀比和炫耀。主题的目标之一是：了解家庭的必要的生活开支，面对各种商品和消费活动会选择和放弃，学会合理消费，不向父母提出不合理要求。从以上的课堂教学来看，孩子们通过讨论达成了共识，也达到了这一阶段的教学目标。

通过课例研究，我们总结了品德中段调查采访类和声课堂教学的特点：

首先针对教学目标引导学生设计调查表,指导学生灵活运用调查方法。其次,在学生汇报调查结果后,引导学生提取相关信息,聚焦调查出现的问题。最后,通过学生的讨论和教师的引导达成共识。做到:人人参与、人人发言、积极讨论、达成共识。

3.高段:合作探究课型

在品德课高段学习中,合作探究是最重要的学习方式。儿童是学习的主体,学生的品德形成和社会性发展,是在各种活动中通过自身与外界的相互作用来实现的。为此,教师要由单纯的知识传授者向学生学习活动的引导者、组织者转变,创设学生乐于接受的学习情境,灵活多样地选用教学组织形式,为学生的自主学习和生动活泼的发展提供充分的空间。注意引导学生从自己的世界出发,用多种感官去观察、体验、感悟社会,获得对世界的真实感受,让学生在活动中探究,在探究中发现和解决问题,要及时鼓励学生的各种尝试和有创造性的思考,引导学生得出有价值的观点或结论。这正是和声课堂由设置情境到发现差异、聚焦疑点、寻求突破、达成共识的过程。

高年级研究团队以张亚玲老师执教的人教版《品德与社会》五年级下册第四单元"我们生活的地球"中"蔚蓝色的地球"一课进行探究课型研究。

(1)设置情境。

小学阶段的学生最富有好奇心,对新事物、新问题的出现抱有强烈的探索欲望,尤其喜爱神秘的事物或故事。为此,老师开课第一个环节为:看图片,聊地球。让学生看老师精心准备的地球图,并且让学生猜猜看蓝色的部分是什么,褐色部分又是什么。这正可满足孩子们揭开地球神秘面纱的好奇心和探索欲望,并且切中本堂课要点,这样的设置情境是朴实无华的,是常态的,也是成功的。

(2)注意倾听、发现差异。

课堂活动以"我眼中的地球"和"人类对地球的探索"为主线的两个活动贯穿始终。在"你对地球还有何了解?"和"讨论、交流人类对地球的探索是一个怎样的过程?"这两个环节时,可以看出老师没有太多的教学预设,而是倾听来自学生的信息,发现差异后,能尊重这些差异,并将一些"意外"的信息转化为有利于课堂的教学资源。例如:一个男生结结巴巴补充张衡的事迹时,老师耐心倾听,并让学生报以热烈的掌声,这充分体现了张老师对学生、对差异的尊重。还如:一个男生说到了科学家关于三叶虫化石的探究,另一个男生说到了哥白尼的故事,也有男生说到了南北极环境等,可以说老师尊重这些差异,并将这些意外的信息转化为有效的教学资源。老师与学生的交流和讲授本真自然。

(3)聚焦疑点,寻求突破,达成共识。

在"人类对地球的探索"这个板块,老师请学生先看自学建议,明确要求后让学生先自己看书,再四人小组讨论这是一个怎样的过程,概括成词语写在纸上,最后交流得出结论的依据。这是一个聚焦疑点的过程。这个环节之后,老师又让学生跟随镜头,看看麦哲伦当年的航海之路,重温了麦哲伦的航海之路,从他的故事中,感受人类探索地球不仅漫长,而且艰辛。之后,又补充讲解张衡、哥白尼、布鲁诺等先驱者、科学家的故事,他们都是在为人类更加了解地球而做出努力和贡献。这就是寻求突破的过程。这个过程中,老师没有刻意控制,但秩序井然,学生为学习内容所吸引,深度融入。虽然,课堂上没有出现那种全班举手的热闹场面,但课外知识丰富的同学发言时,其他同学都在专注地倾听,从他们的眼神中可以感受到他们对同学的敬佩,对地球知识、对人类探索地球故事的兴趣很浓,并产生了要去探索地球至少是了解地球的愿望,这就是深度融入吧。最终,师生在轻松、愉悦的氛围中达成了共识,那就是我们目标所指:知道人类认识地球经历了一个漫长而艰辛的过程,体会人类为揭开地球奥秘,不畏艰险、勇于探索的精神,我们每个人都应该为探索地球而努力。

整个教学过程充分体现了高段合作探究课型的特点:围绕目标,用大问题统筹课堂,让学生根据已有生活经验合作探究,将课堂还给学生,让学生当小老师,汇报、答疑,最终达成共识。

(二)总结提炼:和声五步教学模式,学科实施达共识

在各年段典型课例研究的基础上,我们发现,和声课堂五步教学模式在每个活动中都会出现,一节课根据活动的多少往往会呈现多次五步教学模式的反复,最终达成教学目标。大家通过分析总结,提炼了和德课程和声课堂教学实施的一般步骤。

1.依据目标、学生生活,设置情境

道德寓于儿童生活的方方面面,没有能与生活分离的"纯道德的生活"。儿童品德的形成源于他们对生活的体验、认识和感悟,只有源于儿童实际生活的教育活动才能引发他们内心的而非表面的道德感、真实的而非虚假的道德体验和道德认知。因此,良好品德的形成必须在儿童的生活过程之中,设置真实的生活情境,才能让儿童在真实的生活世界中感受、体验、领悟并得到各方面的发展。

对品德课来说,设置情境的前提是确定好教学目标,除了整节课的目标外,还要确立每个活动的目标,这样每个活动才能依据目标来设置情境,这样的情境才有实效。

应该注意到,在现实生活中,学生已经形成了一定的品德和行为习惯,积累了一些社会生活经验,形成了相应的态度和能力。教学前,教师应对学生的生活环境、家庭背景有所了解,并通过观察、聊天等调查学生已有的生活经验,根据学生现实生活中存在的问题和需要,创设真实的生活情境,提供多样化的生活体验和社会实践的机会。教师要调动学生的生活经验与认识,引导学生用多种感官去观察、体验、感悟社会,获得对世界的真实感受。

设置情境的目的是什么? 就是要给学生留足空间,让他们从自己的世界出发,用自己的眼睛观察社会,用自己的心灵感受社会,用自己的方式探究社会,并以此为基础,提升生活质量。

2.设计活动,人人参与,发现差异

本课程的呈现形态主要是儿童直接参与的主题活动、游戏和其他实践活动。课程目标主要通过教师指导下的各种教学活动来实现。设计人人参与的多类型的活动,让学生在活动中充分展现,教师通过参与、观察、引导,也就比较容易发现差异。

教学活动的设计在内容上既依据教材又不拘泥于教材,提倡和鼓励教师从儿童的实际生活中捕捉有教育意义的内容,或与儿童合作选择内容,或利用儿童自己的选择来组织活动;教学活动在形式上不拘一格,形式服从内容,可根据具体目标、内容、条件、资源的不同,因地制宜地选择各种不同的教学活动类型。方式多样,如阅读、讨论、辩论、参观、调查、访问、角色扮演、模拟活动、两难问题辨析等,以及撰写报告书、制作图表等,每一种活动都有其适用的范围和价值。教师要根据不同的教学目标、教学内容、教学对象和教学条件加以选择,最大程度地发挥每一种教学活动的效用。

在教学活动中,教师还要注意学生之间经验的差异,鼓励学生与拥有不同经验和观点的同伴、教师和其他人开展交流、讨论和对话,分享经验和感受。

3.课堂汇报,注意倾听,聚焦疑点

品德课常常采用的方式是课堂汇报,在人人参与活动后,汇报活动的心得体会、自我发现等,这种汇报可以是小组汇报,也可以是个体感受,可以采用资料调查、现场调查、情境模拟与角色扮演、操作实践性活动等多种形式展开。

在学生汇报时,倾听发现、引导点拨是教师的主要任务。教师在这里往往会提出听的要求,引导汇报的学生和其他人产生共鸣,从而聚焦疑点。

4.多种方式,寻求突破,达成共识

寻求突破、达成共识是一个师生共同经历的过程,而不是教师的一言堂。教师要创造民主的课堂氛围,鼓励学生对获取的信息和他人提出的观点进行大胆质疑,并帮助他们不断反思自己的学习和探究过程,修正和改进自己的认识和态度。教师自身要做到并且指导学生学会根据掌握的事实材料做出判断和得出结论,不要盲从和轻信他人的传言和不实信息。

教师要选择相应的教学活动方式,如体验学习、探究学习、问题解决学习、小组学习等,整个过程必须为学生留下思维和行动的足够空间,不能将过程和答案直接呈现给学生。学习活动经常需要经历和体验失败,最终结果的有无、正确与否,不是评价活动是否成功的重要依据,而是每个人在活动中获得的真实感受,这种内心体验是形成认识、形成行为能力的原动力。

二、体育与健康学科:和而不同,人人发展

体育与健康学科(下简称体育学科)自实施和声课堂教学模式以来,教学课例多次获得全国、市区一等奖,为了让人人发展的和声课堂在体育与健康学科中有理性的提高,现就该学科教学研究与实践的一些感悟从学校实施和

声课堂教学模式的缘由、体育学科实施和声课堂教学模式的推进历程、体育学科实施和声课堂教学模式策略和实施和声课堂教学模式以来取得的成绩四个方面进行阐述。

(一)实施和声课堂教学模式的缘由

1.未来人才培养的需求

国家发布的《中国学生发展核心素养》提出以培养"全面发展的人"为核心,分为文化基础、自主发展、社会参与三个方面,综合表现为人文底蕴、科学精神、学会学习、健康生活、责任担当、实践创新六大素养,具体细化为十八个基本要点。根据这一总体框架,可针对学生年龄特点进一步提出各学段学生的具体表现要求。

我们认为,体育学科可以从体育情感与品格、运动能力与习惯和健康知识与行为三个方面来落实小学生核心素养的培育。如表4-3:

表4-3　学生体育学科核心素养指标体系

一级指标	二级指标	具体表现
体育情感与品格	体育情感	喜欢体育、热爱体育等
	体育品格	能坚持、守规则、善合作等
运动能力与习惯	运动能力	基本运动能力:走、跑、跳、投、搬、爬、攀、钻、滚、翻等
		专项运动能力:锻炼能力、竞赛能力等
	运动习惯	每天运动一小时(如每天早上坚持跑步,下午打篮球等。)
健康知识与行为	健康知识	科学健身、运动伤病预防、安全防范知识等
	健康行为	雾霾天气在室内运动、运动前做好充分的准备活动。

2.体育与健康课程标准基本理念的需要

体育与健康课程是学校课程的重要组成部分,是以身体练习为主要手段,以学习体育与健康知识、技能和方法为主要内容,以增进学生健康,培养学生终身体育意识和能力为主要目标的课程。该课程有四个基本理念。

(1)坚持"健康第一"的指导思想,促进学生健康成长。体育与健康课程以"健康第一"为指导思想,努力构建体育与健康的知识与技能、过程与方法、情感态度与价值观有机统一的课程目标和课程结构。

（2）激发学生的运动兴趣，培养学生体育锻炼的意识和习惯。该课程强调在课程目标的确定、教学内容和教学方法的选择与运用方面，注重与学生的学习和生活经验相联系，引导学生体验运动乐趣，培养学生刻苦锻炼的精神，促进学生主动参与体育活动。

（3）以学生发展为中心，帮助学习体育与健康。该课程高度重视学生的发展需要，从课程设计到学习评价，始终以促进学生的身心发展为中心。课程在充分发挥教师教学过程中主导作用的同时，十分重视学生在学习过程中的主体地位，注重培养学生自主学习、合作学习和探究学习的能力，促进学生掌握体育与健康的学习方法。

（4）关注地区差异和个体差异，保证每一位学生受益。该课程强调在保证国家课程基本要求的前提下，充分关注学生之间的差异，合理选择和设计教学内容，有效运用教学方法和评价手段，努力使每一位学生都能接受基本的体育与健康教育，促进学生不断进步和发展。[①]

3.学校文化的需求

我们的人和教育理念，源于孟子的"天时不如地利，地利不如人和"。落实到人和，就是研究人际关系的和谐，而在人际关系和谐的研究中，关键词就是在和衷共济的基础上，做到和而不同。由这样的文化催生的课堂理念，必须体现人和文化的特色，和声课堂正是以自己特殊的教学模式准确地诠释、解读、规范、运作了人和教育思想，可以说这一教学模式是为人和教育理念下的课堂量身打造的。

和声课堂是落实人和教育理念最有效的途径。如果说我们几代人运用众多的先进教育思想和教学模式造就了人和街小学七十多年的辉煌。那在打造人和教育特色学校的今天，我们就要用人和教育思想与和声课堂教学模式，来更好地诠释我们的人和教育。和声课堂是为人和教育而生的，人和教育必须以和声课堂作为最主要的实施途径，和声课堂不是哪一个人的，是人和街小学的，是人和特色文化下的每一个人和人的课堂，是我们的和声课堂。

① 中华人民共和国教育部.义务教育体育与健康课程标准(2011年版)[M].北京：北京师范大学出版社.2012:3-4.

(二)体育学科实施和声课堂教学模式的推进历程

这几年的和声课堂的研究经历了"泛""形""神"和"魂"四个阶段。

第一个阶段,"泛"研究阶段。在这一个阶段里,体育组老师全员参与和声课堂的研究和实践,并产生了很多的讨论和意见。但老师们只关注了和声课堂理论体系中的那些名词,或者对于这些名词的理解只注重了局部,没看到整体的关系,比如留白、共识、倾听等。从而产生了廖攀老师所提出的,让大家记忆深刻的观点"留白容易,聚焦难"。

第二个阶段,"形"研究阶段。在这一阶段里,老师们开始关注和声课堂五个步骤的重要性,虽然运用还不够成熟,内在的联系不够紧密,但在老师们的研究课中也能找到"五步模式"的踪影。经过体育组老师们的不断探索和研讨,我们认识到了五个步骤的实施在和声课堂中的重要地位,以及教材重难点在五个步骤中的重要作用,从而形成了以下两个共识:(1)坚决按照五个步骤设计实施和声课堂;(2)以重难点为支撑,辐射到其他五个步骤中。体育组全体老师的这一共识,得到了学校的认可与推广。在和声课堂教学研究学术年会上,学校要求全校老师在践行和声课堂中要落实这两个要求。

第三个阶段,"神"研究阶段。这个阶段,在坚决执行和声课堂五个步骤基础上,强化教材重难点的认识。用教材重难点将教学五个步骤连接起来。教材重难点就是和声课堂中最终要达到的共识,而共识是情景设置的基础,其他的差异、疑点、突破的知识也都是围绕着教材重难点来进行的,它们是一一对应、有机统一的。在研究中,老师们将游戏融入和声课堂中,着重研究了五个步骤之间的联系,形成了以下五个认识:

(1)巧设游戏生情境。也就是用与本课重难点相对应的游戏,来设置情景;(2)游戏成败现差异(用游戏的成功或失败来发现差异);(3)体验观察聚疑点;(4)追求成功寻突破;(5)水到渠成达共识。这五个认识,不但遵循了和声课堂五步教学模式,还紧紧围绕着教材的重难点,将五个步骤有机整体地连接了起来。

第四阶段,"魂"研究阶段。这一阶段,主要以同课共构为校本研修的主要形式。全组16名教师,其中13人按六个年级分组,每个组自选1种教材上课,核心团队的3名教师参与指导各年级的教学。结合前三个阶段的研究和同课共构活动,将体育学科和声课堂教学原则实施的方法和策略总结为四句话:详析教材定重难,结合身心设情境;游戏课堂融规则,师生教材齐参与;倾听、观察允生成,理清思路巧引导;分析差异定疑点,主导突破达共识。

(三)体育学科实施和声课堂教学模式策略

通过这几年对和声课堂的研究,体育组对各个课型和声课堂五步骤模式有了新的认识。课型的分类有多种,体育组按照学习动作发展的规律,以学、练、用、创来进行课型的分类研究:学,就是学习新动作的课型,即我们都很熟知的授新课;练,就是练习、复习动作的课;用,就是对学会的动作技术进行运用的课等;创,就是学生根据自己已有的知识、技术和能力,对动作进行创造、改编的课型。

以"单手肩上投掷"为例,"学"类课型和声课堂教学模式如下:

1.设置情境——教材重点入情景

(1)教学重点:直臂高举,快速挥臂。

(2)教学难点:身体协调用力。

游戏一"砸摔炮过新年":设置过新年时孩子们砸摔炮的教学情境。

游戏二"摔炮大王":设置对墙甩炮比拼成为摔炮大王的教学情境。

2.发现差异——留白成败见差异

游戏一:"摔炮"砸到地上后反弹高、低(差异),标志竿上有三个等级,分别是1分、2分、3分。

游戏二:"摔炮"砸到墙上后反弹远、近(差异),球投出超过第一根线得1分,超过第二根线的2分,超过第三根线得3分。

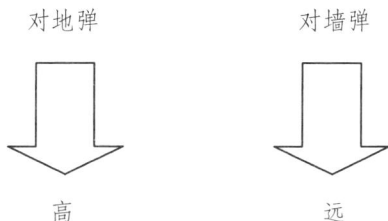

对地弹　　　　　　　对墙弹

↓　　　　　　　　　　↓

高　　　　　　　　　　远

3.聚焦疑点——胜负缘由定疑点

游戏一:球砸到地上后反弹高、低的缘由,标志竿上有三个等级分别是1分、2分、3分。

游戏二：球投到墙上后反弹远、近的缘由,球投出超过第一根线得1分,超过第二根线的2分,超过第三根线得3分。

4.寻求突破——主导突破疑难消

游戏一：教师组织学生讨论,分享同伴成功的秘诀,以小组比拼的方式,个人与小组自我寻求突破,找寻将摔炮砸地弹得又响又高的方法和要领。

游戏二：实践优胜同学总结的方法,各小组进行比分大比拼,寻求突破对墙投掷后反弹远度的方法。

5.达成共识——诚服共识诸生乐

游戏一：通过比赛结果(团队和个人)的变化,共同认识使摔炮对地弹得又响又高的动作方法——直臂高举、快速挥臂。

游戏二：一起总结"摔炮"大王游戏获胜的关键,同时,总结两个游戏的联系,达成最终的共识。

(四)和声课堂教学模式研究取得的成绩

一种教学模式如果只是停留在纸上,那么永远也无法产生实效。扎实的、深入的研究,不但在每个体育教师心中生根发芽,而且开出了美丽的花。在近几年的各级学科赛课活动中,有多人次获奖。具体如下：

胡甘霖的"投掷与游戏"获得重庆市赛课一等奖,录像课获得全国一等奖。

万相宜的"跳跃与游戏"、陈明庆的"舞龙"、向宏钊的"跑与游戏"录像课均获得重庆市一等奖。

赵新伟老师"跳长绳与游戏"获得重庆市赛课一等奖、全国一等奖,并在鄂尔多斯现场展示,龚攀的录像课被评为一师一优课市优和部优。

胡甘霖和龚攀在课程的设计中采用和声课堂教学模式的思想,获得重庆市基本功比赛一等奖;龚攀参加全国的基本功比赛,获得一等奖。

对和声课堂的研究我们一直在不断摸索前行。我们相信:在和而不同的人和教育思想指导下,人人发展的和声课堂将会体现在我们的每一节体育课中!

三、语文学科:我们的理想课堂追求

21世纪以来,课改浪潮风生水起,从素质教育到基础教育课程改革,再到如今的中国学生核心素养培养,我们一直在追问语文的意义和价值,一直在求索课堂的格局和境界。

什么样的语文课堂,才是理想的课堂呢?这是每一个语文老师的终极之问。

四年前,基于人和教育的办学理念,经过反复论证,我们提出了"和声课堂"的教学愿景。人和教育体现了我校办学育人的核心价值观念,彰显了我校的办学个性,是催生我校和声课堂理念的深厚土壤。

也许你会问:"和声课堂的提出,是要摒弃学科的传统与经验另起炉灶,还是想要肩负起新时期学科课程的使命,朝着更加高效的路径前行?"我们先来看看,和声课堂到底是怎样的课堂理想。

(一)和声课堂的基本理念、原则

我们认为,班级授课制下的课堂,是儿童、老师、文本各种声音的一个集合。因此,和声课堂是尊重差异、寻求共识、人人发展的课堂。尊重差异让每一个人都可以倾听不同的声音、获得不同的智慧,从而走出狭隘的自我,走向更加广阔的世界;寻求共识则在不同声音的基础上,通过思想的碰撞、差异的融合,从而产生新的知识、新的视野、新的智慧,因此在这个过程中,师生相长,教材也获得了丰富和拓展。也就是说,在和声课堂中,人人都获得了成长和发展。

除了三大理念,和声课堂还提出了四大原则:(1)适度留白的原则;(2)人人参与的原则;(3)注重倾听的原则;(4)寻求共识的原则。这四个原则是以学习活动为中心,层层递进的,呈现的是逻辑上升的过程。前一个原则是后一个原则的基础,后一个原则是前一个原则的发展。

(二)语文和声课堂的价值追求

我们认为,语文和声课堂是直指儿童语文核心素养的课堂。言语实践场域、语文思维张力、母语文化底蕴、语文课程意识构成了语文和声课堂的价值体系。

1.构筑言语实践场域

语文教育,说到底,是言语生命实践的教育。潘新和主张:"语文教育的整个过程就是致力于帮助学生了解并建立人的生命活动和言语表现之间的紧密联系。"语文和声课堂致力于言语实践的丰富性和灵动性,为学生构建起言语实践的生态场,灵活运用听、说、读、写等多种语文实践活动,让学生愿意运用、能够运用好祖国的语言文字,形成良好的语感,逐步形成语言的运用能力。

2.开发语文思维张力

语文学科教学的一个重要任务是培养学生的语文思维能力。语文思维能力包括语言的想象力、语言的逻辑性、语言的准确性、语言的丰富性等。21世纪,整合能力、结构化思维成为人的核心能力。语文和声课堂自觉担负起开发学生思维张力的重任,在课堂中有意识地引导学生瞻前顾后、推测想象、乐于表达、精准表达,力求呈现内、外思维活跃的课堂状态。

3.涵养母语文化底蕴

余秋雨认为,文化的最终目标,是在人世间普及爱和善良。作为母语的汉语言文字,在五千年的历史沉淀中,不仅承载了民族的文化之道,也确证和彰显着民族的集体人格。涵养母语文化底蕴,语文和声课堂责无旁贷。和声的思想,本就与传统"和"文化相融,与我们的人和教育办学理念琴瑟相和。

4.守望语文课程家园

课堂本就是师生的生命家园。语文和声课堂,将努力唤醒我们对课堂师生生命的敬畏和尊崇,以热切而理性的思索去追寻语文教育的本真,将致力于拓展学生的语文课程视野,让学生在语文的课程家园里畅快地游玩。

(三)语文和声课堂的显著特征

语文和声课堂彰显出目标简明、内容精准、适度留白、人人参与的显著特征。

1.目标简明

语文和声课堂首先应该体现出目标清晰集中的特征,且所有的教学环节都集中指向核心目标。一节语文课的目标会有基础性目标、核心目标、发展性目标。核心目标是一节课的重点,是直接体现语文课程核心知识的目标。语文和声课堂强调的"一课一得"就是指的核心目标的落实。

2.内容精准

长期以来,语文课堂最纠结"教什么"。语文课标是能力目标、素养目标,没有具体的内容目标;教材上目标指示模糊不清;专家、优秀教师们解读教材各执一词,一文千教,谁也不服谁;为了应付考试,普通老师难以取舍,一股脑全教。教学内容取舍困难,成为阻碍语文教学质量提升的最大障碍。

语文和声课堂提出"适度留白"原则,就是要求语文教师必须对教学内容做出大胆取舍,精选那些能够促进学生言语生命发展与创造的教学内容,给"人人参与"留足时间和空间。

3.适度留白

我们发现,语文课堂长期纠结"怎么教"。很多老师觉得"不管黑猫白猫,能逮老鼠的就是好猫",并为自己的教学成绩沾沾自喜。这涉及教学观的问题。我们知道,知识的习得有多种渠道,被动的机械练习可在短期内获得好的成绩,但这些知识并没有和学生的经验世界融为一体,很快就会被人遗忘。而主动建构的知识却能够转化为能力或素养,让儿童终身受用。因此,"适度留白"是语文和声课堂的硬性标准。语文课上,设置开放性的问题,让学生沉浸在静思默读和圈点批注中,才会发现学生理解和思维的差异,使真正需要探究的问题浮出水面。

4.人人参与

人人参与就是学生主动建构言语生命的过程。其表现是全体学生的思维活跃度。这既是语文"和声课堂"的实施原则,也是语文和声课堂的重要价值追求。

纵观四个特征,前两个指向课程意识,后两个则指向让学意识。

(四)语文和声课堂的实施策略

任何课堂理想,都必须落地生根,在课堂实践中接受检验,以提升学生语文核心素养为目标的语文和声课堂也不例外。和声课堂提出了共性的五步骤教学模式:(1)设置情境,(2)发现差异,(3)聚焦疑点,(4)寻求突破,(5)达成共识。模式的规范,对于语文教师的教学行为起到了很好的规范和引领作用。按照模式去设计教学环节,真实呈现学情的多维度和生命的复杂性,呈现教师在课堂上对儿童理解的智慧和机智,"人人参与"的局面就会慢慢形成。年轻老师先入格,骨干教师灵活运用,和声课堂的特征就会越来越明显。

渐渐地,我们发现,语文课堂中的困惑和藩篱,通过和声课堂的规范慢慢得到了有效解决。

于是,语文学科74名老师,全都进入了和声课堂的研究。可以这样理解,和声课堂的教学五步骤模式,是和声课堂得以落地的路径,也是和声课堂实施的具体策略。分步骤讲:

1.设置情境的策略

情境创设,是进入语文和声课堂的第一道门坎。那么,语文和声课堂的情境设置有哪些策略呢?

(1)设置故事情境。儿童天生就是故事家,活在故事中,是儿童思维的典型特征。因此,让语文学习从故事浸润开始,是让儿童快速进入文本学习状态的重要策略。阅读教学中,凡叙事性文本都可以采用这一策略。

(2)设置问题情境。要让学生一开课就进入到和声课堂的学习状态,最好的办法就是让学生带着问题进入学习,或者自主提问。为了在课堂上更有效地聚焦疑点,老师可以引导学生在课前预习时通过思考提出有价值的问题,或写下自己初读课文的感受,这样有助于教师了解把握学情,从而使阅读教学更有针对性,能有效解决来自学生的疑难困惑。

(3)设置图片情境。课文插图是语文教学的有效资源,和声课堂强调充分利用好课文插图,激活学生的学习兴趣。中低年级的语文和声课堂较多采用这一策略。

(4)设置文本情境。使用故事性较强的文本学习,特别是中高年级,可以多采取这一策略。

以上只列举几个比较典型的策略,根据文本的特征,根据文体的不同,根据课型的变化,我们可以找到更多灵活多样的情境设置策略。

2.发现差异的策略

语文和声课堂中,发现差异的前提条件只有一个:让阅读或者习作的差异充分暴露出来。如何才能做到这一点呢？试以以下两点策略为例：

（1）预测学情策略。学情是课前制订教学目标的依据，也是和声课堂中微调目标的依据。比如生字词的学习，哪些字词的读音是可能的难点，哪些字词的理解是可能的难点，都要从学生的视角，做出预测。实际学习时，教师要根据学生的具体表现，找到预测学情和实际学情的结合点。

预测，考验的是语文老师的文本解读能力、儿童心理学知识和儿童主体观。找准差异，也就找准了学习的最近发展区，微调目标也就有了可能。

（2）鼓励试错策略。这里试错并非指学生有意出错，而是要鼓励学生在课堂上认真读、大胆想、大胆说、大胆写，不怕出错。语文阅读的理解本身就是模糊的、感性的、多元的，所谓"一千个读者就有一千个哈姆雷特"，就是允许语文学习有不同的理解和答案。习作课也一样，我们可以让学生"实作后评"。语文和声课堂中，鼓励老师对课堂上经过思考但回答判断错误的同学给予表扬或奖励，以此感谢他给大家提供了进一步思考的空间，为课堂学习做出了贡献。所以语文和声课堂强调的是学生思维活跃，敢于表达，不怕出错。

3.聚焦疑点的策略

和声课堂中的聚焦疑点，需要教师的大智慧。

（1）聚焦信息策略。以提取信息、处理信息为主的阅读教学，可以采取这一策略。

（2）聚焦概念策略。以概念理解为主的时候，可以用这一策略。

（3）聚焦顺序策略。中高年级梳理课文写作顺序的时候，宜采用这一策略。

4.寻求突破的策略

寻求突破是语文和声课堂的重点教学环节，也是花费教学时间最多的环节。

（1）比较策略。乌申斯基说："比较是一切理解和思维的基础，我们正是通过比较来了解世界上的一切。"语文和声课堂寻求突破环节，比较是最常采用的策略。比较词语、句子甚至段落，都可以让学生对疑点进行突破。

（2）分解策略。一节课的目标，不可能一次性达成，往往需要设置几个环节,将课时目标分解到各个环节,一步步达成目标。要注意的是,各环节的目标必须有关联性,低一级的目标达成是高一级的目标达成的基础。

(3)扶放策略。这是和声课堂中语文老师最常用的策略。找到文章中的字词句段相似结构,重点教学一处,然后放手让学生合作学习其余段落,对小学生往往有效。比如《再见了,亲人》,学生重点学习第一段会发现段落的结构是"请求—回忆—反问",接下来自学二、三段,发现结构相似,然后迁移写话,学生就能习得这种段落图式。

5.达成共识的策略

达成共识不是静态的结果,而是一个动态的过程。语文和声课堂中,我们强调运用以下策略达成学习共识。

(1)思维结构化策略。指师生都要暂时放下个人的见解,努力寻找突破疑点过程中师、生、文本之间对话的共同或相似之处,做出学习最终的判断。比如选材,我们要引导学生从生活空间、知识空间、想象空间多个维度进行思考,养成结构化思维的习惯。

(2)目标保底策略。语文和声课堂,由于语文课程的特性,每一个人的语言运用能力发展各不相同,但是,每一节课都要有保底的目标,以让学习有困难的学生也有所发展。

其实,语文和声课堂不同课型的模式下,教学策略应该有所不同。不同文体的阅读和声课堂教学模式、习作和声课堂教学模式,其教学策略也是不同的。比如,我们目前研究的语文和声课堂高段阅读第二课时基本教学模式:

设置情境,激活阅读期待;发现差异,聚焦语言训练点;聚焦疑点,发现语言表达密码;寻求突破,理解语言表达图式;达成共识,迁移语言表达图式。

还比如,古诗阅读和声课堂教学基本模式:

设置情景,切入主题;整体诵读,发现差异;举象移情,聚焦疑点;品悟诗眼,寻求突破;积累迁移,达成共识。

其教学策略都应该是有所不同的,都还需要做更进一步深入研究。

四、英语学科：和声课堂回归课堂本真

和声课堂的研究已步入第四个年头，在此期间，英语学科团队从初期研究不深到现在深入研究，其中的经历可谓艰辛。但我们自豪地看到了当和声课堂回归课堂教学时师与生得到的发展。

(一)研究初期

因为是新生事物，老师们在初学和声理念时只是停留于表面，在实践和声课堂五步骤教学模式时还停留于某个点或环节的实践研究，而围绕目标主线全面系统地实施和声课堂五步骤模式的研究就尤显欠缺，研究仅停留于点上。在实践和声课堂五步骤教学模式时，有靠近和声课堂理念的意识，而实施效果却较牵强，显得比较空洞。

(二)集中研究

鉴于之前研究的片面与空洞，面对教研组老师们的诸多困惑，我们再一次研读和声课堂理念，并集全组之力共同研讨，由郭海航老师作课，拿出一节英语和声课堂教学示范课，供大家借鉴深入实践，利于全面推进。

1.人人发声，发现差异

这里的人人发声，是观课后大家的反馈。研究课上完，有的觉得留白不够，学生探究的过程不明显，总是老师牵着走；有的认为情境设置没有激起学生的兴趣，人人参与的面不够；还有的觉得差异的发现不明显，且不是学生发现；疑点的聚焦有偏差，聚焦不精准；总之，还不像和声课堂。最初的几节研究课根据种种声音，主要还是以"头痛医头，脚痛医脚"的方式进行小修小改。但是这样上了几节课之后还是觉得不是办法，没有实效的改观。到底是哪儿出错了？

2.专家指导，聚焦疑点

通过科研室阳老师几次观课后的点评和分析，以及拜访西南大学于泽元教授后得到的指导，最后聚焦到问题的所在还是我们最熟悉又最陌生的文本解读和目标的设定上。对文本的解读分析有偏差，导致制订的目标和展开的教学与教材文本特点无法达成一致。

3.通力合作,寻求突破

找到了解决问题的关键之后,教科研室、英语学科组以及上课教师三边通力合作,共同对这节课进行自上而下的仔细打磨和研究。以教科研室专家进行引领指正,学科组研讨形成改进方案,上课教师内化再课堂实践的形式又进行了9次研课磨课,虽然过程是艰辛的,但是每一次都有收获,课也越上越顺了。

最终,依据文本的解读和学情的分析,制订出教学的知识技能目标、过程方法目标和情感态度目标,以重难点为主线设计教学环节的综合语言运用课比较成型了。以学生喜闻乐见的猜谜游戏为情境引入,发现答案的差异,并聚焦差异的原因,随之制订编谜要点并进行检验以达成共识,最终实践共识进行谜语编和猜。整个教与学的过程围绕在玩中学,学中用,适度留白、人人参与、注重倾听、寻求共识的和声课堂教学原则,比较清晰地体现了出来。

4.阶段研究,达成共识

在本阶段的研究中,学科组在一次一次的磨课、实践和反思中成长着,收获着。在英语课实施和声课堂五步骤教学模式的研究反思中达成共识:

(1)解读文本:制订教学目标和展开教学的首要问题。

(2)目标制订:依据文本,根据学情,切忌求大求全,好高骛远,做到一课一得。

(3)发现差异和聚焦疑点的能力:发现差异和聚焦疑点是思维能力提升的过程。无论是学生还是老师,这些发现差异、聚焦疑点所需的向上思考常见思维过程,如归纳演绎、对比对照、逻辑顺序、因果分析、类比类推等都需要在以后的日常教学中结合实际课型进行训练和提升。

(4)寻求突破:重视"寻求"这一过程,让学于生。

(5)达成共识:共识需在实践中加以检验。

(三)深入提炼

2016-2017学年,学校提出了和声课堂"同课共构"的校本研修方式,英语组在这一轮的研究中,自觉将研究所得运用于自己的日常教学中,"让学""人人参与""人人发展"在每节课中无不体现,再一次提炼出英语学科和声课堂教学实施的策略与方法:

（1）情景设置扣目标，重点突出重实效。

（2）教学结构大板块，留白予生给空间。

（3）人人倾听找差异，疑点聚焦达共识。

（4）用好差异当资源，师生双主同成长。

（四）欣喜收获

有了和声课堂理念，我们立足于日常教学中，提升课堂质量，并由课内向课外延伸，促进了师生共同发展。英语组通过和声课堂教学研究人人撰写关于和声课堂教学的案例，并参与市级比赛，成果显著，2人获一等奖，5人获二等奖；和声理念指导下，朱胜男老师在全国录像课比赛中喜获一等奖，刘小菁老师获指导教师奖；郭海航老师参加重庆市培训者竞赛获一等奖，指导学生参加希望之星大赛，获特等奖1人次，一等奖10人次，二等奖20人次，希望奖30人次。

教学有法，但无定法，贵在得法。英语的和声课堂研究已通过课堂实作，积极反思，解决了我们以往的困惑：怎样让学生自由表达思想，自主探索而又不受英语水平的限制。我们将继续对语音教学课型，词汇句子课型，阅读课型进行探索。"合抱之木，生于毫末；九层之台，起于垒土；千里之行，始于足下。"和声课堂也从三年前的纸上谈兵，到现在切切实实地在人和街小学落地生根了。作为"人和人"，我们愿意去尝试，哪怕这一路走得跟跟跄跄，我们相信这过程中的收获，将会让每一个"人和娃"受益终身。

五、数学学科：把握教学原则，奏响美妙和声

学校致力于打造特色"和声课堂"教学模式至今已走过四个春夏秋冬，其三大理念、四大教学原则、五步教学模式在教师们不断实践、不断反思中早已深植于日常课堂，成为老师们的一种习惯。

对于教师而言，指导课堂教学的关键在于其教学原则。教学原则是教学工作的法则或标准，把握好教学原则，课堂的理念才能更好地得到体现，教学步骤才能更好地实施，三者有机结合才能使"和声课堂"更富生命力。和声课堂不仅要遵循一般的教学原则，而且有自己特定的几个原则，违背了这几个

法则或标准,和声课堂特征便不能很好体现。因此如何将"和声课堂"的适度留白、人人参与、注重倾听和寻求共识四大教学原则更好地与数学学科结合,更好地指导数学"和声课堂"教学步骤的实施,成为老师们近阶段研讨的重点。下面,立足于"和声课堂"教学实践谈谈我们对落实四大教学原则的思考。

(一)适度留白

有理论认为:学习与发展是一种社会活动和合作活动,它是永远不能被教给某个人的。它适于学生在他们自己的头脑中构筑自己的理解。而正是在这一过程中,教师扮演着促进者和帮助者的角色,指导、激励、帮助学生全面发展。所以教师在教学引导的同时应该适时放手退后,让学生自己去探索、建构,也就是课堂应该适度留白。所谓适度留白,简单来说就是教学设计上和教学过程中教师必须放下控制学生的欲望,留给学生足够的学习时间和空间,让课堂中充满留白,从而给学生思考和发出声音的余地。而要做好这一点,课前功课一定要做足。大家深入思考实践,陈思怡老师用"方程与实际问题"述说了我们对"适度留白"原则的理解。

用方程解决实际问题,学生在面对复杂抽象的数量关系时,不善于寻找等量关系,因此本节课重点在于引导学生用线段图分析数量关系,正确找出数量间的相等关系。在寻找等量关系列方程环节,陈老师首先引导学生理解关键句,并用直观的线段图来分析、理解数量关系。此环节老师遵循适当留白原则,充分给予学生独立探索的时间和空间,让学生根据刚才的分析,独立思考找出等量关系并列出方程。在这个过程中,学生找到了不同的等量关系,列出不同的方程,体现了解决问题方法的多样化。"留白"给了学生思考和发出声音的余地,学生思维不受禁锢,展现出不同的想法,激发出了智慧的火花。

基于上述案例,结合教师们的教学实践,我们认为在教学中老师们可以这样留白:

(1)深入研究学生的数学现实。数学来源于现实,存在于现实,应用于现实,并且每个学生有各自不同的数学现实。数学现实包括学生已经掌握的知识与基本技能以及生活经验。正如奥苏贝尔所说:"影响学生学习最重要的因素是学生已经知道了什么,根据学生原有的知识状况进行教学。"了解学生的现实才能准确把握学生的困惑、知识的生长点,从而指导教学。

（2）把握学生最近发展区进行适时"追问"。所谓最近发展区就是介于儿童不能独立完成与通过教师或他人帮助儿童可以达到的水平之间的这段距离。进行追问是为了让学生对某一内容或某一问题更"知其所以然",一问之后又再次提问,直到学生能"悟道"为止。往往在概念学习过程中,学生由于思维层次或知识结构的局限,无法暴露自己的问题时,教师就应该适时进行追问,及时掌握学生的思维状态,了解学生的思维过程。通过追问,给学生提供充分思考和表达的空间,加深学生对概念的理解和建构,引领学生进一步感悟和思考。有效追问,一般包括三个层次——"为什么呢?""能说说你是怎么想的吗?""还有其他的想法吗?"用追问的方式将学生的认识和理解引向深入,这样的设计给学生提供了极大的思考、表达空间,加深了对概念的理解和构建。

（3）教师退后一点,将课堂留给学生,让学生有足够的时间和空间去探究问题。从问题提出到问题解决,贯穿整节课,给学生留足了探索和思考的空间。课堂中让学生自己读题,找信息提问题,小组合作共同探究某个问题,汇报探究结论等,在学生一次又一次的尝试、探究中,不断发展,积累活动经验、思想方法,培养起他们发现问题、提出问题、思考问题、解决问题的能力。

（二）人人参与

和声课堂是人人发展的课堂,要做到人人发展就要人人参与。人人参与的原则,简单来说就是在课堂教学过程中,每一个人,都应该参与其中,得到尊重和倾听。这里的参与,并不是说坐在教室内就是参与,而是充分发挥了主体性的参与,是提出自己意见和智慧的参与。当人人都参与其中时,课堂中就有了不同的声音,课堂中差异也就产生了。在数学课堂中如何落实人人参与呢? 一年级邓丽娜老师以"连加、连减"一课演绎了对"人人参与"原则的理解。

一年级儿童受到年龄特点的限制,还处在具体形象思维阶段,要培养学生分析问题解决问题的能力,就必须让学生理解图意并说出图意。理解了这一点,邓老师在教学过程中着重在"看"与"说"上加大了力度。在理解连加和连减的含义时,老师采取动态的课件展示情境,引导学生运用关联词描述数量间的变化关系。设计了学生上讲台指一指,数一数等数学活动,同时设置几个关键问题,比如,"你看到了什么?""根据发现的数学信息提一个数学问题。""为什么用加法或减法算?""地上的小鸡是由几部分组成?""连减算式中的两个'2'表示的意思一样吗?"在这一过程中,老师让学生人人参与,发出自己的声音,提出自己的意见,结合图意充分理解算式中各部分表示的意思。在"算法交流"的环节,孩子们呈现出对同一问题不同的解决方法,不管是哪种方法,只要有道理,老师都给予充分肯定,真正体现了老师只是一个参与者,而不是一个主宰者。

基于以上实践的思考,我们认为在和声课堂的教学中要落实人人参与,需做到以下几点:

1.解读学生心理,激发参与动机

解读学生,首先应了解学生的心理特点,只有在把握学生心理的基础上,设计出适合学生心理的教学,才能激发学生的参与动机。不同年龄阶段的小学生的心理特点与认知规律各不相同,注意力集中的时间的长短,抽象与具体的事物形象对他们思考和对问题的理解的影响各不相同。我们可以结合学生心理创设有趣的情境,吸引学生的目光,激发学生的好奇心和求知欲望,引起学生的认知冲动,打破学生的心理平衡,做到人人参与。

2.解读学生思维,做到真正参与

学生理解和掌握数学知识的过程,是感悟数学的基本思想、积累数学的基本活动经验的过程,是发展学生数学思维的过程,只有让孩子们的思维动起来,才能做到真正参与。不同年龄孩子记忆的方式存在一定的差异,思维对事物属性进行概括的方式也不同,这些因素对学生理解知识的本质都有影响。因此教师在设计时以何种方式呈现知识需要深思,留给学生充分的自主学习时间,让学生在一次又一次的尝试、探究中得到成长,让他们的思维跳跃,生长,延伸,发展,做到真正参与。

3.巧妙使用评价语,激励人人参与

正确运用"激励"策略,可以增加学生的学习积极性,引发学生的参与激情。对于学生,教师要把握好时机适时给予鼓励和表扬,充分地调动全班不同层次学生学习的积极性和主动性。正确使用激励策略,可以使不同层次的学生获得成功体验,激发其主动学习的欲望。

(三)注重倾听

倾听,是获取外部信息的主要渠道,倾听就是在课堂教学过程中有效地捕捉和利用每一个信息、每一种差异,大家在彼此不同的意见中汲取营养,从而可以不断创新,形成多变的课堂教学艺术。特别是课堂中教师倾听学生可以了解学生的学习情况与困惑,学生倾听老师和同学可以习得知识、获得不同的思想方法等。课堂的引导者教师要掌握有效的"倾听—应对"技巧,才能使和声课堂理念真正落到实处。何袁静老师的"求不规则物体的体积"课中学生展示环节生动体现了对注重倾听原则的把握。

上课伊始,何老师开门见山提问:关于体积大家都知道些什么? 以此了解学生已有的知识储备。在倾听了学生的发言以后,老师找准了学生的知识起点,由此引出研究主题:求不规则物体的体积。"你怎么求不规则的物体的体积?"老师发问,学生各抒己见、交流碰撞。接着放手让学生分小组动手实验,自主探究,合作交流,并将其研究情况向全班同学汇报。在整个过程中,倾听的学生提出疑问,汇报的学生也给予回答,老师作为学习共同体的一员,承担着组织者、点拨者和分享者的角色。在小组交流的基础上,学生能够想到不同的方案,再通过倾听这些方案的汇报比较,学生们会发现新的焦点,给学生机会自己提问,会让整个突破过程不断地聚焦疑点,学生不断反思,不断得到一步一步的突破。

基于上述案例,结合老师们的课堂实践,根据数学课的特点,数学教师可以采取以下一些措施:

1.倾听学生的"基础"——找准起点,顺势展开

"以学定教"的前提是弄清学生原有的基础,以此找准学生"学"的起点,然后根据学生"学"的起点来确定教师"教"的起点。只有找准起点并顺势展开新课教学,才能做到有的放矢,少走弯路,减少盲目性,提高教学的效率。

2.倾听学生的"困惑"——多方面帮扶,排忧解难

学生在数学学习过程中,面对一些障碍,学生会产生困惑。如果教师无

视学生的这些困惑,只按照自己的教案照本宣科,教学的针对性就会降低,进而影响教学的有效性。因此,教学中要鼓励学生大胆地说出自己学习中遇到的困难,并提出质疑;教师则用心倾听,站在学生的角度体会学生的难处,然后收集学生的共同困惑,聚焦疑点,采取多种措施,进行师生、生生之间的帮扶活动,为新知学习排忧解难。

3.倾听学生的"错误"——剖析原因,对症下药

在学生的发言中经常会出现一些错误,这是学生认知过程中的正常表现,当学生经历了磕磕碰碰的纠错过程后,对新知的认识反而会更加深刻。可见,学生的"错误"也是教学中动态生成的真实信息,教师要善于倾听学生的"错误",通过剖析错误产生的原因,寻找错误背后隐藏的教学价值,然后对症下药,采取多种有效的纠错方法,从而使"错误"成为可利用的教学资源之一。

4.倾听学生的"成功"——促进生成,及时提炼

在师生互动中,学生在一系列问题的引领下,逐步地向"成功目标"靠近。在活动过程中教师要通过不断倾听来捕捉学生的动态信息,然后运用顺势追问等手段,促进学生的新知识结构逐渐生成。特别是当学生的回答信息处于琐碎、零散状态时,教师要引领学生及时进行提炼概括,将学生自己的生活语言数学化,得出系统的、有条理的科学结论。

5.倾听学生的"创见"——充分肯定,赏识评价

在自主开放的课堂上,教师鼓励方法的多样化,营造一种民主和谐的课堂氛围。在这种环境中,学生的创新意识和创造性思维比较容易被激发,往往会出现一些独特的见解。因此,教师在课堂上要留心倾听学生的不同想法,对那些稍纵即逝的创新火花应倍加呵护,要运用赏识评价的手段,充满激情地对这些学生及他们的创新方法进行充分肯定,为培养创新人才打好基础。

除此之外,培养学生学会倾听的良好学习习惯,让学生在倾听他人的同时反思自己,让学生的思维在倾听中舞动、碰撞,激发出不一样的火花。

(四)寻求共识

针对同一个问题,不同的学生拥有不同的思考,一堂课的最终目标就是让学生对于该知识的本质形成共识。寻求共识是和声课堂的精髓所在,这意味着教师在教学过程中,一定要克服用自己的思想压制和取代学生思想的冲动,压制自己要告诉学生"标准答案"的冲动,虚心倾听来自学生的意见和智慧,和学生一起倾听来自教材的意见,然后通过不同意见之间的对比分析和学生一起取得对知识的认同。要注重"寻求"这一过程,激起大家对共识的渴望,不断去寻找彼此可以认同的东西,这体现了人们在学习知识过程中通过各种方法所展开的合作与探究过程。除了对知识的共识外,教师、学生还可能达成情感上的共鸣。从传递标准答案到寻求共识,是教学思想的巨大转变,也是人和教育、和声课堂的精髓所在。杨承石老师以"植树问题"给我们生动地演绎了如何把握寻求共识。

杨老师首先创设情境引出植树问题,并请学生根据题目要求猜测可以种多少棵树?学生的答案各不相同,体现出学生思维的差异。由此引发认知冲突,激发学生探索欲望。随即,老师设计了一个数学活动——通过实验操作来验证到底应该种多少棵树? 通过小组合作,全班交流,找到正确答案。但老师并没有就此罢手,而是进一步追问——"为什么棵数要比间隔数多1呢?"促使学生再深入研究,直达知识的核心,挖掘出背后隐含的数学本质,建立起"棵数 = 间隔数 + 1"的数学模型,渗透一一对应的思想,并总结出解决问题的一般步骤和策略:合理猜测—画图分析—寻求规律—解决问题。这里的达成共识不是老师强行教授的,而是老师引导学生从问题、矛盾出发,深入地探究思考后学生内心达成的对知识本质的共识。不仅是对植树问题模型本质的共识,更是对如何解决这一类问题的共识。

立足于此类课堂实践,我们认为在和声课堂的教学中要把握寻求共识,应该要做到以下两点:

1.充分解读教材,紧抓数学本质

《数学课程标准(2011年版)》指出:"数学教材为学生的数学学习活动提供学习的主题、基本线索和知识结构,是实现数学课程目标、实施数学教学的重要资源。"①课标是每个老师设计教学的根本。解读教材包括读懂教材的编排意图,读懂教材蕴含的"四基""四能""四维"。王红梅老师在《基于"四基"的小学数学课堂教学》一书中提到:研读教材就是与文本对话,读懂教材上的每一幅图、每一句话、每一个符号的含义,从而明确教材的知识结构、内在联系、课程地位及作用。我们首先要通读教材,从宏观上把握小学阶段空间几何的编排体系与编写意图。其次要带着问题研读教材,如教材包括哪些内容,知识点从哪儿来到哪儿去,教材为什么要这样编写,习题的价值何在等。最重要的是要理解知识点的本质。认真分析教材,充分领会和理解教材的编排意图,是备好课的前提,是保证课堂教学效果的基础。

2.全面聚焦疑点,给予适时引导

疑点主要指差异背后实际存在的矛盾点、冲突点,是差异存在的根本原因,疑点也是接近问题的关键点、突破点,是思维的焦点。抓住了疑点进行点拨,往往有拨云见日的效果,可以引导大家思维豁然开朗,体现出极大的教学艺术性。聚焦疑点之后,教师可以通过点拨或者引导的方法来带领大家寻求突破。所谓突破,也就是把疑点、难点解决掉,发现其内在的规律所在,经历了前面的过程,最后就达成共识。所谓达成共识,也就是对前面有所突破之后生成的东西的认同。

以上四个原则是"和声课堂"区别于其他课堂教学的关键之一,是最能够体现和声课堂精神的法则和标准,适度留白是教学内容选择和设计的原则,人人参与和注意倾听是教学过程中的原则,寻求共识则是有关教学目标和结果的原则。但它们并非机械地存在于某个环节中,也并非独立地指导某一课堂,而是有机地渗透到教学的各个环节,互相结合,有效地渗透于课堂,为我们和声课堂环节的开展提供可靠而科学的指导。

(五)我们的思考

和声课堂教学模式依旧走在不断实践、摸索与进步的路上,这条路上有老师们挥洒的汗水、斩去的荆棘、收获的鲜花。但这条路依旧漫长,前方仍有许多曲折和阻碍,如,我们已经探索出和声课堂的五大教学步骤,但依据这五

---

① 中华人民共和国教育部.义务教育数学课程标准(2011年版)[M].北京:北京师范大学出版社,2012:59.

步来实施教学时,我们时常觉得它们被割裂开来,没有很好地衔接融合。作为一个完整的和声课堂,这五步应该是有机地融合为一个整体,为教学服务。所以如何将教学中的五个步骤有机地融合为一个整体还需我们继续探索。此外,数学知识板块众多,课型也多,针对不同的课型与知识,和声课堂教学也存在差别,因此针对不同知识与课型的和声课堂教学也应细化研究。时代的飞速发展对教育也提出了更高的要求——发展学生的核心素养。如何将核心素养的培养融入我们的和声课堂呢? 我们仍在前行中思考。

和声课堂,道阻且长,齐心协力,行则将至。期许以我们更多的努力与实践奏响更加美妙的和声!

六、科学学科:悟和声思想,破重难点课型

古人曰"天时不如地利,地利不如人和。"我校以人和教育为号召,以和而不同作为方法论,人和教育符合新时代的要求,为转变学生学习方式,培养学生核心素养提供了有效途径。

(一)在"人和"中起步

如何把人和教育的思想进一步落实到教学中,需要进行全方位、系统性、整体性的改变。和声课堂是把学校文化转化为师生精神和气质的桥梁,是使学校文化逐步生根的一个重要途径。

细读和声课堂的教学模式,你会惊喜地发现科学探究的五个环节与之不谋而合。科学探究教学要求告诉我们科学不仅仅是教知识,更是教过程,这种分步骤的教学模式我们觉得不难理解,甚至有点似曾相识的感觉。我们在相对比较轻松的心理状态下开始了我们研究的旅程。

(二)在起步中成长

我们的研究是围绕着"怎样在典型的科学探究课上落实和声课堂五步骤?"这样一个问题开始的。

我们把"发现差异"当突破口,通过记录、画图、小组讨论等策略,把话语权交给学生,在课堂上让学生的差异展示出来,以为后面会水到渠成,结果学生想法太多,课堂教学并不顺利。又要尊重差异,又要聚焦疑点,我们一度认

为这会"走进死胡同"。

在"点亮小灯泡"那节课的研究过程中,我们抛开一切杂念,全身心地投入到和声课堂教学模式的研究中。每试讲一次我们都要把"和声课堂"的小册子拿出来比对!反复比对!

每一个环节要解决什么问题?对应的是教学模式里面的哪一个步骤?在猜想点亮小灯泡的方法那个环节,我们把师生问答变成每个学生在记录单上画一画的学习活动,这个改变就是对发现差异这个环节的体现。学生通过画一画获得了思考的时间,也把想法具体化、固定化;而老师则通过观察、巡视来发现差异。

每一个环节中运用的教学方法是基于什么理念?跟和声课堂的教学原则有没有出入?在认识电池灯泡的连接位置这个环节,我们没有直接讲解,也没有展开,而是让学生观察剖面图进行判断。这样的改变既体现了人人参与,又体现了适度留白。

学生在教学活动中是不是有切实的收获?是不是每个孩子都得到了发展?一节35~40分钟的科学课,我们留出15分钟让学生动手检验了10种连接方法,用了10分钟来组织学生讨论。并且在器材的准备、分组、利用记录单、模拟组织生生讨论等小策略上都有人人参与、人人发展的具体体现。

就这样,我们反复多次地比对、思考、取舍、调整,最终呈献了一堂在课堂教学模式上力求让不同学科老师看得比较清晰的和声课。

(三)在成长中思考

科学学科典型的课型——探究实验课,能比较充分地反映人和教育的价值追求,也就是和声课堂的三目标——尊重差异、寻求共识、人人发展。经过对研究过程的认真反思和总结,我们不仅对和声课堂教学步骤中的关键词有了深入理解,还对整个和声课堂的理论建构有了更系统的认识。

一开始我们认为五步教学模式是一节课的整体结构,从没想到在课堂中每一个环节里会出五步教学模式的小循环。随着新课改的推进,小学科学更加注重学生的主体性、探究性,因此在科学和声课堂教学的各大环节,都有可能出现设置情境、发现差异、聚焦疑点、寻求突破、达成共识这五步教学模式,甚至它们会在一堂课的多个环节中多次、反复循环出现。为了更好地达到和声课堂的价值追求,每个环节的落实都需要遵循适度留白、人人参与、注重倾听、寻求共识四大原则。

所以我们意识到,和声课堂的五步教学模式是课堂具体的操作指南,四原则是解决操作过程中遇到问题的指导思想,三目标是我们的终极追求。因此目标、原则、模式应该属于一个整体的课程体系,合在一起才能帮助我们在科学的和声课堂中发出优美、有力的和声。

在这个理解认识的基础上,学科组大胆尝试,挑战科学学科中比较难驾驭的资料收集课课型。如何在传统、平淡、枯燥的资料收集类科学课上让学生成为主体,充分体现和声课堂理念,下面我们以"遗传与变异"一课为例,来进行介绍。

"遗传与变异"是湘教版《科学》五年级下册四单元的第一课,是一节资料收集课,也属于概念形成课。课前我们对学生关于遗传变异的认知情况做了摸底调查,在此基础上,我们对教材上原本对遗传和变异的模糊定义进行了优化,使它更加准确和易懂。

本课教材的编写情况是从民间俗语引入,安排了四个活动。我们可以看出,活动之间的联系不紧密,从学生不太熟悉的动植物遗传变异现象入手,也不利于学生对于遗传和变异概念的建构。在和声课堂理念的指导下,蒋亚彬老师在小组老师的帮助下对这一课进行了资源重组,确定了考眼力、观察全家福、观察动植物图片这三个基本教学环节,使教学节奏更紧凑,从自己和家人的遗传与变异现象出发,也更符合学生的认知发展顺序。

(1)本课在开课时通过考眼力的游戏,请学生猜四幅图中哪个是孩子,并说出猜测的理由,学生一下子就被这样的情境设计吸引,学习兴趣被充分调动起来。

(2)接下来的观察全家福照片环节,他们从自己最熟悉的人和现象出发,首先找到孩子和父母的相似之处,并在全班进行展示和交流,学生通过展示和交流发现差异并很自然地聚焦了疑点:"究竟什么是遗传?"紧接着用讨论和交流的方式来寻求突破,有了前面对遗传的直观感受,学生总结出遗传的概念是比较容易的,最终达成了"子代和亲代之间具有相似的特征这一现象叫遗传"这一共识。有了总结遗传概念的经验,用同样的方法变异的概念也很快被总结出来,通过这个环节学生已经形成了遗传和变异的初步概念。

（3）环节三,老师提出了"动物和植物是否和人类一样也有遗传和变异的现象?"这一问题,再次聚焦了疑点,学生通过观察图片和填表格的方式寻求突破,寻找动植物也有遗传和变异的相关证据,最终达成了"遗传和变异是所有生物共同的基本特征之一"这一共识。至此,遗传和变异的概念已经在学生的脑海里准确而完整地呈现出来了。

（四）在研究中升华

如何在资料收集课课型中体现和声课堂的模式? 我们在前期研究探究实验课的和声课堂模式获得的经验基础上,创造性地采用了一些教学策略,为资料收集课课型的和声课堂模式各个环节的落实尽量做好服务。

策略一,从设置情境的环节入手,提供一个和本课内容有关的生活场景,引发学生的思考,并发出自己的声音,提出自己的意见。这一点是可以通过开课展示照片、图片或讲述故事实现的。

策略二,发现差异和聚焦疑点的首要手段就是倾听和辨析,有学生参与的资料交流要保证听得清,在有限的时间里能留下对资料辨析的痕迹,所以,资料最好要有提前的整理,还要以幻灯片和纸质资料并存共用的形式来满足课堂上孩子们对资料的了解和辨析。

策略三,寻求突破这一环节需要进一步对多方面的资料进行比较分析,采用表格对比记录等方式,找到事物间的关系或变化规律,在认知上能得到相对统一的结论,从而达成共识。

这些细微的策略变化,看似不起眼,但实质上,每一个策略的实施都有助于和声课堂教学环节的落实,把教师的"教"变成学生的"学",切实转变学生的学习状态和思维方式,正如佐藤学老师的那本书名,这是一场"静悄悄的革命"!

在和声课堂的整个研究中,组上的每一位老师都全身心投入,我们一直在路上,携手相伴,共同前行!

七、美术学科：基于情境、源于问题、关注经验、强调探究

在国家提出美术学科五大核心素养的大背景下，我们明确了美术教学的新方向——基于情境、源于问题、关注经验、强调探究，这与和声课堂理念不谋而合。

和声课堂是尊重差异、寻求共识、人人发展的课堂。和声课堂教学真正从人的角度出发进行设计，着眼于学生持久的学习兴趣，终身的学习能力与发展。

（一）紧扣理念，教学实践

研究过程中，每位老师都紧扣和声课堂理念，按照和声课堂适度留白、人人参与、注重倾听、寻求共识的教学原则进行教学设计，按五步模式进行教学实践，并开放自己的课堂，展示研究成果。

张永芳老师的"签名设计"，从学生实际需求出发，引导学生主动寻求笔画的变化方式，尝试设计自己的名字。陈轶老师的"画中画"，利用微课创设情境，通过找出画的秘密、分辨真假、画中画等几个环环相扣的环节，激发学生兴趣。王娅飞老师的"工程车"，选取贴近学生生活的视觉形象，自主分析工程车的结构，充分尊重学生差异，引导孩子归纳总结、创意表现。崔雨浓老师的"四格画"，开课直接给出范例，并引导学生打破范例重新构思，再由六格精选变四格的环节，聚焦疑点，达成共识。刘琦老师的"手形添画"，通过合作摆手形的游戏，让学生归纳出画手形的方法，并进行大胆想象，添画成新事物。五节绘画课，老师们都从学生的已知经验出发，引导学生有意观察，分析归纳，鼓励学生发挥想象，积极探索，带领学生主动寻求方法，运用一定的技法和美术语言创作图像，表达自己对事物的想法。

任唯一老师的"纸浮雕星星"，通过还原拆开的纸浮雕作品，寻求制作的方法，让学生自主学习，培养学生的观察、动脑和动手能力。在王琳老师的"小怪物"课上，教师提出困惑，请学生帮助解决问题，引导学生思考，主动探索学习知识；适度留白，充分尊重学生的主体地位。唐可的"剪纸动物"，在学生已掌握轴对称图形的基础上，让学生自主探索多种剪纸方法，分享交流，总结归纳并实践应用。三节手工课，学生都主动观察，发现问题，寻求方法，积

极动脑,尝试动手,总结经验,把自己学到的知识迁移运用到生活中,制作作品来美化生活。

(二)总结反思,提炼策略

几位教师在课堂中都做到了适度留白,鼓励每一位学生积极参与到学习活动中,大胆表达自己的看法,老师与学生一起认真倾听,让差异最大化地呈现出来,老师归纳差异并引导学生一起寻求突破疑点、解决问题的方法,用不同的方式来完成同一个主题,这就是"和而不同"。学生在美术课堂中识读图像,理解美术背后的文化,结合自己的审美经验,去分析、判断,通过主动实践、创意表现去创造新的视觉形象。美术课堂因此呈现出精彩而丰富的面貌。

同时,三位书法教师也经过对"悬针竖"一课的同课共构,归纳出实施和声课堂教学原则的策略。

1.启发想象适留白

在学生掌握基本握笔的方法后,对毛笔有一定控制能力,让学生通过笔画的外形,想象针的外形和笔画的外形有什么地方一样,教师没有急于把毛笔落笔的轻重不同而产生的笔画外形变化告诉学生,而是适度留白,让学生在书写实践中自己去体会、发现问题。

2.口诀提示齐参与

单一的笔法通过什么办法来落实呢?经过研究,我们提炼出了"口诀提示法"这一辅助方式。

课堂上,在老师的口诀提示下,学生能够清晰地知道自己应该做出的相应的书写动作,这种深度的人人参与和体验大大提高了书写的成功率。成功往往带来自信,有自信的孩子还有什么困难是不能克服的呢?接下来,大胆留白,把时间交给孩子们,让孩子们相互进行口诀提示练习,让每个孩子都相互当一回"小老师",角色互换,更能激发孩子们学习的兴趣。

在和声课堂下的大课书法教学,我们一改习以为常的师傅带徒弟的作坊模式,让孩子们在课堂上既不是机械式地傻练,也不是我行我素地胡涂乱画,而是鼓励学生自我感悟,提出自己的见解与想法,然后殊途同归,总结整理书写方法动作,最后辅以口诀提示,让各种想法落地,在纸面上呈现出来。

3.细致观察重倾听

老师们在日常培养中,就要求学生学会倾听,在此次同课共构中,倾听时我们将重点放在了捕捉差异上。老师们通过精准的提问来聚焦疑点(注意,老师们提问是精准、简练的),根据学生回答,有效辨析,提炼归纳,寻求突破。倾听就是在课堂教学过程中有效地捕捉和利用每一个信息、每一种差异和每一次冲突,从而不断创新、生成。

八、音乐学科:尊重彼此,交汇融合

和声课堂的"和声"一词来源于音乐,有声音就能产生和声,有和声才能编织出美好的音乐。民族乐器和西洋乐器,古典音乐和民族音乐,两种完全迥异的音乐形式,只要尊重彼此的差异,互相交汇融合,最终也能达成和谐统一的共识。

音乐组结合区级研究课题,立足欣赏课,展开了"和声课堂"的研究。欣赏课是音乐教学最重要的一种课型,我们音乐教育的目的不仅是教会学生唱歌,培养学生音乐修养,提高音乐感受理解能力,才是音乐学习的本质所在。"每个人心中都有一个哈姆雷特",同样的,一首乐曲,每个人都有其不同的音乐感受。如何上好欣赏课,一直是很多音乐教师头疼的问题。长期以来,在传统教学模式的影响下,欣赏课都存在教师主导过多的问题。而我校推行的和声课堂,不论是内涵、原则和模式,都要求老师打破传统教学模式,让学生通过主动探索、积极交流来建立新的认知。而音乐欣赏教学倾向于感受、体验,学生参与、主动学习的机会更多,从教学形式和教学方法上更能够体现出"和声"课堂的特点。可以说,"和声"课堂教学模式正好可以和音乐欣赏课相契合。2017年,我们全组教师深入学习和声课堂理论,结合音乐课标,将和声课堂思想内化到欣赏教学之中。通过研究,我们明确了方向:(1)在音乐欣赏课上,要对学生音乐感知水平有明确把握,对欣赏内容要有清晰深入的了解,这样才能确定出明确的欣赏目标;(2)要注重从音乐本身出发的欣赏教学,音乐欣赏中也包含了很多音乐知识的学习。双基落实,技能培养与和声课堂的模式理念并没有冲突;(3)欣赏教学中要特别注意聚焦疑点,寻求突破,一定要用音乐的元素解读音乐,同时在必要时候要淡化教师主导作用,让课堂适度留白,营造出开发学生音乐潜能的创造性教学的空间。通过本学年的研究,每位老师都对"和声课堂"的把握更准确、更切实、更全面!

在校本研究的基础上,我们在渝中区音乐教研活动中推出了两节研究课:一节是王娜老师执教的"彝族舞曲",一节是李茜老师执教的"多瑙河之波",集中展示了"和声"课堂音乐欣赏课研究成果。

在影片《放牛班的春天》中,马修老师只是千万平凡教师中的一员,但是,他用音乐唤醒了孩子心灵深处的美好,用和声激发了孩子即将枯萎的灵魂。我们音乐教师始终深信:音乐教育中音乐知识的传授,技能、技巧的掌握并不是目的,通过欣赏教学,尊重学生差异,鼓励学生人人参与到音乐鉴赏之中,从而去认识音乐、理解音乐,乃至创造音乐,才是音乐和声课堂的根本目的所在。音乐教育之路上,我们伴随着美妙的和声前行!

九、信息技术学科:新任务驱动,实践和声

学校和声课堂的理念已经提出近四年的时间了,和声课堂的理念也越来越深入人心。在这几年的时间里,信息技术教研组一直在课堂上尝试理解并实践和声课堂的理念。随着对和声课堂理论的逐渐认识,根据将理念运用于实践时遇到的种种情况,我们发现问题,努力解决问题,在不断的探究中逐渐找到了信息技术学科和声课堂教学策略和实施方法。

(一)新任务驱动,实用有效

和声课堂不是将以前的东西全部推翻,而是要有所取舍地继承发扬。传统任务驱动法的教学步骤是"提任务—讲方法—去练习",学生只能被动跟着学习。现在我们的和声课堂要求"让学",让每个学生发声,所以我们将老师讲解的环节取消,改为学生的探究与自学。新的任务驱动法的教学步骤为:提任务—自探究—我交流—达共识。提出的任务就能很自然地为学生留下空白,从而激发学生主动参与和探究的欲望。教师更重要的是倾听与发现学生在探索任务过程中的思维亮点,并引导大家总结出完成任务的最佳方法,进而将共识推广到全班,实现人人有所思,人人有所得。

（二）情境设置，因地制宜

每一节和声课堂都需要设置一个任务情境，用以激发学生的兴趣。在同课共构活动中，我们对比了两节课，再结合其他信息技术课堂上的情形，总结出情境与学生学习兴趣的关系：情境中的主角，如果学生越熟悉，他们的兴趣和热情就越高涨。学生感兴趣的内容，从高到低排序分别是：学生本人、教师本人、熟悉的卡通形象、日常生活情形、其他"新朋友"。所以，必须充分考虑学生与教材内容两方面的因素，在设置情境上因地制宜，才能达到最佳的效果。

（三）探究思考，充分留白

任务驱动法需要完成任务，但完成任务只是一个小目标。和声课堂更看重的是让学生在完成任务的过程中得到素养提升和能力增长。要培养学生自觉有效地获取使用信息的素养，学生探究思考必须留足充分的时间。如果仅仅为了完成教学设计，完成作业任务，那么课堂迟早都会变成老师"一言堂"式的传统教学模式。

传统的信息技术课堂，固定于"教师教，学生学"的模式，学生几乎没有独立思考的必要。这与《中国学生发展核心素养》中的要求背道而驰。信息核心素养要求学生能自觉、有效地获取、评估、鉴别、使用信息。因此，我们的和声课堂研究，以培养学生核心素养为目标，结合和声课堂的理念与原则，走出了一条有信息技术课堂特色的道路。

十、幼儿园绘本教学："同课"共磨合，"共构"奏和声

我们以和声课堂核心团队为引领在全园展开和声课堂研究。先是核心团队成员展示和声课堂，再是全体教师参与"同课共构"，从和声理念的学习、教材的解读、课堂教学实践等多方面推进"和声课堂"研究工作。同时我们将教科研相结合，在图画书阅读的课题引领下，把重点锁定于绘本教学，在这一重点课型中践行"和声课堂"理念，从选材、设计到组织教学，均以和声课堂理念为指导。

我们把课例研究中得到的宝贵经验，运用到我们日常教学活动中，不断

实践和总结,提炼出幼儿园绘本阅读活动中和声课堂原则实施的方法与策略。

策略1:尊重幼儿主体地位,提升人人参与度

在教学中,我们发现幼儿在集体阅读和自主阅读两种不同形式中表现出不同的状态。学龄前儿童注意力集中时间非常短,被动地听老师讲十几页的故事,注意力很容易分散,集体阅读这种形式随着时间推移会大幅度削弱幼儿的参与兴致。

和声课堂小册子提到:人人参与并不是说坐在教室内就是参与,而是充分发挥了主体性的参与。集体阅读以教师为主体,如果能让幼儿自主地与教材互动,会有什么效果呢? 于是我们转变阅读方式,请幼儿两两一组自主阅读,阅读前,设置问题情境:"请小朋友和同伴仔细阅读故事,看看小猪想到了哪些自救办法?"在自主阅读过程中,我们给予幼儿充分的阅读时间。在这一过程中,我们发现幼儿兴致盎然地阅读、讨论,参与度大大提升。尊重幼儿主体地位,让幼儿成为积极主动的教材加工者,每一个幼儿也就自然地参与了进来。

策略2:理解幼儿年龄特点,寻找最佳留白时机

通过教学,我们看到了不同留白位置呈现出幼儿想象力的不同水平。在《小熊一家和吵吵闹闹的怪物们》绘本同课共构研究时,起初两次的教学活动,我们将问题情境"如果你是小猪,你会想到哪些自救办法?"置于故事阅读之后,孩子们想到的方法少且重复性强。我们思考这种状况可能是源于幼儿的年龄特点——好模仿、从众心理强。看过故事的幼儿难免会受到画面干扰,易于跟随故事里的自救模式。于是在第三次活动中,我们将"白"留到了小猪被狐狸逮到后但整个故事主线还未推开之前。如此一来,幼儿开动脑筋,想出了不少创意十足的好办法。所以留白不仅仅是设置一个问题那么简单,留白于何处也要充分考虑到幼儿自身的年龄特点。

策略3:搭建同伴间的沟通桥梁,寻求理解与共识

在策略2所提到的问题情境"如果你是小猪,你会想到哪些自救办法?"中,幼儿积极开动脑筋想到了五花八门、天马行空的办法。但是小组成员渐渐发现,大家各说各话,在答案数量惊人的背后也有质的不佳。我们鼓励幼儿大胆表达想法,但是想法也要经得起推敲。和声课堂小册子谈到:共识意味着我们要养成人际互动、讨论、争辩、协商和妥协的习惯。所以,帮助同伴之间搭建沟通桥梁是"寻求共识"的关键,有桥梁幼儿之间才能互通有无。为此,在最后两次活动中,我们将重心转移到让幼儿互相探讨方法的可行性。如"你们觉得这种方法行得通吗?""他这样的想法有道理吗?""你更赞同谁的方法?"这些问题搭建起了幼儿对话的桥梁,幼儿也在"你来我往"之间,体验了寻求的过程。

策略4:善于表扬、巧用奖励,强化幼儿倾听意识

倾听是一切活动开展的基础。学龄前儿童自我意识强,自控力差,极少站在对方的立场看待问题。大班的幼儿好表达,但很少倾听同伴的想法。在起初的几次活动中,我们主要采取口头表扬的方式去肯定善于倾听的孩子。逐渐,小组成员思考能否丰富鼓励的形式,如物质奖励。我们联想到了日常教学活动中经常使用到的小贴画,再改良了一下,做成了许多耳朵图案的小卡片。在教学活动中,奖励给善于倾听的幼儿,将小耳朵贴在他的胸前。如此一来,每个幼儿都格外专注,也能在一定程度上自我控制,专心倾听同伴的发言,一个活动下来,不少幼儿都获得了小耳朵卡片。

总结:和声课堂四原则是保证活动有效开展与实施的条件,应该贯穿于教学活动始终。在和声课堂五步教学模式中,四原则就像营养液一样渗透其中,反复循环流动,让五步教学模式充满活力。

虽然在和声课堂研究中有了些许收获,但我们还需要继续在和声课堂思想的引领下,深化教学方式的研究和实践,提升我们的教学技能,让和声思想生根发芽,让和声课堂遍地开花,让人和宝贝茁壮成长。

第五章

人和教师

——居儒典雅，身正学高

管理的基本要素是人、财、物，是物质性的。其中，人是能动性的物质资源，财、物是非能动性的物质资源，财、物由人掌握、支配和使用，才得以发挥作用。因此，在人、财、物三要素中，人力资源又是最主要的。邓小平同志在论述部队管理问题时明确指出："所谓管理得好，主要是做好人的工作。"[①]这对我们分析学校"人和"管理问题，认清诸要素间的关系以及把握"人和"管理工作内容的重点，同样具有指导意义。

学校中人力、财力和物力是由社会通过各种渠道提供的。人力资源量足质高，财力雄厚，物力充裕，就会给学校有效进行教育活动和管理活动奠定可靠基础。反之，学校各项活动的开展必将受阻，影响成效。但学校管理不同于厂矿企业、国家机关的管理，它们之间有共性，但学校管理也有自身的个性，即它把育人放在首位。学校是社会的教育组织，它的专门职能就是为社会培育一定质量和数量的人才，实现劳动力的再生产，以维持和发展人们的社会生产和社会生活，使社会不断前进。这也就是学校的本质，即教育性和培育性，也是学校和其他行业最本质的区别。学校管理的目的就在于运用教

---

① 王金国.校长对人的管理应"仁治"[J].湖北教育（教育教学），2009,(12):24.

育规律和人的生理规律,合理地使用人力、财力、物力、信息、时间,提高学生的质量和数量,增强教育的经济效益和社会效益,这是学校管理的第一个本质特点,也是学校的管理目标。学校管理是育人、管人、用人三者有机统一的过程,是以智力开发智力的过程,这是学校管理的重要特征,也决定了学校管理的重点应该放在师资队伍的建设上。同样学校的"人和"管理,重点也应该放在建设一支高素质、可持续发展的教师队伍上,以保证学校的持续、健康发展。

第一节 | 人和理念引领教师专业化发展

一、学校发展的基石——教师专业化发展

百年大计,教育为本;教育大计,师资为本。教师专业发展不仅是关乎民族素质和基础教育整体改革取得成功的大事,也是教师专业持续和终身发展的基础。学校的发展也离不开教师的发展,教师是学校力量的主体,是教学改革最活跃、最有创造性的因素。教师的专业发展水平决定着学校的核心竞争力,是打造学校品牌的关键,更是学校可持续发展的基础。特别是当前学校教师队伍正处在新老交替的关键时期和课改的全面推行时期,对教师学历、专业知识、专业技能、实践能力等提出了新的更高的要求。教师面临着新的挑战。因此,培养一支教育理念新、教育教学水平高、教育科研能力强的教师队伍,应是学校一项具有重要战略意义的长期基本任务。

《重庆市教师队伍建设中长期规划(2011-2020年)》中明确指出,教师队伍建设的总体目标是:到2020年,培养和造就一支师德高尚、规模适当、结构优化、业务精湛、富有活力的高素质专业化教师队伍。教师队伍主要指标在西部地区领先、走在全国前列。重庆市渝中区人和街小学创办于1943年,是一所具有70余年办学历史的市级示范小学,作为一所集幼儿园与小学为一体的巴渝名校,教师队伍的建设和发展显得尤为重要,对教师的职业道德修养、教育教学专业素质、教师可持续发展的潜能等方面就提出了更高的要

求。在教师专业发展方面,学校对教师发展现状做过认真深刻的剖析,认识到全校教师队伍的专业发展内驱力大致可以划分为三种:有1/3的教师积极主动,乐意发展;1/3的教师是压力驱使,等待发展;1/3的教师按部就班,不愿发展。针对这样的问题,我们认识到仅仅依靠制度建设、标准建设、课程开发、手段革新等,已经不足以推动当代教师队伍的成长,其中不少症结并非因技术而生,而是源于文化。学校应当以文化引领唤起教师的文化自觉,使他们意识到自己是发展的主体,激发教师的专业发展愿望,让他们在专业发展中实现价值体现,增强职业幸福感。

(一)特色文化引领教师专业化发展

"和"是我国古代哲学思想中最重要的概念之一,指不同事物对立统一而达到的平衡协调状态。学校确定"人和"为学校文化的核心,将"人和文化"的思想精髓归纳为三个层次:人心所向、上下团结、建功立业。人心所向是一种和谐的精神状态,上下团结是凝聚的方法和力量,建功立业是群体共同追寻的价值目标。

我们将教师的发展与学校的发展高度统一起来。在"人和为魂、和谐育人"的办学理念下,形成了"居儒典雅、身正学高"的教师文化:居儒典雅——培养儒雅的风度和人格魅力;身正学高——身正为范、学高为师。同时将中华传统文化中的和合思想作为教师队伍人格理想和社会理想的价值目标追求,以文化凝聚人心,让教师认同学校文化,激活教师专业发展动机。

第一,追根溯源,寻找校园文化之根。在"寻根人和"活动中,校长、主任拜访老校长、老主任,青年教师、学生代表采访老教师,听他们讲述"人和"故事,并把具有代表性的故事写进《人和读本》,把人和精神突出的老师请上"人和讲坛",用他们和他们的故事,补充和丰富"人和"文化的内涵,让教师从学校发展历程中感悟"人和",积极关注身边的"人和"事,学习、实践与人和谐相处之道。

第二,通过参与,内化于心。在学校文化建设中,学校积极把教师和学生"卷入"进来,让师生各抒己见,畅谈对学校文化的认识,了解教职工和学生对学校发展的真实想法和希望,邀请大家参与讨论,构想如何建设我们的校园。让教师在一次次参与中逐步建立起"人和"的思想和价值追求。

第三,引导行动,形成自觉。在人和文化引领下,教师需要开放自己,加强自己与他人的合作。在一次次团队研究、对话、协调、合作中,教师能够更充分地看到别人的优势和长处,减少了孤立工作导致的自发行为,激发出想超越自己的内在愿望。从关注自己到关注别人,再到关注自己,教师文化逐渐完成从隔离型个人文化到合作型团队文化的变革。

(二)基于学校特色建设的教师专业化发展策略

1.以特色明方向,建立教师专业化发展共同体

特色是学校发展的目标和方向所在,如何让这一目标得以实现,则需要围绕学校特色建设重新规划设计团队。为此,学校构筑了"二核三层"的教师专业发展团队,形成"人和"教师专业发展序列。

"二核"即两个核心团队:班主任团队和学科团队。前者以德育研究为核心,在学校教育氛围和班级文化建设方面展开专业发展实践;后者以学科研究为核心,在课程研究和教学研究方面展开专业发展实践。

"三层"即三个教师专业发展层级:新入职教师、优秀教师、专家型教师。新入职教师是教龄在5年之内的;优秀教师是在专业上已经合格,需要向专家型教师进军的;专家型教师则是已经有了一定成就,但又需要进一步在思想上提升、能力上完善的。

团队建立起来,必须有思想核心,有共同发展的动力,而后才能够成为发展的共同体。而这一思想核心,一定是学校的特色建设。因此,我们以学校特色建设为中心,展开教师专业发展的系统规划,做到每一个团队在专业发展上定目标、抓任务、有考核。教师专业发展共同体赋予教师发展以群体意识和团队形式,有助于教师形成共同的价值观念,达成共同进步和发展。

2.针对特色做研究,形成教师专业化发展的具体载体

学校特色建设是一个创造性工作,必须与学校教育教学研究结合起来。多年来,我们以重庆市教育科学规划办"十一五"课题"学校'人和'文化建设的实践与研究"、"十二五"课题"人和教育校本课程的建设与实践研究"和"十三五"重点课题"基于核心素养的'五维一体'人和教育办学实践研究"为龙头,以学校教师专业发展团队为根基,以"校本课题研究"为途径,形成"人和班级文化建设""人和特色校本课程开发""和声课堂研究""综合素质评价研

究"四大课题系列、500多项研究,为人和特色建设奠定了基础。

3.做好知识管理,建立特色发展知识库

知识管理是在组织中建构一个人文与技术兼备的知识系统,让组织中的信息与知识通过获得、创造、分享、整合、记录、存取、更新等过程,达到知识不断创新的最终目的。要基于教师的经验和智慧做好学校特色建设,必须通过知识管理。为此,学校建立了"四化一库"的知识管理体系。

"四化":(1)个人知识专业化,即帮助个人把自己的显性知识和隐性知识进行整理和专业化提升;(2)个人知识集体化,即把个人经过整理的知识进行公开,并让大家进行学习;(3)集体知识个人化,即把与特色学校建设有关的知识转化为每一个人的知识,并进行考核;(4)知识学习隐性化,即把转化为显性知识的成功经验转化为每一个教师自然而然的教育教学行动。"一库"即一个系统的资源库,其中包括课程资源库、教育教学案例库、工作经验库、研究工具库。上述"四化"的结果都上传到资源库中,通过不断地创造、积累、完善、分享,形成一个洋洋大观的学校知识管理系统,让教师在学校特色建设中有资源可以应用,有经验可以借鉴,有方法可以使用。

4.以核心任务为标准,体现教师评价的针对性

作为一个优质学校,各项常规工作没有问题,但如何超越常规走出特色发展之路,则需要对教师的发展做出具有针对性的评价。为此,学校把常规工作作为基准,在此基础上,依据特色学校建设的进程,每个学年设置核心任务,教师的专业发展情况都以核心任务为标准来展开。

2009—2010学年是学校文化建设年,以班级文化、学科研究文化建设作为教师专业发展评价的重点;2010—2012两学年是学校课程建设年,教师在课程建设方面的专业化发展被纳入教师重点考核内容;2012—2014两学年是和声课堂建设年,对教师专业化发展的评价重点集中在他们在和声课堂研究的贡献上。通过这样的评价,就把教师的注意力集中在了特色学校建设的每个阶段。

(三)校长对于教师专业化发展的意义

1.校长为变革领导者

在变革的社会,一个好校长必须能够充分认识到教育的危机,具有改革意识,形成坚定的思想,并积极打破教师的"舒适地带",让教师感受到发展的重要性,感受到参与学校特色建设的重要性。在长期的教育实践中,校长要逐步形成自己的教育思想和观点,并把自己的思想、观点转化为团体的共识和行动。带领教师追根溯源,探寻文化根源;通过顶层设计,找准特色定位;通过科研团队,展开课程与教学建设。以改革之心,显改革之志,用一个一个具体的改革问题带动教师专业化发展。

2.校长为系统规划者

进行特色学校建设,必须将学校建成一个学习型组织,而学习型组织建设的关键在于系统思考。校长需要从整个学校特色建设着眼,系统规划学校教师专业化发展,形成支持学校特色文化、课程、教学的教师专业化发展体系,使教师专业化发展达到"五有":有明确的发展目标,有具体的发展内容,有实效的发展方式,有宽阔的发展平台,有针对性的发展评价。

3.校长为发展支持者

在教师专业化发展过程中,校长必须作为教师专业化发展的坚实后盾,大力支持教师的专业化发展,为此需要做到"四个支持":(1)政策支持,建立教师专业化发展工作制度和评价制度,把教师专业化发展作为教师的责任和义务;(2)资源支持,对教师专业化发展不惜资源,每年花费25万元引进全国优质专家资源到校指导,每年花费一百多万元派出教师学习,对专业化发展的典型进行奖励;(3)平台支持,建立数学和体育两个学科的区级"名师工作室",为渝中区20所小学培养该学科的骨干教师;同时,支持各学科教师们出外上课、做讲座;(4)情感支持,通过学校发展论坛,以学校发展引领教师发展,以人生价值激活教师发展。

4.校长为评价组织者

在教师评价中,校长积极发挥组织和导向的作用。校长以"和而不同,为每一位孩子提供适合的教育"为教育目标,反对唯分数论的片面评价标准。每学年,组织教导处通过质量抽测等方式对各学科教学质量和教师教学水平进行综合评价;组织德育处对教师德行、班级管理进行职级考核;组织学生座谈,开展家长、学生的问卷调查,收集第三方对教师的客观评价。总之,在团队评价中,校长关注细节、诊断反馈,不断激励教师的下一步成长。

同时，学校还以"西南大学—渝中区教师教育创新示范学校"项目为契机，积极引进专家资源，加大教师培训力度，为教师专业化学习与提高创造更多的机会，使教师在成长中持续发展，在发展中收获成功。

二、人和管理的成效——教师成长

管理的任务是设计和维持一种环境，使在这一环境中工作的人们能够用尽可能少的支出实现既定的目标，或者以现有的资源实现最大的目标。尽管在当前的学校管理中，也有不少学校强调"以人为本""关心爱护教师"，但往往还处于较低的层次上，或是形式上的"以人为本"，教师的潜能还远远没有发挥出来。强调科学规律、强调依法治校，这是改变管理的无序状态，提高管理效率的一个重要举措。但不少学校管理者却把这当作学校管理一切的法宝，即只重视学校管理中的理性因素，只相信严密的组织结构、周密的计划方案、严格的规章制度和明确的责任分工，结果忘掉了"人"，忘掉了人的价值、需要、情感以及发展。若将理性作为学校的全部本质属性，进而人为地漠视非理性及非理性教育，必然使学校管理的效能大打折扣。

我校以"两江融聚、人和教育"为办学理念，使来自不同院校、不同地域、不同背景、个性鲜明的人相互帮助、相互勉励、相互促进，共同成为"人和"人。首先，学校管理者尊重教师，善于调动他们的积极性。尊重教师，即用平等的态度对待教师，用朋友的身份与教师交往。领导者没有居高临下、冷若冰霜，与教师之间树起心理的障碍，形成心理的隔阂，而是注意尊重每个教师的独特个性，在他们做好本职工作的前提下，不过分追求管理要求上的整齐划一，不用死板的条条框框去限制教师充满创造性的教学活动。其次，学校领导层理解教师工作的复杂性与艰巨性，注意主动和教师交流，增进沟通和理解，拉近管理者与教师的距离，用爱心、关心、真心与诚心打造既严谨有序，又宽松和谐的教职工群体，使管理者和教师成为彼此信赖、相互尊重的知心朋友。最后，学校领导层明白教师承担着教书育人的重任，承受的心理压力也比较大，便设身处地地替他们着想，多方关怀，减轻或转移他们的压力，让他们以较好的心理状态进行教育教学工作。同时，关注教师的各种需求，把教师们当作一个个有思想、有感情、有独立人格的活生生的人，帮助他们实现自身价值。

基于这种以人和特色文化建设促进教师专业发展的思路,教师教育教学水平整体得到提升,整个"人和"教师队伍在学校领导班子的带领下蓬勃发展。一批居儒典雅、身正学高的教学名师、特级教师活跃教坛,在全市乃至全国享有盛名。

数学特级教师翟渝成,高级教师职称,重庆市名师,全国"五一劳动奖章"获得者,享受国务院政府特殊津贴,先后被评为重庆市劳动模范、全国小学数学十佳教师、中国教育学会先进工作者、重庆市十佳女园丁、重庆市巴渝英才、德育先进工作者、优秀班主任、优秀教师、优秀党员。她先后承担了中国教育学会科研规划课题、市级科研课题的主持人和主研人员,撰写的6本专著分别由重庆出版社、中国科学技术出版社、西南师范大学出版社出版。2005年至2010年,担任了两届"渝中区翟渝成名师工作室"的导师;2011年又担任了"渝中区人和街小学青年骨干教师培训班"的导师,指导50多名教师参加全国、市级赛课和说课比赛,获特等奖10人次,一等奖40多人次;曾参加全国、省、市、区中青年教师赛课,均获得一等奖。应邀到全国20多个省、自治区、直辖市上观摩课并作讲座百余场;撰写了80多篇论文及教学设计,先后在十多家教育核心刊物上发表,数十篇被评为全国、省、市科研成果一、二等奖。

体育特级教师阳劲力,高级教师职称,先后荣获全国模范教师、全国千名优秀体育教师、重庆渝中名师(四届)、重庆渝中敬业奉献道德模范、新中国成立60周年重庆杰出贡献英模等称号。被聘为首届全国中小学体育教学指导委员会委员,《中国学校体育》杂志学术研究会会员,是重庆市教育学会特级教师分会会员、重庆市体育学会会员、国家一级田径裁判员。阳老师致力于小学体育教育教学第一线的实践研究,成效显著,在校、区、市及全国产生了较大的影响。2001年至今,积极参加国家新一轮课程改革,在编写《体育与健康》教材、实验研究、培训推广等方面做出了成绩,是人民教育出版社体育学科培训团专家。2006年重庆市渝中区人民政府授命建立"阳劲力名师工作室",积极推广其课改实验成果。

语文特级教师刘小波,高级教师职称,现任学校语文教导主任,重庆市小语青研会副秘书长以及渝中区教育学会理事。获"第四届全国小学语文教师素养大赛"特等奖,先后被评为全国科研型骨干教师、全国百佳语文教师、重庆市教师培训专家、重庆市骨干教师、渝中名师以及涪陵区科技拔尖人才与学科带头人。曾3次获得重庆市教学大赛一等奖,被西南大学、重庆师范大学、三峡学院等院校及各地教师进修学院聘为"国培计划"导师。先后有40余篇论文获奖或公开发表,曾指导多名青年教师获得全国、市、区赛课一等奖。

数学特级教师郭莉,高级教师职称,渝中名师,重庆市"郭莉数学专家工作室"和"渝中区郭莉名师工作室"导师。她先后3次获全国赛课一等奖,主研教育部规划课题1项、市级规划课题2项。她还参与了人教版教材教师用书、人教版新课程标准实验教材《素质教育新学案》、重庆市教科院教辅读物《数学学习指要》、全国"十五"规划重点课题实验用书《小学数学学习策略》、理论专著《义务教育数学课程育人功能研究》《促进学生可持续发展的数学教学案例》等书籍的编写工作。她撰写的70多篇论文在各级论文评选中获奖,其中30余篇在《小学数学教育》《小学数学》《福建教育》等刊物上发表。她多次应邀参加全国新教材培训会、中国教育学会小数专委会学术年会、重庆市教研员工作会,并先后到北京、上海、广东、浙江等二十余个省市以及重庆的彭水、江津、武隆等二十多个区县执教观摩课和讲座近百场。

目前,学校干部带头,名师示范,青年骨干教师茁壮成长,教师队伍正朝着越来越好的方向发展,彰显出强大的生机与活力,而强大的师资队伍更为每一位学生的全面和谐发展奠定了坚实的基础。

第二节 │ 校本培训支撑教师专业化发展

新课程改革实施以来对教师素质的要求越来越高,加之学校引进教师来源渠道的拓宽以及国家绩效工资改革的推行,使得学校教师之间的差距也日趋明显。一部分教师出现职业倦怠、安于现状、不思进取的思想倾向,一定程度上给教师队伍稳定发展带来了负面影响,不利于学校的长远发展。因此,有必要对学校的教师队伍结构进行梳理与分析,找出存在的问题并寻求解决方案。

表5-1　2014年学校在职教师队伍情况分析表

(单位：人)

年龄	教职工总人数	女性教职工人数	其中：专业技术人员	学历			职称					国务院特殊津贴获得者	重庆杰出贡献青年	重庆市劳动模范	全国"五一劳动奖章"获得者	未来教育家	"西部之光"学者	全国优秀教师	重庆十佳女园丁	特级教师	名师		渝中名班主任	骨干	
				研究生	本科	大专及以下	高级教师	一级教师	二级教师	三级教师	未定级										市级	区级		市级	区级
24岁及以下	8	4	7		7						7														
25～29岁	79	61	76	7	64	5			54	4	16														3
30～34岁	41	24	39	2	36	1		5	33		1														6
35～39岁	43	34	43		39	4	2	31	8															4	14
40～44岁	34	27	30		30		3	26				1	1					1		2		2		12	9
45～49岁	23	15	22		18	4	5	16	2						1	1	1			1		2	1	3	3
50～54岁	14	13	10			10	2	7	1			1		1	1					3		2		4	1
55～59岁	7	1	6		1	5	1	5											1	1	1				
合计	249	184	233	9	195	29	13	90	98	4	24	2	1	1	2	1	1	1	1	7	1	6	1	23	36

从表5-1中可看出：学校在职教师中有国务院特殊津贴获得者、未来教育家、"西部之光"学者、特级教师、重庆突出贡献青年、重庆市劳动模范、全国"五一劳动奖章"获得者等，可见学校师资资源还是比较雄厚的，教师的整体素质比较高。从教师的年龄结构、学历结构、职称结构来看，都相对合理，而且年轻老师学历日益提高，研究生的比例增大；从性别比例来看，学校女老师偏多，但整体趋向合理；从骨干教师、学术学科带头人来看，学校各级教师的比例基本适中，而且骨干教师的比例年轻化，但值得反思的是市级名师有出现断层的苗头，这不利于学校整体的品牌发展。

一、教师专业化发展的目标与任务

学校以新课程理念为指导，依据学校教师专业发展总体规划，将教师队伍建设放在深入实施人和教育特色学校建设的突出位置，以全面提高教师队伍的整体素质为核心、以骨干教师队伍建设为重点、以深化教师人事制度改革为动力，不断拓宽教师队伍建设思路、优化教师教育模式，并以学生核心素养与学校发展为衡量检验的标准。具体来说，目标如下：

（一）建设一支分层合理、可持续发展的教师队伍

学校致力于建设一支德行高尚、情趣高雅、教艺高超的教师队伍，但同时这一队伍必须保证由教坛新星到骨干教师再到特级教师和名师的层层推进，分层但不断层，初步形成较为科学合理的人和教师阶段化发展序列，以保证教师队伍建设与学校的可持续发展。

（二）出名牌教师

提升学科素养、培养学者型教师，是学校教师专业发展的目标。我们不断提升教师的教学理论水平与教育教学能力，使教师对于教育的价值判断有一个质的飞跃，使教师能够站到时代的最前沿去理解教育，并努力按照这样的理解去实践、探索，力争推出在市区乃至全国有影响力的名师。

（三）出品牌学科

从培养学习型组织的层面看，学校着力打造集科研、师训、课改功能于一体的教师专业化发展型学科组，并在此基础上完善新型学科组教师专业化发

展制度建设。经过几年的努力,力争在集体智慧的努力下培植1~2个在市区乃至全国教育界有相当影响的名学科,并产生辐射作用。

(四)出特色课程

学校已初步构建了体现学校文化精神的"人和六质"课程群,开发了自主课程,并根据学生自身发展需要实行了选课制与走班制,形成了自己的校本研修系列课程。学校将继续推进教师通过自主课程的建设去充实与提高自己,向研究型、创新型的方向发展,并以学校特色课程的开发为目标来检验教师发展成果。

(五)出研训文化

学校要不断完善校本培训的体制与机制,立足学校的"和声课堂"教学研究,激发教师专业化发展内驱力,为教师专业化发展提供展示空间与舞台,提供良好的文化氛围,旨在形成一种教师持续学习和发展的学校文化。

二、教师专业化发展的基本原则

(一)坚持以教师发展为本的原则

以教师专业化发展为导向,学校开展的活动设计和实践环节都要服务教师这一原则,积极促进教师专业化发展。

(二)坚持实事求是的原则

深入教学第一线,发现和收集教师在实际工作中遇到的问题或困惑,及时给予帮助和解决。

(三)坚持针对性和有效性的原则

依据教师个人发展的需要,分层规划、分类指导、分步实施、分段推进,以取得最佳效果。

(四)坚持校本培训与自我培训相结合的原则

结合学校实际和教师实际,保质保量开展各类校本培训,同时积极鼓励教师参加高学历培训和教育部门组织的各类培训。

三、教师专业化发展的校本培训机制

(一)开展"师德建设"工程

教师作为人类灵魂的工程师,提高思想政治素质是为人师表的根本,师德建设是教师队伍建设中最为重要的内容。学校将建立健全由学校领导、教师、学生、家长和社会人士组成的民主监督体制,加强依法治校、民主治校、文明执教的制度建设,使教师通过法定形式和正常途径参与考核评价。同时,强化教师对教育事业的深刻理解、对职业道德和行为规范的认知认同程度以及对工作群体的向心力和奉献精神,利用每周政治学习、寒暑假集中培训等时间,每学期至少对教师进行一次专题的师德、师风、师魂教育,实现其自我反思、自主提高的内化境界,促使教师真正做到品德高尚、居儒典雅。

(二)开展"全员培训"工程

教师培训工程应以全员培训为重点,突出骨干、青年教师培训;以提高学历层次为着眼点,突出教师全面素质的提高;以专业技术能力为落脚点,搞好教师基本功培训;以计划性、针对性、实效性为出发点,使继续教育工作有质量,有效益;加大培训的力度,想办法为教师提供专业训练和专业发展的机会,以提高教师的综合能力。具体如下:

(1)现代教育理论培训。通过自学、讲座、报告、研讨、交流等形式,让教师了解和掌握现代教育的基本理论和基本知识,不断更新教育观念。

(2)学科教学能力培训。一是加强教学基本功训练,使所有青年教师都能达到规定水平;二是开展"师徒帮带"活动,充分发挥骨干教师和老教师的作用;三是实践练兵,通过举办示范课、研究课、观摩课、优质课等活动,提高教师的教学技能,不断推出优秀教师。

(3)现代教育技术培训。推进信息技术与学科教学的整合,促进教师专业发展。

(4)构建学习型学校。终身学习已成为当今世界的潮流,教师通过不断学习充实自己已成为提升自己整体素质的重要途径。学校将通过不断完善教师学习规划、健全激励机制、营造学习氛围等举措,使自我教育活动扎扎实实开展,为教师和学校可持续发展提供不竭动力。

（三）开展"名师培养"工程

学科带头人、骨干教师和高级教师是学校的优质教育资源,代表学校最高发展水平,也是学校可持续发展的基础。因此,要在三至五年内对学科带头人、骨干教师和高级教师建立考核制度,争取在语文、数学、体育等学科涌现出市级学科带头人,培养出名师。

（1）学科带头人、骨干教师和高级教师,必须结对培养青年教师,指导青年教师开展各种教育教学活动,每学期必须有一节研究课。

（2）学科带头人、骨干教师和高级教师,必须十分重视课堂教学质量的提高,要在年级的教学质量监控中起带头作用。

（3）学科带头人、骨干教师和高级教师,每年应承担课题并指导青年教师开展科研活动。

（4）学科带头人、骨干教师和高级教师必须积极撰写教育教学论文,保证每学期至少有一篇以上文章在市级以上刊物发表或交流,并积极参与校本课程的开发与编写。

（5）实行"名师优先"政策,为学科带头人、骨干教师和高级教师专业化发展提供财力支持。

（四）开展"青年教师"培训工程

在校本教师培训中,学校特别关注青年教师的成长。自2009年以来,学校以科研为引领、学科研究为突破口,采取青研班、教师专业化发展共同体等形式开展青年教师培训。从而以更新教师教育观念为先导,以提高广大青年教师教学技术、教学能力为突破口,以培养有教学特长的骨干教师为目的,提升青年教师的思想素质、理论水平、教学科研能力,培养有开拓创新意识的、有特色的教师。

（五）开展"课题带动"工程

校本研修是教师发展的重要途径,能够发挥课题引领作用。以课题研究为载体,以科学的态度和方法来解决教学实践中的问题,能不断提升教师的科研素质,逐步形成科研带教研、以教研促科研的螺旋上升态势,促进教师教研能力的建设与教师素养的提升。

（1）根据学校实际和教师发展的需要，构建具有校本特色的"参与、协作、交流、共享"的研究团队。

（2）要持之以恒地抓好教师小课题研究工作，保证每位教师至少参加一个课题研究。课题研究的特点是实用性和全员性。课题必须来自教师的教育教学实践，以解决教学实践的问题为主，从微观入手进行课题研究，真正提高教师课题研究水平。

（3）健全课题管理机制，引领教师进行课题研究，为申报各类各级课题做积极准备。

（六）开展"平台互动"工程

（1）请进来。每学期至少聘请1名教育专家，1～2名具有一定知名度的一线教师做专题讲座，为教师提供高层次的学习机会，促进教师不断转变教育观念、更新教育教学理念，始终走在教育改革的前沿。

（2）积极承办各级教研活动。通过教研活动实现和有关专家、教研员的互动教研，构建"教—学—研一体化"的培训机制。同时，鼓励教师积极参加教育部门组织的论文评选、论文交流活动，定期汇编教师论文、案例分析、反思体会等，以实现教师的长足发展。

（3）每学期都开展全校教师研究课展示活动，使教师在相互听课、评课中碰撞智慧，提炼思想。同时，定期或不定期举办各种学术沙龙、专题论坛、问题研讨等活动，充分发挥网络平台的作用，学校建立组群并鼓励教师建立自己的博客，为教师提供学术交流的空间。

（4）开阔教师视野。提供和创造学习培训机会，让老师们走出去参加一些学术活动或名师报告会等，并做好回校后的学习心得汇报、教学展示课等工作。既可以提高外出学习教师的教学能力，也增加了在校教师的学习机会，让大家享受到学习和培训的快乐。

（七）开展"评价反馈"工程

（1）每学年进行一次学生和家长问卷调查，对师德高尚、职业道德优良的教师及时进行表彰，对职业道德差的教师进行严肃处理，同时将师德状况纳入到教师的年度考核与评职评优工作中。

（2）认真执行《"教学六认真"管理工作细则》《学校值周教师职责》《学校考勤制度》《学校教师午间管理制度》等，及时做好教师记载与反馈工作，做到奖惩分明。

（3）建立"人和魅力教师"评选制度，由师生、家长和专家共同制订评选标准，每学年开展一次"人和魅力教师"评选活动，树立教师身边的先进典型。

（4）完善教师教育科研成果奖励制度，坚持每年一次的奖励。

四、教师专业化发展的保障措施

（一）组织保证

学校成立以校长为组长，分管校长为副组长，教务主任、教科室主任、教研组长为成员的学校教师专业化发展工作领导小组，负责教师专业成长的规划、实施、管理、考评等工作。

（二）制度保证

（1）健全档案管理，建立教师专业成长档案，内容包括：根据学校计划制订的教师个人发展规划；教研工作小结；自学笔记、听课笔记、教学随笔；上公开课的教案；教学点评、案例反思；个人课题研究情况；发表或获奖论文等，做好教师成长过程中的资料积累。

（2）健全激励评估和考核机制是教师专业成长的重要环节。因此，要制订相关的评估考核细则，及时记录分析教师专业成长过程中的现象和事件，做出结论性的评价。同时健全激励机制，将教师的专业化发展情况与晋升、评优、评先等挂钩，以此促进工作的深入开展。

（三）资源保证

（1）资金保证：学校要多渠道筹措经费，为教师的专业化成长提供必要的物质条件和良好环境，每学年拨付专项资金作为教师培训费用以及奖励在专业成长过程中的优秀教师。

（2）师资保证：既要挖掘校本资源，充分发挥本校名师、市级学科带头人和骨干教师的传、帮、带作用，又要面向校外聘请专业人员（包括教研人员、科研人员和大学教授）进行专业引领，从而为教师的专业化成长提供人力基础。

第三节 ｜ 教育科研助推教师专业化发展

教育科研,是以教育科学理论为指导、以教育形态为对象、以探索教育规律为目的的创造性的认识活动。简单地说,就是教育工作者在一定的理论指导下,对教育中的现象和问题进行研究,透过表面的、零散的问题,从中找到本质的、规律性的东西。把这些探索运用于实践,在实践中检验,被实践证明是正确的就是规律,就能指导以后的教育活动。

学校在多年的办学历程中,一直高度重视教育科研,把科研作为实现学校教育目标的基本手段,也把科研作为教育创新的重要抓手。在学校教育改革的每一个时期,科研工作思路清晰,各有侧重,效果明显,切实发挥了科研兴校、科研培师、科研育人的积极作用,学校成为重庆市首批教育科研实验基地。

一、教育科研协同管理决策,科研兴校

学校发展的实践使大家认识到,教育是一门科学,有它的客观规律性。只有通过科学研究,不断探索,才能认识并掌握教育工作的客观规律,从而推动学校教育教学工作的改革与发展。当然,学校的教育科研绝不是为研究而研究,它的目的是要推动工作。因此,学校的教育科研必须立足于学校教育教学工作的实际,着力于解决学校教育教学改革与发展中的问题,努力探索办学、育人的规律,也只有这样,才能调动广大教职工参与教育科研的积极性。

基于上述认识,学校的教育科研走过了艰苦的历程,取得了可喜的成果。在20世纪80年代,学校单科单项教学改革实验阶段,学校大力推动学科教改,不仅提高了教学质量,而且培养了一批科研骨干,造就了一批在省内外颇具知名度的学科带头人;在十年整体改革研究实验阶段,学校开展了"和谐、活泼"教学模式的课题研究,形成了学校"和谐、活泼"的教学特色;"十五"期间,学校以"小学优质课堂教学实验"为主课题,建立和完善科研、教研、培训三结合的机制,促进和加强了科研成果的转化和推广,有效地推动了学校新课程改革;"十一五"期间,学校集中开展了"人和文化"的研究,创建"人和

教育"特色,学校工作再上新台阶;"十二五"期间,学校开展"人和教育校本的课程开发与实施研究",荣获"2014年教育部基础教育教学成果二等奖";"十三五"期间,"学校文化、课程、教学、管理与教师发展'五维一体、全息共生'的研究",使学校办学的五个重要元素一体化发展,探索出科学合理、省时高效的新型办学机制。作为一个强大的动力,教育科研推动了学校内涵的发展不断向纵深推进,取得了累累硕果。

教育科研引领学校发展首先体现在学校管理决策上。通常,学校的科研与管理由校长一肩挑。校长既要抓管理,又要抓科研,常常出现顾此失彼的现象。其实,如果把学校比作一只鸟,教育科研和学校管理应该是这只鸟的两只翅膀,必须两只翅膀协调一致,协同用力,鸟儿才可能飞得高,飞得快,飞得稳。在我们学校,科研引领了学校发展的方向,管理调控着学校的运行,管理和科研就是办学的两翼。因此,我们提出了"科研与管理两翼齐飞,协同并进"的学校科研管理模式。在学校各方面工作中将科研与管理结合起来,将理论研究与实践操作结合起来,着力发挥教育科研重点引领、全面深入、进程同步的作用。

实践使我们体会到,科学的学校管理离不开教育科研的引领。首先,学校发展的各项方针、实施策略的制订需要科研思想的指导;其次,中层部门的工作计划、活动方案也需要有科研意识的介入。比如,在学校"十一五"规划制订过程中,我们拟定了创建特色学校的发展策略。这时,科研不再只是学校某个管理部门的事、某个课题的事,而是从校长至主任都要把自己当作既是一名管理人员,又是一名科研人员,用科研的意识、科研的方法去对全校和部门工作进行全面深入的研究和思考。从校长到中层,我们采用SWOT分析的方法,找准各部门发展的节点问题;通过访谈法,访谈退休校长、教师、校友,发现学校的传统精神和文化;通过全校问卷调查的方法,探索学校的办学特色,并对学校的校名恢复进行意见征集;通过在校刊上开展大讨论,让师生各抒己见畅谈对学校文化的认识。正是通过这样的科学研究,我们最终提炼出了学校的核心价值观,确立了"人和为魂、和谐育人"的办学理念和"人和教育"办学特色的框架,挖掘出了人和文化的内涵。根据这一内涵制订了特色学校的建设方案,即建设人和的环境文化、课程文化、管理文化及各要素的实施策略,并组织全校各部门用行动研究的科研方法去实施。同时保证学校各项工作的指导思想与"人和教育"特色学校的理念和办学目标保持一致,从而促进了学校特色的形成和品质的提升。

二、教育科研引导教师队伍建设,科研兴师

从某种意义上说,教师的质量就是教育的质量。教师专业素质的提升,优秀教师群体的打造,都非常需要教育科研。教育科研是培养和提高教师的最佳途径。通过教育科研,教师不仅可以增强科研意识,学会科研方法,提高科研能力,而且可以为自己的专业化发展方向引好路,进一步认识与掌握教育教学工作的规律,提高自己的教育教学工作水平。学校紧抓了以下两项工作。

(一)通过校本培训,提高教师的教育科研素养和科研能力

几年来,借助"中国教育实验基地"这一平台提供的专家资源,学校教科室有计划地组织开展了各项校本教师培训。比如:"人和讲坛"活动至今已开办103期,很有特色,也很受教师欢迎。首先,它内容丰富,针对性强,适应教师需要,涉及数学、语文等学科教学和班级管理、特色学校建设、家庭教育、师德培训、教育科研课题等内容。其次,讲坛嘉宾知名度高、有层次,先后邀请了吴斌、蒋军晶、曹培英、张勤、成尚荣等音乐、语文、数学、家庭教育等方面的国内知名专家,还邀请了曹文轩、杨红樱等儿童文学作家,张义宝、闫学等国内中青年教学能手。再次,活动形式灵活,走出去与请进来、讲座与授课、讲课与评议点拨相结合,努力把培训落到实处。除了培训本校教师外,有的活动还产生了一定的社会影响力,如在重庆人民大礼堂举办的"家庭教育讲座"有4000多人参加;"魅力教师、经典课堂"的教学研讨活动,除学校老师外,还吸引了遵义、内江、涪陵、巫溪等地50多所学校200多名老师参加。

"人和讲坛"不仅成为一种科研培训的形式,也成为教师思想交流的平台,许多教师走上该讲坛,分享自己的教育故事。"人和讲坛"成为一种折射人和独特魅力的文化符号。

(二)"人人做课题",促进教师队伍科研素质的提高

科研意识、科研方法和科研效果如何深入到每一位教师的心目中? 实践

证明:最佳方法就是亲自做课题,通过做课题引导教师在科研中成长。做课题的过程,是教师在科研中成长、成熟的过程,也是不断认识掌握教育教学规律,从而不断提高教育教学质量的过程。为此,学校提出了"从人人有课题做,人人学做课题到人人会做课题"的目标;本着"问题即课题、教学即研究、成长即成果"的原则,启动了小课题研究计划。先后已有693个校级小课题正式申报立项或结题,研究内容覆盖了学科教学、德育、班级管理、队伍建设、科研管理、后勤服务等学校工作的方方面面。教职工积极参加到小课题的研究中,认真撰写课题申报书,有的教师还详细写出了自己的研究思路。这些小课题内容都来自他们在一线教育教学或工作中遇到的实际问题,体现了"小、近、实、真"的原则。例如:"班级小书架课程的开发与实施研究""如何指导住读班学生在语文课前进行有效预习的研究""二年级篮球传接球能力培养的研究"等。

通过小课题研究,人人做课题,"在做中学""在学中做"。年级组长、备课组长、学科带头人、骨干教师都带头参与,发挥了示范引领作用。老师们积极投入到小课题研究中来,通过共同研讨、专家指导、学月交流会、优秀小课题成果分享等活动渲染起全校浓郁的教育科研氛围,发挥了教育科研对一线教育教学工作的实际指导作用。

三、教育科研成果的推广与激励机制

教育科研的目的是推动和改进工作。因此,教育教研成果的应用与推广是科研工作必须十分重视的问题。为了不使我们的教育科研成果束之高阁,学校拟订了教育科研成果应用与推广制度,采取了经验交流、专题研讨、出专刊专著、以老带新等多种形式进行校内的成果交流推广,并建立相关的保障机制,做到研究经费落实、成果表彰及时。

(一)个人成果推广形式灵活多样

用好"人和讲坛",每学期选定一个研究专题,聘请在此方面有突出研究成果的教师开坛授经,推广研究成果。在已有的103期中,本校教师有65人次登上了"人和讲坛"。

落实"一对一"帮扶对象,为其聘请导师进行"一对一"指导,使其成果在

校内落地开花。

利用校刊《人和教育》刊登学术成果,并推荐到其他教育刊物上发表。

为出版教育专著的老师开好新闻发布会和新书推介活动。如语文教师陈宁,将开展家庭教育的研究成果整理成册,先后出版了《为爱守候——给家长的一些建议》和《谁能教育好你的孩子》两本专著。学校不但邀请报社和电视台参加新书发布会,而且推荐其到深圳做家教方面的讲座,扩大成果的影响力。

(二)集体成果推广重点突出

近年来,根据十七大精神,在重庆市城乡教育统筹发展和均衡教育背景下,学校发挥"人和教育"特色学校的示范作用和教育科研实验基地的带头作用,在不断推动内涵发展的同时,积极支持和帮助一批学校的发展。科研成果推广工作在继续沿用传统推广方式的同时,增加了"分享名师、系统指导、对口辐射"的新措施,在这些推广活动中,做到人员落实、措施到位,达到了以外促内、以培代训的良性效应。

1.分享名师

学校特级教师、市区名师、骨干教师约占全校教师的33%。他们分散在各个学科,很多在全国、市、区各级的学科研究中发挥着积极的引领作用。这些名师是学校办学成果之一。为了更进一步推广他们的科研成果,教科室专门制订《名师和骨干教师的职责与义务》,明确规定他们定期在校内外开展培训、指导、研究、推广等工作,介绍与推广他们的教育科研经验,规定任务完成情况与评聘工作相结合。

2.系统指导

学校先后有数学、体育两个学科的区级"名师工作室",为渝中区20多所小学培养该学科的骨干教师60多名。名师工作室在研究课题时,把学校在本学科教学研究方面的优秀成果有计划、有系统地实施和推广应用。特别是"阳劲力名师工作室",完全承担了学校"区十五"重点推广课题"和谐、活泼体育教学成果的推广应用实验"。这种成果推广方式,具有较强的系统性和实效性。

3.对口辐射

前几年,学校帮助涪陵枳城小学、渝中区六店子小学的工作,都取得了较好的成绩。特别是涪陵枳城小学,已经是当地的名校之一。在帮扶的过程中,我们成功地推广了学校多年来的教育科研成果,积累了发挥辐射作用的操作经验。现在,我们对口帮扶学校在石柱、巫溪、黔江、秀山、梁平等地共有23所。我们将总结已有的推广策略,分析各校的实际情况,从科研的角度,找准我校成果中有效的辐射点,从点到面,逐渐深入,为促进城乡教育统筹工作,缩小城乡校际间的差距,营造和谐社会尽到应尽的职责。

2016年,学校又加入了由教育部基础教育二司直接领导,教育部西南基础教育课程研究中心、西南大学基础教育研究中心负责牵头组织的"西藏教学改革支持活动"。对口帮扶西藏学校,力争发挥学校优秀教学成果的示范引领作用,指导西藏教师开展教学实践和教育科研,培育和加强西藏学校自身造血功能,激发教育改革的内驱力。

形式多样的推广措施,有力的激励机制,在促进成果转化的同时,达到以外促内的双赢效应。

附:教师感受

我与小课题

体育教师　胡筠

"让科研成为一种习惯,让科研成为一种常态",是我在小课题研究中追求的理想境界。

一、课题小,来自教学

说到课题,我们肯定首先想到的是"做什么?应该申报什么课题?"。这些年,我是这样做的。

我每次申报的课题,都不是孤立存在的,都与教学息息相关,密不可分。所有的教学活动,其核心是教材,学习教材、领悟教材、掌握教材、实践教材是一个不断循环的过程。我一直坚持小课题的研究,就是为了使教学更轻松、更科学、更有实效。那么,我小课题研究的问题是什么呢?

(一)小课题研究的是教育、教学实践中存在的问题在多年的教育、教学实践中,不时会遇到一些问题,或许是教授某个动作的方法,或许是组织教学的形式,或许是激发学生参与活动积极性的操作模式……这些问题,也可以说并不是问题,不改变它,课堂教学也能有序地完成,教学目标也能达成。不过,我总会觉得少了些什么,没能让课堂活起来,自己很不满意。这个时候,我会不由自主地思考:可不可以换种方法,换种形式,也许学生会更投入……这些细小的思考,就是小课题研究的内容。把课堂教学中的点点遗憾转变成亮点,小课题研究能帮忙!比如我这次结题的关于踢毽的"小班教学中,游戏法促进学生掌握单足内侧踢毽的技术"课题,选择这个课题就是因为踢毽是学校《体育课程实施方案》中规定的必学项目,但是在实施过程中存在一些问题,如:①受课时量的限制。一般踢毽单元都是小单元,只有3节课左右,在有限的时间内,学生能掌握的仅仅是踢毽的一般知识,知道"什么是踢毽?毽可以怎么踢?"。②受时代的影响。我们小时候玩的踢毽、跳橡皮筋、打沙包等民族民间的体育运动早已淡出了学生的课余生活,他们平时根本没有接触。我苦恼于学生虽然在课堂上接触了毽,但时间确实有限,主要给予学生的是相关知识和练习方法,课堂上不能给学生充分练习的时间,不能让他们在课中就能实现动作定型、技术提高。理论上,课中学、课后练,技术掌握肯定棒棒的。可是现实是这样的,课堂上三分钟的好奇一过,课后就没有练习的动力和环境,学生们根本不会去练习,整个单元的学习如同鸡肋。我想到,从一年级到六年级类似的小单元还有许多,我不甘心让这些小项目的学习就止步于表面。我就在考虑,一定要总结出让学生感兴趣的踢毽教学方法,让学生喜欢上踢毽,使之成为生活中的一种习惯。最终,我选定了用游戏法来促进学生掌握单足内侧踢毽技术,并把它定为小课题研究的内容,让教学同小课题研究结合起来。每节课结合教学目标都设计一个有趣的游戏,让孩子在玩中体会动作,掌握方法,爱上踢毽。

(二)小课题研究的是教材本身

前几年,我与龚攀、廖攀一起做了一个小课题"人和街小学课程实施计划及标准的制订(一年级)"。课题产生伊始,正值《体育与健康课程标准》(2011年版)和新教材《体育与健康》最后定稿中,机缘巧合,学校一、二年级全体教师对其进行实践,希望能对教材的最后定稿提供第一手资料。这个小课题看似题目有点大,可是我要说它很小,小到了不需要花费其他一点点时间,只要做好本该做好的"常态化"教学工作,在不断反思中追问,积极进行改进实践的研究性教育行为就好。这种大课题下的实践环节也是小课题的选题来源。

二、课题小,时间灵活

课题方向明确了,立项了,紧接着考虑的就是"什么时间做?"。

课题不管是大还是小,都需要花时间去研究,去实践,才能得到结果。一线老师日常课时重,工作量大,每天都要使出洪荒之力,才能以饱满的热情对待学生、面对工作。工作之余,最该做的事是休整,让自己可以在最短的时间内"满血复活"。下班后没时间也没精力从事教学外的课题研究,难道科研的脚步就要止步于此吗?这些年来,我一直坚持做课题,梳理了一下,我做小课题研究主要利用了以下三种时间。

(一)利用了正常的课堂教学中的对应环节

前几年,我结题了这样一个小课题"用'值日体育委员'实做方式落实基本体操教材(队列与队形)中口令指挥的研究"。这个课题看起来很长,是因为它落实在了教材的一个点上,它利用的就是每节课开课的两三分钟,简单易行,且不会占用学习其他内容的时间。"值日体育委员"在对队列进行指挥、检查他人动作准确与否的同时,也在接受教师和同伴对自己队列知识的检查,方便教师掌握学生对所学体操类教材的掌握程度。每次课2~3名学生有复习、运用所学技能的机会,更多的学生会为了获得课堂上的机会而在课后自己准备。大家不要小看了这短短的几分钟,当时小课题研究时,为了验证是否有效,专门有实验班和非实验班对照,效果大不一样。李晓霞老师时不时会对我感叹,说我教的队列,学生做的直角转弯特漂亮、特标准。所以说短短几分钟,也能练出硬本领。

(二)结合自主课程

这次的"小班教学中,游戏法促进学生掌握单足内侧踢毽技术"课题,我就结合了自选课程这个平台,用了三合一的"魔法",将课程教学、自选课程和小课题结合了起来,形成了"教学中发现的问题—小课题的研究方向—自主课程的实施内容"模式。这种模式,花一件事的时间做三件事,节约了大量的时间,是我最喜欢的小课题研究方式。

（三）课堂教学即研究过程

就如同前面说到的"人和街小学课程实施计划及标准的制订（一年级）"这个小课题，小课题研究的就是上课的教材，上课就是在做小课题研究，课前的准备、课中的实做、课后的反思，无一不是在落实小课题。这种小课题看起来耗时长，但是不需要额外劳神，也很轻松。

三、课题小，收获大

小课题研究的是教学中实实在在的东西，只要踏踏实实去做，收获少不了。

对我来说，小课题研究是实现教师专业发展的有效途径之一。在小课题研究中，我切切实实收获了很多：教学中的问题得到解决，教学效率随之提高，过程中的思考进行梳理变成文字，整理后形成了自己的成果。在这个过程中，自己能对教材进行深入研究，提升了教学和科研能力，获益匪浅。

在小课题研究中有收获的不只有我，获益的还有学生。因为有了小课题的研究，学生多了一个展示自我的平台。比如在"用'值日体育委员'实做方式落实基本体操教材（队列与队形）中口令指挥的研究"这个课题中，人人有机会，且为对知识技能尚未掌握的学生创造机会，使其可以多次尝试。在"小班教学中，游戏法促进学生掌握单足内侧踢毽的技术"这个课题研究过程中，有趣的游戏从制作简单的纸毽开始，学生们用自己制作的毽，玩"种树"、玩"插秧"，在各种抛接活动中与毽成功地"交朋友"，慢慢熟悉了毽的性能，能够完成单个的自抛自踢。接下来，个人的"闯关赛""夺红旗"等游戏，双人踢毽版的"石头剪刀布"等，以及团体的"打擂台""接力赛"等游戏，都成功地激励起孩子们的练习热情和昂扬斗志。在一次次的激情参与中，在一次次的满头大汗中，孩子们的动作慢慢协调了，从踢纸毽到踢塑料毽，再到踢鸡毛毽；从不会踢毽到能踢一个、两个、三个；从随意地踢毽到有了规范的盘踢动作，孩子们每次课都在进步！面对成功，孩子们很开心，家长也非常支持，有位家长说："踢毽让孩子得到了真正的实惠，增强了他的身体素质，又锻炼了孩子的灵活性，他现在踢毽很厉害，这大大增强了他的自信心和积极性。"

最后，我想说，教学即研究，教师即研究者，成果即成长。因为有心，所以用心；因为用心，所以称心。

小课题研究，我在路上。

第四节 ｜ 人和教师团队成长案例

教师,特别是青年教师是推动学校教育教学发展的生力军。青年教师的专业素质对学校课程开发与教育教学的质量和水平起着至关重要的作用。快速打造一支年轻的教育强军,是提升学校品质的关键。为此,学校开展了"青年教师"培训工程。

根据人和教育的办学思想,各学科利用已有的学科资源,发挥学科名师、骨干们的示范引领作用,采用青研班或学习共同体的校本师训模式,和衷共济,共育新人,培养了一支支思想与业务素质均过硬的青年教师队伍。

一、以促进品德教师专业化发展为取向的校本教研探新

新基础教育课程改革推行十多年来,作为一门综合性课程,品德与生活(社会)以全新的理念和教材,催生了崭新的品德教学课堂。然而,由于教师观念更新较慢,且兼任品德教学的现象严重,以至于品德与生活(社会)课程的目标难以落到实处,课堂教学质量不容乐观。鉴于此,学校提出并在实践中努力探索以"促进品德教师专业化发展"为基本取向的校本教研新思路。它以促进品德教师专业化发展,包括提升教学技能、更新教学观念以及增强专业教学价值观为基本价值取向来组织校本教研活动,进而促进品德学科的发展,并最终落脚于提高课堂教学质量,促进学生良好品格的形成与发展。

(一)搭建校本教研新平台

校本教研是针对学校教育教学实践过程的问题而展开研究的一种活动,它实质上就是一种教育行动研究,通过研究来实现教育理论与教育实践的双向建构。而以"促进品德教师专业化发展"为基本取向的教研中心,在传统校本教研的基础上,确立了新的教研中心,真正实现了"教研相长"的目标。这一新教研方式要求我们先关注教研机制的健全,而后进行理论学习,以此为教师们搭建起一个融学习与研究于一体的校本教研平台。

1.健全机制

由于学校难以建立专职品德教师队伍,因而我们就着力培养具有高水平品德教学专业技能与素养的品德兼职教师。首先,由教导处牵头,学校组建

了品德课程青年教师研修班(简称青研班),每个年级选派两名教师(语文教师或班主任),共计12位。其次,由我市、区品德课的专家,以及学校参加过人民教育出版社《品德与社会(生活)》教材编写与试教工作的教师,组建为指导教师组,与青研班的教师建立起教研共同体。队伍建设是基础,时间保证是条件。为了教研活动的正常开展,做到专时专用,学校特别将这些教师的课进行调整,保障他们都能准时参与校本教研。

2.理论奠基

为了使以"促进品德教师专业化发展"为取向的校本教研活动能有目标、有内容,我们邀请有关专家,围绕"品德教师专业技能、素养与学科发展"举行了系列专题讲座。通过这些讲座以及相关理论学习,教师们明晰了品德课教师应具备的技能,包括:教学设计的技能、课堂教学的技能、教学评价的技能、教学研究的技能以及教学反思的技能。每种技能又包罗多种技能,如教学设计技能包括解读教材的技能、确立教学目标的技能、设计教学活动的技能、撰写教案的技能、了解学生的技能,以及课程资源的利用与开发的技能等。而作为品德学科的教师,其必须具备以下基本素养:有积极乐观的生活态度(豁达的胸怀、善良的心地、多样的情趣),树立正确的价值观和学生观,养成良好的学习习惯,积极关注他人、自然与社会。

(二)探索校本教研新形式

"学研共体"建立起来后,我们开展了丰富多彩的活动,并探索出了多样的校本教研活动形式。

1.学月实践活动

学月实践活动包括课堂实践和交流实践两个部分。前者以个别教师的备课与上课为主,后者则更多地强调教师间的互动与分享。每一个月,我们都要求一名教师独立完成教案,并和其他教师进行交流讨论后方可授课。授课后,指导教师、专家及所有听课教师则根据课程标准、教学目标以及课堂教学标准交流分析,并结合具体的课堂进行指导。而上课教师本人则在听取和理解大家意见后进行再思考、再设计与再教学。经过多次的反复,教师的教学技能得到了发展,课堂教学质量也日益提高。

2.合作教学活动

品德课程强调活动性。然而,实践中许多课堂往往却浮于表面化、形式化。基于此,我们尝试了合作教学的研究形式,即由几位教师共同来上一节课。每人执教这节课中的一个活动,形成一节完整的课。

例如:我们组织三位教师共同执教二年级"我的大地妈妈"这一课。他们在课前一起解读教材,共同设置教学目标,合作完成教学设计。同时,执教各活动的教师还要明确认识到活动在整节课中的作用。不同个性特点的教师同构一课,上课时学生们异常兴奋,也让观课的教师们看到了在同一理念指导下的不同表现与创新形式。

3.基本功培训活动

事实上,在教学实践活动中,我们常常发现教师们缺乏实施本课程应有的基本能力和知识结构。因此,在开展校本教研的过程中,我们针对性地开展了多种形式的教学基本功训练。指导教师会针对每位教师细微的动作、表情,语言的表达,甚至包括板书等进行指导训练,如恰当的站位与适当的语速;训练说好过渡语和小结语;比较每位教师的板书位置、时机等的不同,寻求最佳的板书方法……当一位教师演练完后,其他教师都要提出自己的意见和建议。在这样的互动中,教师们不仅理解了为什么要练好基本功,还以同伴为鉴,学会了反思自我和不断修正自己的教学行为。

(三)享受校本教研新成果

经过两年多的探索,以"促进品德教师专业化发展"为取向的新校本教研使我们的教师在品德教学专业化方面得到了成长,在更新教学观念与提升教学技能的同时,品德教学价值感也开始增强,为成功转型为优秀的品德兼职教师奠定了坚实的基础。

1.品德教学观念得以更新

新的品德课程标准要求我们的教师要转换角色,从单纯的知识传授者转变为儿童活动的指导者、支持者和合作者。然而,受传统教学观的桎梏,尤其是学科教学的影响,作为兼职的品德教师总是难以摆脱讲解教科书和传授知识点的观念束缚。基于此,我们通过校本教研来促进教师在教学技能实践中不断更新教学观念。

例如,某位老师在执教四年级上册"家庭小账本"一课时,设计了"家里的钱从哪儿来"这一教学活动,然而由于所持教学评价观的不同,不同的课堂教学产生了截然不同的效果。

【片段一】

师:同学们的家人是怎样挣钱的? 说给大家听一听。

生1:我妈妈是教师,她靠教书挣钱。每天都要上课、备课、改作业。

师:妈妈挣钱很辛苦!

生2:我妈妈是狱警,在看守所工作,看守很多犯人,晚上值夜班为了不打瞌睡,她把自己的手都咬青了。(学生有些哽咽)

师:妈妈挣钱怎么样?

生2:很辛苦。

生3:我爸爸是会计,他靠上班挣钱。

师:哦!

……

【片段二】

师:同学们的家人是怎样挣钱的? 说来大家听一听。

生1:我爸爸是交警,他每天早出晚归。

师:哦,早上什么时候上班,晚上是什么时候回家?

生1:早上天不亮就出门了,有时晚上十一二点才回来。

师:大家来算一算,按早上八点上班,爸爸一天要工作多少个小时?

生(七嘴八舌):15个小时。

师:那爸爸上班都做什么? 讲讲他上班的情况。

生1:他主要是指挥交通和处理交通事故。有一次,他正在指挥交通,一辆小汽车的刹车坏了,直向他冲来,他飞快地躲避,手和脚都擦伤了,很危险,妈妈都吓哭了。(说的时候学生眼里闪着泪光)

师:这时你最想对爸爸说什么?

生1:爸爸,你挣钱真辛苦! 还冒着生命的危险。

师:(走到学生面前)你是爸爸的好儿子,因为你知道为了这个家他挣钱很辛苦,要多关心爸爸!(孩子流泪了)

……

由于教师在第二次教学中,注意了即时评价的深度与具体指导,使得同样的教学内容取得了不一样的教学效果,这让我们见证了转变教学观念的重要作用。就在这样的教学实践对比中,教师原有的教学观念受到了冲击,有效促进了教学观念的更新。

2.品德教学技能得以提高

事实上,我们的教师在职前培训以及初入职时,就已经掌握了基本的教学技能,他们真正缺乏的是处理教学细节的技能。因此,我们的教研活动,专门针对如何培养具体教学技能开展了相应的活动。

例如,在执教二年级下册"我的大地妈妈"这一课时,为了能让学生更深入地了解我们的生活环境已遭到了污染,教师设计了让学生观察取自嘉陵江的一瓶水的这一环节。但该如何拿这瓶水给学生看呢?下面是两次教学的具体过程。

【片段一】

教师从讲台下拿出一瓶水说:"同学们,这是取自嘉陵江的一瓶水,你们看到了什么?"

后排的学生七嘴八舌地说:"老师把水拿高点,我们看不见。"

"我们看不清瓶底。"

"我们看见了水很脏……"

老师并没有在意后排学生说了什么,就接着往下问:"我们的环境怎样?"
学生举手寥寥无几。

【片段二】

"今天老师带来了一瓶水,请大家仔细观察,你们都看到了什么?"

教师从讲桌底下拿出一瓶水,怀着沉重的心情走下讲台,步履缓慢地举着这瓶水从前往后走一圈,不时给学生看瓶底或摇晃瓶子。

学生中不停地发出惊叹:"好脏呀!""有很多沙!"

走回讲台后,老师仍然举着水问:"知道这水取自哪里吗?"

学生们摇头。

老师说:"这是今天早上老师从我们学校旁的嘉陵江取来的。"

通过对比和分析两次教学的不同之处,教师懂得了,真正好的品德教学必须要有教师自己的情感导航,即要想打动学生,教师首先要感动自己。可以说,真正高超的教学技能实质上就是教师能融教学与生活为一体的能力。

3.品德教师价值感得以增强

教学观念的转变,教学技能的提高,使教师们不仅感觉到上品德课轻松而有效,同时,所任的其他科目教学以及班主任工作也明显得到改观。由于在每次研讨交流活动中,在教研指导组的引领下,大家总是心怀感激地参与评课,这不仅促进了平和、积极的研讨会氛围的形成,也促进了教师团队精神和合作意识的培养。更重要的是,我们的教师比之前更乐意成为一名品德与社会(生活)课教师,品德教师价值感不断增强。他们也更加享受参与校本教研的过程。用他们自己的话来描述:"每一次活动都充满活泼而又和谐的气氛,于是,每周的星期五,成了我们繁忙工作中一个自由放松的快乐节日。"

两年的研训中,10名学员中有5人为国培班学员提供现场研究课,3人获得市级赛课和班主任基本功大赛一等奖,2人获得区级赛课一等奖,4人担任校学科教研组长并成为教研骨干。教研组还组织了3次与江北区品德学科中心教研组的教学交流活动,论文《以促进品德教师专业发展为取向的校本教研探新》在《中小学德育》刊物上发表。

二、以青春之名走在语文专业化发展的路上

语文青年教师专业化发展共同体(以下简称"语文青共体")于2012年9月26日成立,是在学校校长室的领导下,在教导处具体管理、指导下的青年教师自主、合作开展活动的专业发展组织。语文青共体将所有三十岁以下的语文青年教师团结在一起,在专业化发展这一愿景的引领下,形成共同体特有的追求教育理想的氛围和严谨的学术研究风气,为学校发现、培养后备骨干教师队伍打好基础。

借助这一团队研究平台,力求让青年教师们对自己的未来做一个科学可行的规划,在相互砥砺中不断磨炼专业基本功,提升语文专业素养。

(一)立规划:约三年之期,待枝繁叶茂

1.给校长的三年承诺

2012年6月,校长在行政会上指示,希望语文学科也成立青研班性质的组织,促进青年教师的专业化发展。有感于校长对教师队伍建设的迫切,有感于学校代代相传的人和精神,语文教导主任刘小波郑重向校长许下承诺,以三年为期限,由他和老主任陈蓓蓓一起,将三十岁以下的32名语文教师集中起来,成立专业化发展共同体,定期开展相关活动,促进教师的快速成长。

2.给教师的三年期许

我校共74个教学班,相应就有74名语文教师,其中有32名32岁以下的教师。这些青年教师个人基本素质都较好,都渴望在专业上有所发展。然而,因为学校人才济济,想通过赛课途径成长机会太过渺茫。怎么办?作为语文教导主任,刘小波深感责任重大,期待借这个教师队伍发展的契机,促进这一群优秀的年轻人能够快速在专业上成熟起来。于是,刘小波也给了他们一个承诺:以三年为期,每个月定期开展研究活动,用他的所有智慧和力量,推动他们在专业道路上快速成长。

3.给自我的三年责任

刘小波是2006年被引进学校的,到校后,市、区级教研员都给他提供了很多专业化成长与展示的平台和机会。几年来,他不断在市、区级学术会议上执教观摩课或做专题讲座,个人专业能力快速提升。学校也给他保证了自主发展的时间和空间,2009年,经学校推荐,刘小波被重庆市政府评为特级教师。乌鸦尚知反哺,刘小波也想回报学校给予的关心、帮助和支持。于是,刘小波暗自下定决心:三年,不管有多少困难,一定坚持做到每个月一次活动,把这个共同体带好。

(二)开眼界:邀天下名师,拓专业视界

1.发挥校内名师的帮带作用

语文青共体成立后,刘小波首先思考的是让老师们开阔眼界,而最好的开阔眼界的方式就是身边的名师们成长的示范案例。于是,他想到了校内的名师们。姚朝真、刘培珍、王小红、陈蓓蓓……这些名师被他一个个请上语文青共体活动的讲台。她们也不负所托,每个人均利用业余时间做了大量的准

备工作,一个个走上讲台,都倾尽全力给青年教师们做了很好的示范和引领。每一次活动后,青年教师们都感慨:原来名师就在我们身边,原来成为名师也不是梦!这样做的好处还有一个,就是重新激活了这些中老年名师们的职业激情,使他们意识到自己在人和街小学这个群体中的位置和作用,这对于学校教师队伍发展来讲是多么重要啊!

2.借助区域专家的引领作用

三年来,我们将活跃在区、市内的专家都请到了学校,让他们给我们的年轻老师们做专业引领。付开国、张华义、尹祖琴、王小毅、贾渝,我们一个个请进来,围绕"青年教师的目标远景规划""语文教师的理想与激情""语文教师的教学个性""人和语文视野下小学语文教学""基于和声课堂理念下的文本解读策略""非连续性文本阅读策略""课堂对话的智慧""教师小课题研究""教学片段设计展示""读写结合策略"等专题开展了八次集中学习研究活动。

3.重视全国名师的示范作用

三年来,在学校的大力支持下,我们还邀请了曹文轩、杨红樱、虹影、沈石溪等著名儿童文学作家走进校园和老师们交流儿童阅读和写作的秘密,邀请了沈大安、蒋军晶、陈大伟、闫学、武琼等大批国内名师走进人和街小学,和青年教师们一起上课、辩课,给了老师们极大的引领和帮助。很多老师深受启发,开始热衷于教育写作,热衷于教学研究。老师们不再畏惧公开课,甚至有很多老师抢着开公开课,邀请老师们听课、评课。

(三)搭台子:邀同伴互助,磨课堂之功

1.过入格关,用和声课堂模式促入格

作为共同体,同伴互助研究是很重要的一个途径。青年教师的专业化发展首先注重课堂入格。怎么做?我想到了一个主题:和声课堂研究。和声课堂是我们学校整体推进的理想课堂研究方向,通过对这个主题的研究,老师们的课可以抵达入格关。于是,刘小波给老师们做了"阅读教学第一课时、第二课时如何教""如何上好公开课""好课的微格分析"等专题讲座,引导他们从入格开始,严格要求自己,先入格,再创新。三年来,每三个或者四个老师组成一个研究团队,每个人至少都上了一次入格课。课后大家再进行反思研讨,老师们的课堂慢慢成熟起来。

2.同课异构,分组砥砺课堂教学技艺

我们还分小组开展了同课异构活动。围绕识字教学、阅读教学、略读教学、交际语境习作教学、古诗教学、群文阅读等课型开展了大量的同课异构实践研究,极大地活跃了老师们的思维和课堂的开放度,砥砺了课堂教学技艺。

3.微格分析,在理念与实践之间穿行

我们用微格分析课例的形式来促进教师们对于课堂艺术的理解和运用。一是针对当下评价最好的名师课堂进行微格分析。比如蒋军晶、王崧舟、薛法根等的课例"圆明园的毁灭""两小儿辩日""普罗米修斯"等。针对这些课例的关键环节分步骤进行细致分析,让老师们明白这样操作背后的原理;二是针对一些有问题的课堂进行微格分析,找到问题的症结,然后讨论解决问题的策略。这个方法受到老师们的极大欢迎。他们认为,这是真正的瞬间研究,对于他们的课堂教学艺术的成长具有很大的帮助。

(四)压担子:借任务驱动,促专业提升

1.集中研修作业促使专业反思

开班之初,我们要求每一个青年教师都撰写自己的成长规划,并对自己的专业状态做SWOT分析。每一学期,我们要求老师们对自己的专业化发展做反思和展望,促进教师们的成长朝元认知方向发展。三年来,每一个学员都写下了一万字左右的专业化成长反思。

2.赛课献课打磨生成实践智慧

三年来,我们为学员们提供了多次的献课机会,促使他们崭露头角。杨晶、彭娟、彭著娟、张帆、成鑫等多位青年教师在区级、校级各类研讨活动、接待活动或者送课下乡活动中执教观摩课,刘青青、杨文铮、成鑫、岑媛等青年教师参加全国、市、区级赛课分别获得一、二等奖,极大地增强了老师们的专业自信心。

3.小课题研究让工作问题研究化

我们要求每一个青年教师"人人有小课题",几年来,青年教师的小课题研究不论是数量还是质量都居于学校前列。老师们已经逐渐习惯了将课题工作化、问题研究化。人人都是研究者的理念已经根深蒂固。李虹艳、刘青

青、成鑫、张帆、贺兰萍等优秀青年教师还分别承担了全国、市、区级课题主研的任务。

三年来,语文青共体分五个小组开展集中和分散研究,每次活动均有活动简报,每次作业有批阅点评,有专门归档。语文青共体还建立了互动研究QQ群和青共体专业化发展博客,老师们随时可以开展网络研究。

三年来,青年教师们积极参加每一次活动,认真完成每一次作业,一大批有激情、有理想、专业基本功过硬的语文青年教师正在茁壮成长。

附1:语文青共体三年研究成果一览表

教学成果	赛课获奖 (10节)	语文赛课	国家级	一等奖1节
			市 级	一等奖3节
			区 级	一等奖3节 二等奖1节
		市、区级班主任基本功大赛		一等奖 2人次
	论文获奖、发表 (46篇)	国家级		4篇
		市 级		10篇
		区 级		23篇
		校 级		8篇
		核心期刊 公开发表		1篇
	公开课 (20余节)	"国培计划(2014)"中西部项目献课		2节
		送教下乡、各级观摩课、接待课		近20节
	讲座(2次)	"人和讲坛"微讲座		2次

研 修 资 料	研修作业	600余篇
	研修活动简报	27篇
	个人研修成果集	23册
	小课题成果集	16册

三、学术交流促进数学青年骨干教师专业化发展

教师是教育的关键,一流的学校需要一流的教师,学校的进步首先是教师的进步,高素质教师队伍是学校发展最重要的资源,决定着学校的核心竞争力。人和街小学作为一所一流学校,随着社会的发展和办学规模的不断扩大,需要不断提高教师专业化发展水平,激发教师自觉寻求专业化发展的愿望,搭建培养青年教师的平台,从而适应未来的教育。

名校有名师,青年教师的专业化成长离不开名师的引领。学校充分利用本校优质资源,发挥名师在教育教学与教师队伍建设中的引领作用,依托翟渝成名师成立了数学青年骨干教师培训班。在这个班里,有的是才工作一年的新老师,有的是有了几年工作经验的老师,平均年龄都在25岁左右。他们具有扎实的基本功,精力充沛,能吃苦,有不断创新的勇气……他们有一个共同的目标:成为一名优秀教师。

两年来,我们开展了系列学术交流活动:名师大讲堂、读书活动、专题讲座、主题研讨、课例展示、总结反思等,在这一次次学术交流中,我们的专业素养得以发展。

(一)学术交流,研究是基础

1.专业的学习,读书,听讲座,与名师对话

我们拟订了读书计划,撰写读书笔记和心得体会,开展读书交流会,认真学习古今中外的教育理论,理解"课程改革纲要""数学课程标准""课标解读"的基本概念、目标和各阶段的要求等。在这个过程中我们阅读了《小学数学教学论》《小学数学教学原理》《小学教学心理学》《小学数学教学设计原理和方法》《教学策略——有效教学指南》等大量专业书籍,还阅读了《民主主义与

教育》《给教师的建议》《学生的精神世界》《爱的教育》等其他相关教育教学的书籍,从而达到既融会贯通本专业知识又广泛涉猎其他学科领域。多少个日日夜夜,我们埋头苦读;多少个日日夜夜,我们像海绵一样在书本中汲取着营养。我们在阅读中扩大了知识领域,丰富了理论素养,转变了教育观念,积蓄了文化内力。

一本本的手写读书笔记,一次次的读书心得交流,迸发出了多少智慧的火花。在一次以"教师应该怎样看待学生"为主题的读书交流活动中,有学员为我们分享了《学生的精神世界》里的一个基本观点:无论多么寡言、腼腆和平庸的学生,在心灵深处都珍藏着为人民利益而英勇献身的愿望。我们基于这个观点展开了讨论:教师不仅是学生心理健康的保健医生,更应成为人际关系的艺术家,让孩子们的个性得到充分、和谐的发展;对待学生要像对待公民和同志那样,了解、尊重他们享受快乐的权利和应履行的义务;走进学生的精神世界,从家庭、成长环境、个性特征等多方面了解和研究我们的学生;"爱"是教育的前提,首先要做到爱每一个学生,用爱去滋润每个学生的心灵;用真情感动学生、用挚爱温暖学生、用自己的人格魅力影响学生……我们从"师生关系"的学术交流中引申出了"教师的人格魅力",教师应该具有哪些人格魅力?如何在教育这方沃土上锤炼自己的人格魅力?我们的交流一直持续到学校政治学习时间。这就像是在品尝一顿丰盛的营养大餐,令人久久回味。交流激活学术思想,交流启迪学术思想,在这一方小小的学术交流舞台上,我们不断成长着。

"聆听"收获学术思想。我们聆听了吴正宪老师的"做高素质教师",邱学华老师的"尝试教学法",黄爱华的"教育:也能让幸福来敲门",李光树老师的"小学生的数学认知",翟渝成老师的"把爱心献给教育事业",郭莉老师的"做一个幸福的教师"等专题讲座,专家们幽默诙谐而富有哲理的讲座让学员们豁然开朗,许多教学困惑在颔首深思中寻到了答案,在这里既有丰富的理论,又有生动的案例,还有实践的体会。每一次聆听,每一次学习都促使我们对小学数学教育教学有了更深入的思考和体验。

智慧地"悟"、认真地"思"、用心地"体会"、真诚地"交流"是我们每次聆听讲座后的必修课。在聆听金岚老师"教材解读"专题培训后,我们在交流中谈到如何树立正确的教材观,经过讨论后得出要以"接受—比较—质疑完善—超越"的态度研读教材。首先是要接受,尊重专家的设计意图,接纳教材;其次学会去比较,参阅不同版本的教材,从而对照比较,取长补短;再次通过质疑完善,思考每一套教材的编写意图是什么,思考教材对学生意味着什么;最后才能驾驭甚至超越教材。有了解读教材的理论基础和操作依据后,我们便开始了新一轮的实战;分组就本年级所教教材内容进行解读,并在随堂课上呈现出自己对教材独特的理解和把握。在聆听王红梅"小学数学教学设计的有效性研究"专题讲座后,我们再次在导师的引领下针对具体课例进行了梳理,从课程教学理念到教学设计的准备,从教学目标、教学策略的设定到整个教学过程的设计,我们都有了更清晰的认识。基于此,我们独立设计了三年级下册"笔算除法"第一课时。导师和学员们一起逐一交流、讨论,最后总结提炼出了计算教学的两种基本模式:一种从教的角度出发:题型观察——学生探究——教师讲解——初步练习——补充练习——独立练习;另一种从学的角度出发:探究自己的——明白同伴的——听懂老师的——看懂书上的——掌握最优的。每次理论学习的效果都在具体实践中得以体现。

"路漫漫其修远兮,吾将上下而求索。"在这条研修路上,我们躬耕勤作,求知若渴,用实践浇铸生命的精彩。我们常说:教育不是重复,而是创造!是的,我们在"聆听"中收获了学术思想,又在实践、交流中激发新的学术思想。在这个蜕变的过程中我们得到了升华。

2.实践中磨课

课堂是教师职业生命的主阵地,是教师教育生命放飞的起点;课堂是师生互动,心灵对话的舞台;课堂是师生共同创造奇迹,唤醒各自沉睡的潜能的时空。学术交流路上,我们立足于课堂,扎根于课堂。

(1)随堂课打磨浸润学术思想。

翟渝成老师常说:要想成为一位优秀的数学教师,必须从站稳三尺讲台开始,把教好书、上好课作为成长的起点,教师的教育智慧必须通过随堂课才能得到大幅度的提升。翟老师每周坚持听我们每位学员随堂课至少两节,带领我们从高处审视课堂,从细节处剖析课堂,诸如课堂教学的导入、讲授、提问,组织学生探究信息技术的应用处理,生成问题、解决临时发生问题,检测、评价、结果、反馈、回授等,并指出存在的不足,提出合理的教学建议。每一次评课就是一次短小的学术交流,交流中我们收获了合理解读教材,收获了提问的技巧,收获了机智处理生成问题,收获了巧妙运用评价语,收获了如何听课和评课。

(2)重点课打磨提炼深化学术思想。

通过研究课、示范课、送教课、赛课,我们共同经历了一次又一次艰辛的磨课过程。磨课中,我们不断研究,不断超越,完善自我。磨课,赋予了我们课堂的第二次生命;磨教案,翟老师带我们一起解读课标,钻研教材;磨课件,翟老师带我们一起静静思考,反复尝试;磨教具,翟老师带我们一起推敲教具制作,反复寻觅,反复准备;磨提问,翟老师带我们一一预设,逐一揣摩,句句斟酌。磨课,让我们对教学环节进行了重新审视,让重难点在我们心中更加明朗,让我们更加胸有成竹地站上了三尺讲台,磨出了我们的课堂教学特色,也磨出了我们的专业素养。

在这里,分享学员陈思怡写下的磨课经历:

2012年9月,我踏上了全国赛课的征程,虽然知道赛课需要承受巨大的压力,磨课也是一个艰辛的过程,但有了平时的积淀,有了前几次研究课、送教下乡的经验,我没有了最初的胆怯和害怕,有了更多的是坚定和执着。我甚至把这次比赛当成又是一次自我提升和锻炼的机会,我坚信在翟老师的指导下,在自身的努力下,一定能够取得优异的成绩。

在最终确定参赛内容是"秒的认识"后,我们开始进入紧张的备战阶段。在准备教案和课件的日子里,我们查阅了大量的理论书籍,仔细研读了许多教育杂志上有关"秒的认识"的文章,观摩了全国优秀教师执教的"秒的认识"的课堂实录。虽然赛课的是我,但背后却是我们这一个共同体的努力。翟老师也牺牲了自己暑假的休息时间,细心地、毫无保留地帮助我分析教材、解读教材,悉心地帮我考虑课中的每一个细节,我们总是不断思考如何多角度、全方位地让学生充分体验1秒的长短和价值,如何让这种活动课"活"而不乱。教案初稿形成的那天,我似乎看到了成功的希望。在试讲的日子里,我格外忙碌,不但在学校试讲,翟老师还不顾辛劳带我到其他学校试讲。她说,多见见不一样的学生,你在比赛中就更添一份自信和从容。每天我都是上午试讲、评课,下午上自己班上的课,晚上还要拖着疲惫不堪的身体回家继续修改教案、课件,日子看似单调、重复、辛劳,但我的课堂却在这一点点改变中日趋成熟。在课堂中,从引入环节我不能够很好地用语言激发学生的学习兴趣,到引入环节学生就能兴致盎然地参与课堂中;从学生在体验1秒的活动中不知所措,到学生做出拍手、点头、眨眼等形式多样、生动活泼的1秒动作;从体验秒的综合实践活动课堂秩序混乱,到体验互动井井有条,环环相扣,课堂气氛活跃,翟老师也从开始对大环节的调整,到最后对细节的指点。

就在这样磨教法、磨学法、磨学情、层层打磨、个个突破,让我在磨课中不断改进自己。功夫不负有心人!在比赛中我以聪明机智的应变、亲切随和的表达、沉稳大气的表现,获得了评委的一致好评,取得了特等奖的成绩。比赛后我又陷入了沉思,其实这次成功的背后是翟老师平时打磨我们的随堂课,让我们在平时的教学中不断积淀的结果。

我们在"聆听"中收获学术思想,在"阅读"中理解学术思想,在"交流"中启迪学术思想,在"课例展示"中分享学术思想,在"总结反思"中提炼学术思想。

(二)学术交流,成长是动力

1.理论素养更扎实了

2011年10月16日,翟老师为我们做了"立足课堂,草根研究"的报告,要求我们以课堂教学改革为抓手,开展小课题研究。我们要以学校开展的课题研究为契机,拟定小课题方案,建立以研促教,边教边研的教育科研方式,使每一间教室都成为实验室,每一位学研人员都成为研究者。

什么是课题?怎样做课题?我们一无所知。就在大家茫然之际,翟老师邀请了市教育评估院的胡方所长为我们做了"小课题研究的实施策略"专题学术交流。从对小课题的基本认识出发,阐述了小课题的意义和特点,具体到了做小课题的方法和步骤,引导教师们从小问题中提炼小课题,从小课题中做好小研究。我们收获了小课题研究是一种"面对真问题、开展真研究、获得真发展"的行动研究;是一种小步子推进、从小环节切入、研究小问题的"小课题"研究;是一种源于实践、服务实践、在实践中研究的实践研究;是一种低起点、低要求、重心降低的草根研究;是一种易接受、易操作、容易见效的应用研究;是一种贴近教师、贴近生活、贴近工作实际的田野研究。我们认识到研究始于问题,教师可以通过自己反思梳理问题,可以通过教师座谈交流问题,也可以通过学生讨论反映问题,或者通过家访沟通发现问题,还可以通过请人听课提出问题,等等。教师要建立自己的"问题库",从"问题库"中筛选出个人研究的"小课题"。

教为"研"所用,"研"为教所动。如何将理论在实践中得以体现?我们开始了具体的行动研究。我们每位学员结合自己的教学实际,拟定了自己研究的小课题。练习设计有效性研究、如何进行有效的数学课堂提问、在反思与交流中促进学生数学思维能力发展的实践研究等都是我们小课题的研究点。

下面以学员张力所做的小课题研究为例,谈谈我们是如何开展小课题研究的。

找问题,确定课题。通过前期调研,针对现在数学课堂练习中存在形式单一,广度、深度、练习量不够,知识点不落实,层次性和逻辑性不清晰,缺乏一定的开放性和灵活性等问题,确定了以"练习设计有效性研究"作为研究的小课题。

收集过程资料。翟老师利用听随堂课的时机结合研究的小课题内容提炼出本堂课的研究点,根据本堂课的研究点收集相应的过程资料,从而有效开展课题研究。

交流与反思。随着小课题研究的深入开展,我们围绕着小课题进行了阶段性尝试和小结,同时也产生了一些困惑和疑问。我们便围绕研究中的具体做法和存在的疑问进行汇报和交流。大家就练习的有效性应该关注哪些问题展开了讨论,从关注练习的层次性、针对性、多样性、趣味性等问题,到注重练习的思考性以及对学生能动性的调动,最后还谈到练习的落实上要注重细节,以达到对学生能力和自主性的培养。在小组成员的交流中,理清了研究的内容,理清了研究的方向。

总结与提升。小课题研究随"问题"而生,也随"问题"解决而止。结题时我把研究的小课题在全校交流与推广,还整理编写出一套完整的练习集供全组老师参阅,得到同行老师们的高度评价和赞许。

科研是教师的幸福之路。结业时,我们写下了这样的感言:我们怀着对教育科研的向往,带着疑惑、带着期待,开始在教研中蹒跚学步。两年来,我们不懈探索,让研究实践成为习惯;主动合作,让交流与分享成为习惯;勤于笔耕,让反思与提升成为习惯。在翟老师及专家们的指导和鼓励下,我们摸索着前进。从拟订调查问卷、调查统计、撰写课题方案到收集过程资料,最后形成研究报告,整个过程凝聚了我们每个人的智慧和心血。一次次地讨论,又一次次地推翻,一次次地修改,又一次次地从头再来……两年来,我们在行动中研究,在课堂中挖掘,每个学生都成了我们研究的对象,每次备课、上课,每次批改作业都成了我们丰富的"实验田"。我们用辛勤的汗水换来了丰硕的成果,我们在不断蜕变中得到了升华。

2.专业技能更娴熟了

有了系统的理论学习和课堂实践的锤炼,我们立足于课堂,从随堂课打磨到研究课、示范课,从送教下乡到全国、市、区赛课,我们的专业技能更娴熟了。

何袁静老师是我们其中的一位学员,她代表渝中区参加重庆市优质课赛课获得一等奖。她的成长我们共同见证,从最初的仿课到磨课、从磨课到悟课。从她给我们分享的案例里,我们看到了一位优秀教师的成长历程。

2013年4月11日,区进修校把我推上了重庆市小学数学优质课竞赛的舞台。赛课不比说课,难度要大得多。一开始王红梅老师就对我说,希望我注重这次比赛的过程而不是结果。王老师并没有一来就开始设计教案,而是布置了几个问题让我们寻找资料,从为什么学这堂课到学生会用怎样的心理来学习这堂课等全方位地研读教材。从研读教材到教案设计,王老师、罗老师、翟老师、金主任帮着我一起磨理念、磨教法、磨学法、磨学情,层层打磨,让我不断颠覆,不断超越,不断完善自我。伴随而来的是我掌握和运用课程标准的能力、理解和选择设计理念的能力、分析调整教材的能力、了解学生的能力、编写教案的能力,都得到了大幅度提升。确定了教案后,就开始了"分数的产生和意义"的试讲,每次试讲,都会对教学环节进行重新审视;每次试讲,都会有新的学情出现;每次试讲,都会让这堂课的重难点在我心中更加明朗;每次试讲,都会让我站上讲台时更加胸有成竹。在不断的"磨课"中更加了解了学生的生成,从而对预设做出有效的调整,在整个过程中教师对教学的理解发生了重要变化。这次磨课,让我更加意识到,好课真是"磨"出来的,教学技能的提高离不开磨课。磨课,赋予了我课堂第二次生命。

在学术交流的路上,成长是促使我们向前的动力。行走在教学实践的路上,虽然充满了艰辛和坎坷,但那一个个坚实而又清晰的足迹,见证了我们的成长,留给了我们无限感动!

(三)学术交流取得丰硕成果

一分耕耘一分收获,我们通过两年的搜集、积累、撰写,有20多篇论文、案例发表在国家级、市级刊物上,有50多篇论文、案例、教学实录获得了国家、市、区级一等奖的好成绩,完成了专著《成长路上:小学数学青年骨干教师研修班学员的学习纪实》,并已在重庆出版社出版发行。该专著有几十万字,以新的高度展望课堂,审视教学,以期获得同行的关注,让更多老师参与进来,形成良性循环。

3位学员参加全国、市级优质课大赛,获特等奖1人次,一等奖3人次。10位学员参加全国说课比赛,获特等奖3人次,一等奖7人次。在每次的说课、赛课活动中,我们的学术观点得到更多老师的认同,获得广泛好评。

"但问耕耘,莫问收获。"在忙碌的学习中,在激烈的思辨中,在思维的碰撞中……我们潜心于教育教学的殿堂,感悟名师的教诲,从浮躁到成熟,从肤浅到深邃,从无知到有知。感谢学校领导为我们搭建平台,让我们思维碰撞的火花更加绚烂;感谢翟老师的辛勤付出,让我们幡然改进、彩笔生花!感谢专家学者的引领,给予我们关心、帮助、支持和鼓励;感谢同事和朋友们,是你们让我们看到希望和阳光,乘着行动之舟朝理想的彼岸驶去;感谢伙伴,我们一路风雨兼程,涌动着青春的活力,感受着成长的愉悦。

学术交流让我们增强了专业自信,明确了专业化发展方向,实现了专业化成长的突破。回首走过的日子,我们一直践行在学术交流的路上!悄然地,我们就长大了。我们将怀揣着青研班的收获,汲取着学术交流带给我们的营养,用一颗感恩的心,继续奋斗在三尺讲台上,向着我们的教育梦想执着地走下去。

四、分层参与专题培训，促进教师专业化成长

幼儿教师专业化水平的提升是提高幼儿园办园质量的重要前提，而对教师进行培训是促进幼儿教师专业化发展的重要途径。针对我园教师的实际，我们探索了一条培训新思路，选择了一种适合我园教师培训的模式，即分层参与式专题培训模式。

(一)分层参与式专题培训模式的建构

分层参与式专题培训模式"以参与式培训理论为指导，以教师分层培训为主要形式，以专业引领的专题展开，以自我实践和合作探究为对接"。

1.分析教师现状

我们在对教师进行全面、综合分析的基础上，探索出适合我园教师的培训模式，构建以促进教师可持续发展为取向的培训目标，实现教师培训的根本目的和价值。

我园共有教师30人，其中青年教师26人，青年教师比例高达87%。青年教师成了我园教育战线的生力军。

在青年教师群体中，教师们的专业化发展水平、速度也各有特点。在调研教师专业化水平现状的基础上，我们拟订了分层的阶梯式培训方案，从分领域广泛式培训到根据教师发展特长的骨干教师培训。

2.明确培训目标

我园的培训都建立在教师专业化发展意愿的基础上。在制订培训方案之前，教研组长会让全园教师填写自身专业化发展的意愿，包括领域方向、专业特色、组织活动技能技巧、困惑答疑等。然后，教研组长根据其拟订的意愿方向进行分析，结合对老师的专业了解，在教师拟订的基础上，进行细化，给老师们梳理出具体的发展方向。最后从领域分层目标中再确定自己的能力提升点，让老师们明确发展目标，并根据确定好的专业化发展方向，给教师量身打造详细的专业化发展规划。规划中要确定具体时间、预期目标、实施措施、规划成果等。

3.强调参与、实践、反思、合作、分享

参与式培训是在活动中，参加学习的教师都以平等的身份作为"合作伙

伴",共同参与学习;引导教师在活动、表现和体验中,反思自己的教学经验与观念,在交流与分享中学习他人的经验与理念,产生新的思想,从而提高教育教学能力。通过结合实际,分层建组;自我反思,提出问题;交流讨论,同伴互助;专业引领,反思创新等步骤,促使教师不断探讨新问题、尝试新策略,从而促进教师的专业化发展和学校发展。

4.建立科学管理机制

建立科学的管理机制是幼儿园内部产生良好循环的根本保证,在培训方面也不例外。根据幼儿园实际,我园建立了以校长为核心的层级管理体制,组建了培训管理团队:以校长为组长,园长担任副组长,教研组长担任班主任,并邀请幼教专家为培训导师。这样分工协作,让培训管理层层落实,发挥各岗位人员的优势和潜能,促进培训活动的顺利开展。

在培训学员当中,管理遵循"以人为本"的方针,调动每个参培人员的工作热情,将培训常规事务落实到每个人的头上。我们在培训学员中设立了班干部,并每次活动依次序轮流安排学员开窗通风、茶水准备、培训照相和撰写简报等相关事宜。这样的有序安排,让参培学员也形成习惯,保障每次活动顺利有序进行。

(二)分层参与式专题培训模式的实施

1.根据教师需求拟订培训专题

在对教师进行培训的时候还应考虑到教师的专业化发展规律,促进教师个性化成长。对于每个教师来说,没有最好的道路,只有最合适的道路。教师专业化发展道路的选择始终是一个个性化的问题。

我园在培训时构建了基于需求并引领发展的培训课程。培训内容的确定必须建立在对教师素质状况及需求状况广泛调查的基础上,满足教师专业了发展的现实需要。

在培训开班前,幼儿园会面向全体,组织老师们根据自己的发展动机填写参培报名表,并根据自己的实际需求拟定最需要获得哪方面的培训,为培训内容和专题的确定提供参考的依据。同时在培训的过程中,导师也会随机调查大家的意愿,下次活动中最迫切想解决哪方面的问题,获得什么样的新信息,根据大家的需要来生成培训专题。只有这样切合老师们现实需要的培训内容,才会调动学习者的积极性和学习兴趣,让参培者获得有意义的个性化的发展。

2.培训的具体形式

(1)研训一体的形式。

让参培教师成为学习的主体,注重边学边研究,将理论学习的成果用于自主研究的实践中,并根据自我规划的发展方向和特色领域,进行有针对性的小专题研究。

研训一体的培训方式,由参培者和导师共同决定培训主题,聚焦了教师教学实践中要解决的问题,从教师中来,到师训中去,有很强的主题聚焦性。同时,研训一体的方式把教学研究、教育科研、培训资源、专家的资源和每个学员所在学校的相关资源有机地整合,为研修活动所共用。其次,研训互通,研中有训,训中有研,互动性也非常强。研训一体培训方式最大的优点在于,表面上看是让教师完成了一个专题的培训,更重要的是让教师学会了一种研究问题、解决问题的方法。

(2)实践反思的形式。

实践—反思—再实践,是一种提升自我的方法,也是我园培训中,以改进教师教学行为为着眼点,实践反思培训内容的表现形式。老师们通过自己亲自实践或是观摩同伴的活动,运用已学的理论和自身经验,进行反思总结,察觉其中的优点和不足,从而写出自己的反思并和大家分享。这样在一次次的实践、反思中,老师们的实践操作能力和自我内省能力都有了很大的提高。

(3)专业引领与自主研修相结合的形式。

在培训中,我们非常注重导师的专业引领。实践证明,专业研究人员与教师共同备课(设计)、听课(观察)、评课(总结)等,对教师帮助最大。所以,我们在导师的引领下经常开展观摩活动,一课多研,三人小组说、讲、评等活动,让参培的老师在专业引领中感悟理论对实践的指导、理论与实践之间的对话、理论与实践关系的重建。

然而,教师才是教学的真正主体,专业导师无论怎么指导,都不能代替教师的独立思考。所以,在专家引领下离不开自主研修,只有自己养成学习、思考的习惯才有助于提升教师的教学技能,获得专业化发展。所以我们强调导师专业引领与教师自主研修相结合的方式,将集中学习、自主学习、自我反思紧密结合,从而让教师获得发展。

(4)以点带面,骨干引领的形式。

由于教师的配备和时间上的安排限制,不能面面俱到让每一位老师都能参加培训。但这并不意味着放弃一部分老师,而是更加突出了教师之间的同伴互助,实现"以点带面,骨干引领"的学习形式。比如:我园小课题研究三人小组说、讲、评团队中,我们注重将参培团队中的骨干作为小组中心成员,将学习所得分享给小组成员。通过这种方式来加强教师之间以及在课程实施等教学活动上的专业切磋、协调和合作,共同分享经验,互相学习,彼此支持,共同成长。

(5)协助探究的形式。

在参培教师培训过程中,我们也注重同伴间的协作探究,让参陪教师在与同伴的思维碰撞中,获得新的经验和启发,从而更加充实自我。比如,一个老师组织活动,不光是他一个人的事情,全部成员会齐聚一起,共同为之建言献策,用每一个人的智慧来推动一个活动更加圆满完成。老师之间的协作探究,使每个人都得到了发展。

(6)研讨分享的形式。

这样的形式几乎贯穿于每一次培训活动中,我们不光是带着耳朵走进培训,更是带着心和脑袋去参加每次培训。每次活动中,我们都积极动脑,共同参与研讨,并"开放"自己,将每个人的所思所想分享给大家。这样一种研讨的氛围,提升了参培教师积极思考的能力。

(7)问题研修的形式。

在青年教师培训中,我们坚持"以师为本",注重以教师问题为核心,以改进教师行为为切入口的教师培训,弘扬的是个性化的教师培训理念,并关注教师实践性知识的提升。通常,在培训中,我们关注参培教师遇到的问题,或者是以培训实践中遇到的问题为依据,来确定下一次培训活动的主题和内容,突破一个又一个问题,让参培教师在问题的迎刃而解中获得收获和成长。

目前,以青研班、青共体等形式开展的专业学习共同体的师训模式,实现了教师个人和群体的专业化发展。无论是哪一种校本培训模式，都以更新教师教育观念为先导，以提高广大青年教师教学技术、教学能力为突破口，凸显了科研与教研融为一体，基本功与教学技能同步发展的师训特色。在群体中，青年教师聚合在导师身边，共学共研、共享资源、互助合作，一批批师德高尚、有开拓创新精神的特色教师逐渐长成。

第六章

人和管理
——以和为贵,以人为尊

　　"人和管理"是人和街小学基于核心素养培育的"五维一体,全息共生"教育综合改革系统中的重要组成部分,也是这个体系得以优质运行的必要的制度保障。基于人和文化和人和教育理念,人和街小学形成了其独特的管理哲学。在日常的管理中,人和管理注重通过科学研究采集数据,形成对于学校教育核心技术课程和教学的科学决策。此外,人和管理还特别注重组织中最活跃的教师人力资本的开发,通过一系列科学化的人力资源开发手段,为整个教育集团"五维一体,全息共生"发展提供重要的人力支持。人和街小学现已成长为全国知名的优质品牌学校,科学化、人性化的人和管理发挥着至关重要的作用。

第一节 | 人和管理的概述

一、人和管理的理论基础

　　学校管理需要经验的积累,更需要理论的指导,不同时期的管理理论都曾经对学校管理产生过这样或那样的影响,人和街小学在管理中以"人本主义理论"和"学习共同体理论"为基础,不断践行"人和为魂,和谐育人"的办学理念。在人和教育办学理念统领下,围绕提升学生核心素养的目标,经过十多年的探索和积累,学校形成了集"文化课程、教学、教师发展和行政管理"于一体的"五维一体,全息共生"的独具特色的办学模式,实现了学校的可持续发展。

(一)人本主义理论及其在人和街小学的具体体现

1.人本主义理论

人本主义理论是20世纪50年代末60年代初在美国兴起的一种反对行为主义倾向的心理学学派,是美国当代心理学主要流派之一。人本主义理论主要强调"以人为本"的思想,人本主义哲学对人性的假设是人生而有潜在的能力,人是生而本善的,认为人是伟大的,人应享有人生的快乐,人应该掌握自己的命运,人的尊严和价值在于人本身是自我实现的,每个人都有权推动个人发展直到自我实现,人具有创造性,人有自主性,人的发展是积极主动的。马斯洛认为,人的本性、人天生的潜能会要求一个人越来越完善地向自我实现迈进,要求发挥其创造性,要求得到尊重。

基于这样的人性假设,教育者们在教育学生的时候,就应该发展"教人、做人、成人"的教育,培养自我实现或充分发挥作用的人;人本主义教育观主张将情智教育融为一体,开展最佳成长的内在学习;主张把学生视为学习的主体,开展"以人为中心"的学习,发扬学习自由和互动创造的精神;主张进行课程改革,实施有意义学习和经验学习;主张个别教学;主张学习是一种人际的相互影响,充分发挥教师在有意义学习过程中促进者的作用。

因此,在管理以人为主体,以教育学生、促进学生发展为目的的学校组织时,人本主义管理学观强调对于人的管理,强调人是能动的主体,在学校组织中虽然需要对学校的物(课程、教学、财务、后勤等)进行管理,但是对物的管理取决于对人的管理。因此,归根到底还是对人(教师和学生)的管理。人本管理的内涵体现为"为了人、尊重人、发展人、依靠人",强调"以人为基础,以人为前提,以人为动力,以人为目的,以人为核心,尊重人,依靠人,发展人"的价值理念,在学校组织中,促进教师、学生的发展是人本主义管理的重点。

2.人本主义理论在人和街小学的具体体现

经过十多年的探索,人和街小学在传承民族文化,总结学校办学历史,顺应时代发展中,孕育出学校人和教育的办学理念:"人和为魂,和谐育人",即是一种自我之和、与人之和、自然之和,以实现对人和的价值观、内容、方法论的传承,以让学生学会"知人和""行人和""创造人和"为主,致力于实现学生的全面和谐发展,为学生融入和谐社会奠定基础。人和街小学的这种关注教育中人的幸福感的人和教育理念推动了学校的发展。例如,人和街小学倡导师生之间、教师与教师之间、领导与教师之间的和谐相处,也倡导与社区、家长、教育行政人员等的和谐交流,既关注师生的学习和生活细节,也关注师生的成就感和归属感,主张营造和衷共济的文化氛围。在学生成长方面,人和街小学建立了一系列的层级、轮级的培养、选拔制度。如,具有特色的德育制度的层级:"小队干部""中队干部""大队干部"的选拔、学生"轮岗"制度以及针对"学困生"量身定做的制度(设立了"灯长""门长""计算机管理员"等职位),这些具有人和街小学特色的人性化的管理制度在一定程度上能够让每个学生体验到责任、快乐与成功,增强学生的责任意识,在各种体验中培育学生的核心素养。

(二)学习共同体理论及其在人和街小学的具体体现

以人为本,是人和街小学发展的重要思路,但是如何把个体激励好,把群体发展好,实现人与人组合的最佳效果? 人和街小学的管理中体现了一种全息共生的智慧以及学习共同体理论的实践运用。

1.学习共同体理论

美国教育学家博耶尔(Boyer E.)认为,"学习共同体"是所有人因共同的使命并朝共同愿景一起学习的组织,共同体中的人共同分享学习的兴趣,共同寻找通向知识的旅程和理解世界的运作方式,朝着教育这一目标相互作用和共同参与。[①]国内学者张建伟则认为,"学习共同体"是指由学习者及其助学者(包括教师、专家、辅导者等)共同构成的团体,他们彼此之间经常在学习

① 屠锦红."学习共同体":理论价值与实践困境[J].当代教育科学,2013(16):7-9,34.

过程中进行沟通、交流,分享各种学习资源,共同完成一定的学习任务,因而在成员之间形成了相互影响、相互促进的人际关系。①在这里,我们认为"学习共同体"是指一个由学习者与助学者(包括教师、专家、辅导者和家长等)共同构成的团体,他们具有共同的目标,经常在一定支撑环境中共同学习,分享各种学习资源,进行相互对话、交流和沟通,分享彼此的情感、体验和观念,共同完成一定的学习任务,通过共同活动形成相互影响、相互促进的人际联系,并对这个团体具有很强的认同感和归属感。

学习共同体理论还有一个很重要的概念就是愿景。愿景,是关于未来的一种美好愿望与意象。在人类组织中,愿景是唯一最有力、最具激励性的因素,它可以把不同的人联结在一起。共同愿景是学习共同体内部成员共同约定的奋斗目标。它是共同体中每一个成员相互紧密联系的纽带与共同的情感归属,每一个成员因共同的愿景走到一起,并朝着共同的方向迈进。共同愿景体现了学习共同体的总体运作方向。②学习共同体认为:一切试图"抹平"差异的教学,都是与人性相抵牾的,只有坚持"和而不同",方能真正为每一个学习者的充分发展提供适切的教育,才能达成真正的"教育公平"。在学习共同体理念之下,学校里的人是基于共同愿景的有着差异的存在体,这种"共同""共性"与"个体""个性"的协调,推进了学校教育目标的实现,学习共同体将个体目标、个体发展目标与组织发展目标有机统合在一起。

2.学习共同体理论在人和街小学的具体体现

人和街小学的人和教育理念中所倡导的"和衷共济、海纳百川、和而不同"的思想正是对于学习共同体理论最好的诠释。在多年的探索与实践中,人和街小学通过研究学校文化建设与课程、教学、教师发展和学校管理之间的内在联系及其发展规律,把学校文化理念融入各个方面之中,形成基于核心素养的"五维一体、全息共生"的办学模式,实现了学校文化、课程、教学、教师发展和学校管理的一体化。具体来说,人的素养是一个综合的概念,那么有关核心素养形成的课程也应该走向整合,因此人和街小学引入了课程群的概念,并在课程建设中坚持"一个指向,六点特质"的课程目标,开发了以国家

---

① 张化东.从系统理论的角度审视学习共同体[J].现代教育技术,2006(5):12-14,33.
② 屠锦红."学习共同体":理论价值与实践困境[J].当代教育科学,2013(16):7-9,34.

课程为核心、以地方和校本课程为拓展的"人和六质"六大课程群：和德课程群、和健课程群、和雅课程群、和理课程群、和美课程群、和融课程群。在课程实施中，强调课程的自主性，不断整合创新，丰富课程内容。

在提升学生核心素养的过程中，人和街小学在"和声思想"的基础上，构建了与学校理念、课程建设相一致的"和声课堂"，即以尊重差异、寻求共识、人人发展为三大要素，以适度留白、人人参与、注重倾听、寻求共识为教学原则，以设置情境、发现差异、聚集疑点、寻求突破、达成共识为五步教学模式。它以强调给学生一张幸福的课程表为主，使学生在课程选择、空间和时间上有了充分的自主权，促进了学生的个性、自主、全面发展。此外，人和街小学还积极开展家校合作，真诚邀请家长进校园，参与学校教学和管理活动，并逐步将家长、市民与教师、学生一起参加授课的"参与式学习"的实践导入课堂，力图将学校建设成为社区文化教育中心。

二、人和管理的内涵与特点

学校管理随着学校教育的产生而产生，随着学校规模的扩大，学校活动复杂性日益增加，学校管理就愈发重要。人和街小学经过多年的发展，目前已经成长为"六校两园"，拥有300多名教职工的人和教育集团，其学校管理经验也在学校不断发展的过程中不断总结和提炼，形成了具有人和特色的管理模式，以下从人和管理的内涵与特点，对人和管理做出进一步阐释。

（一）人和管理的内涵

学校管理是学校管理者通过计划、组织、协调、领导等管理职能或手段调动以人为中心的组织资源，实现学校管理目标系统化的持续过程。据此，我们可以看到管理的内涵涉及管理哲学、管理过程以及管理目标。

1.人和管理的哲学

管理哲学是整个学校组织管理的基本价值和理念，它直接影响着整个管理过程。正如之前已经提及，人和街小学的师生在学校长期建设发展中，不断沉淀人和文化。在人和文化的基础上，人和街小学的管理者们一直秉持着以"人和为魂，和谐育人"为核心的人和教育办学理念。其中"人和教育"包含了三种教育思想内涵：和衷共济、海纳百川、和而不同。"和衷共济"即"同心同德，合作育人"，倡导学校内的教师、学生、学校领导者、行政工作人员等之间的和谐，同时也倡导校外社区成员、家长、上级教育主管部门人员、其他教育工作者的和谐。"海纳百川"是"人和教育"的思想源泉，即接纳众家优秀的教育经验和教育思想，进行融会贯通。人和街小学大放光彩的人和讲坛、兼收并蓄的国际交流等都体现了海纳百川的人和教育办学思想。"和而不同"倡导一种共性与个性的相容，鼓励开拓创新，突出特色，张扬个性，通过创新教育培养创新型人才。例如：人和街小学的特色教师打造、特色社团活动、综合实践活动课程等都体现了这一点。

2. 人和管理的管理过程

以人为本，应当统领并渗透到各种不同类型的管理中去，否则，具体的管理模式就可能发生异化。例如，科学管理如果不以人为本，就可能异化为科学主义指导下的机械式管理，这将大大挫伤人的积极性。人和街小学在长期发展中一贯坚持以人为本，以人的价值实现为最终目的，以关心人、尊重人、激励人、解放人、发展人为根本指导思想，把人作为管理的主体，充分开发学校的人力资源；并将人和管理中人本主义管理思想贯穿于学校管理的各个环节、各种行为之中。

在多年的办学实践中，人和街小学坚持实施"以人为本"的人性化管理，强调学校所做的一切都是为了让每一个人真正体会到生命的意义和价值，充分调动师生学习的积极性和创造性，以学习求发展，以学习促进教育教学质量的提高，促进学生更好地成长和发展。人和街小学的管理中处处体现着这种人本主义管理的思想，学校教育目标的制订、学校文化环境的建设、教师教学任务的分配、学校管理决策的制定与执行、教学内容的选择、教学过程的实施、教学方法的选择以及教学评价等都体现出了学校对教师和学生的尊重、理解、信任、关怀。

与传统学校管理模式相比，以"人和管理"为理念的学校管理模式更加重视人、尊重人、关心人，在教育过程中把教师主体性与学生主体性有机地统一起来，用人和的思想教人、育人。例如，人和街小学通过"人和六质"校本活动课程的实施，创设小学阶段的德育从目标内容到方法途径再到评价的序列化、阶段性的整合规划,克服德育"一刀切""整齐划一""违背儿童身心发展规律"的弊端,探索德育实效性的方法。人和街小学在教师队伍建设中,坚持以"居儒典雅、身正学高"的教师文化作为教师队伍追求的价值目标;针对青年教师实施师徒结对,开设青年教师研修班,聘请市级名师作为指导教师,通过集中培训、课堂教学研讨、小课题研究、送教下乡、示范课展示、论文案例撰写等方式,定时、定人、定任务,为青年教师搭建研修平台;通过在人和团队的支持下促进教师能力建设,教师在和谐、互助的学习共同体氛围下,不断体会到成长的快乐。总体看来,在人和管理中,组织成员之间的沟通方式不是线性单向度的信息传递,而是一种多向度的分享与协同,学校管理者不是以行政权威来管理约束教师,而是以人和精神来引领和激励教师。

3.人和管理的目标

任何管理活动都是为了实现组织的目标。在人和教育指引之下的人和教育管理的目标是办优质特色学校,培养全面和谐发展具有人和特质的人和少年,从而最终实现"享受人和教育,奠基幸福人生"的"人和人"的教育愿景。这个管理目标始终围绕着人的发展这个核心,并试图通过科学化的设计实现学生和教师的和谐发展。人和街小学在实施素质教育的过程中就充分体现出对于学生发展规律的尊重,对于学生主体性的调动。学校没有笼统地讲德、智、体、美多方面的发展,而是立足于学生未来发展的核心素养的培育,注重学生德才兼备、情知交融、手脑结合、身心和谐、天人合一、个体发展与集体发展六个方面的统一。此外,人和管理充分理解教师职业的特点,从促进教师专业发展、能力建设的高度践行以教师的成长为本,让教师在教学科研的过程中体会成长的快乐,使教师获得从事教师职业的自信心和幸福感。简而言之,人和管理的目标是实现学校的优质特色发展,而这一目标又是深深根植在人和文化之上的、以学生的终身发展和教师的幸福有尊严地发展为具体目标的发展目标之上的。

(二)人和管理的特点

人和街小学将人和思想贯穿于学校管理之中,形成了独具特色的管理模式——人和管理。人和管理的独特性主要体现为"科学性与人文性的整合",科学性主要体现在学校对学生发展规律的尊重和数据驱动决策机制的建构。人文性主要体现在强调"人和文化的引领性、以人为中心与和谐人际观的构建",并最终实现了学校学习共同体的落地生根、和谐共生校园氛围的形成和人和文化的长期沉淀。下面将主要从这两个方面来介绍人和管理的特点。

1.人和管理的科学性

（1）对学生发展规律的尊重。

人和街小学围绕学生核心素养培育,构建了"人和六质"课程体系。这一课程体系以"培养全面和谐发展具有人和特质的少年"为课程目标,以培育学生的六大素养、18个基本点为主。具体来说,即和德课程群（懂规、守礼、明责、能效、守信、会和）、和健课程群（健康运动、身心和谐、体育精神）、和雅课程群（文化传承、多元理解、善于表达）、和理课程群（理性思维、勇于研究、应用创新）、和美课程群（审美情趣、艺术表现、美化生活）、和融课程群（融入自然、融入生活、融入社会）。"人和六质"课程体系以尊重学生的发展规律为主,打破了传统板块状课程内容设计风格,以主题方式开展,融多学科知识与素养为一体,变单一学科的"小课堂"为多学科统整的"大课堂",充分激发了学生的学习兴趣和参与性,真正实现核心素养进校园的目的。例如,在主题式教育中,以年级主题的方式,进行学生的德行培养和品德养成。在和德课程中,各年段根据教育目标设计形成了一年级"懂规"、二年级"有礼"、三年级"明责"、四年级"能孝"、五年级"守信"、六年级"会和"的阶段化主题。再比如,人和街小学不断整合各学科的课程学习,通过少先队仪式、礼仪队会、责任星评比、十岁集体生日、诚信誓师会和小学毕业典礼的"人和六典"来实现课程育德的目标。在主题式活动中,将学校传统艺术节、体育节、读书节、科技节进行课时统整,确定孩子们喜爱的相关主题,以综合实践周的方式开展,强调生活即课程、社会即课程、自我即课程,充分尊重学生发展的规律,使学生的情感、个性得到充分表达和张扬,知识和能力得到极大增长和提升。

（2）"数据驱动决策"机制的建构。

"数据驱动决策"模式是指决策者以通过对相关历史性数据的分析所得到的信息和证据为依据制定决策的一种形式,也可以把它概括为"以史为镜"

"以据为策",①这种决策模式有利于决策程序的合理化和科学化。人和街小学为了提高管理的科学化水平,避免决策时受到决策者主观偏向性和思维惯性的影响进而导致决策失误,自20世纪90年代以来就一直围绕学校核心活动(课程和教学)进行了多年的校本研究,目前人和街小学已经形成以课程和教学研究为核心载体的全校整体综合改革研究态势,学校目前在对于学校课程、教学等重要事务发展上面的决策都做到了基于研究数据的科学化决策。在"互联网＋教育"的大背景下,随着信息技术的发展和对学生学习评价需求的增加,人和街小学正在试图通过学校综合改革的研究探索与新技术的整合来进一步实现学校的科学化管理,目前学校正在与高校研究人员合作探索建立符合学校需求的"数据驱动决策系统"。

2.人和管理的人文性

（1）强调"人和文化"的引领性。

"和"文化是中华文化的核心价值观之一,它是指不同事物聚在一起,能够并存、协调、相互促进。"和"文化主张"天人合一""中和中庸"。人和街小学自建校以来就以"和"字作为学校的核心理念,在传承地域文化、学校文化与顺应时代要求下,构建了人和教育,而且讲求人和、珍惜人和一直是人和街小学的光荣传统。学校以"人和为魂,和谐育人"为办学理念,以"两江融聚,人和教育"为文化精髓和校园主题文化,致力于实现"享受人和教育,奠基幸福人生"的教育理想。通过传承人和传统文化,确立"培养全面和谐发展具有人和特质的少年"的课程目标,并系统建构"人和六质"课程体系;通过实施和声课堂,建立与校本课程开发、实施一致的教学、教研、评价体系;为了实现学生的全面发展、个性发展、自主发展,建立了实现"三和""四当""五会",突显"品德高尚、睿智灵动、强体健魄、尚美惟新"的学生文化。在和文化的引领下,学校完美地契合了时代发展的主旋律,把握了社会与教育转型的核心要点,将文化传统、地理环境和社会精神这三个方面的资源进行有效整合,成就了独具特色的办学理念,促进了学校的健康快速发展。

---

① 常桐善.如何提高大学决策绩效——院校研究与"数据驱动决策"模式的视角[J].复旦教育论坛,2013,(2):54-60.

（2）以"人"为中心。

"以人为本"所说的"人"是多元的,既包括管理者,也包括被管理者,还包括管理所处的人文环境。就学校管理而言,"以人为本"涉及的人有学校领导、教职工、学生、家长以及社区群众等,这些人对学校管理的质量都有重要影响。人和街小学在学科建设中依托各科教学这个主渠道着重培养学生,力求营造"品德高尚、睿智灵动、强体健魄、尚美惟新"的学生文化氛围,以学月主题形式组织相应的综合实践活动。在"人和为魂,和谐育人"的办学理念下,使来自不同院校、不同地域、不同背景、不同个性的人相互帮助、相互勉励、相互促进,共同成为"人和人"。2012年,人和街小学围绕培育学生核心素养的目标,构建了与学校文化和课程建设一致的"和声课堂"教学模式,以学生为主,让学生主动参与、主动探究,最终实现尊重差异、寻求共识、人人发展的课堂教学效果。而且学校秉持尊重学生发展规律的原则,构建了"人和六质课程体系";并形成了"人和六质素"养体系:和德、和健、和雅、和理、和美、和融,分别指向学生的道德素养、健康素养、文化素养、科学素养、艺术素养、人际素养。学校也构建了基于核心素养的学生成长评价体系,即学科素养评价体系、生活素养评价体系、健康素养评价体系。此外,学校为充分促进学生的自由、个性化发展,除了必修课以外,还专门针对不同阶段的学生,开设了85门校本自主选修课程。

（3）强调和谐人际观的构建。

人和街小学一直倡导:学生个性全面和谐发展是办学的根本,校园的和谐是学校有效教育的基础,认为"人际关系和谐了,工作的心情会更愉悦;与人团结互助,自己的价值才能得到最大的实现"。因此,学校十分重视和谐人际关系的构建,不断加强干群之间、教师之间、师生之间的人际沟通,进而增进彼此的理解与支持。例如:人和街小学在人和管理中坚持层级管理与扁平式管理相结合,既明确了层级职责,又注重了彼此之间的理解与沟通,扩大了参与的广度和深度;师德演讲、参观学习等形式,使教师在活动中增进交流,培养友谊,展现自我,愉悦身心;其次,学校还特别倡导管理者与教职工在沟通交流中,互相换位思考,拉近心理距离。此外,学校也通过一系列尊重、关心教职工和促进人际沟通的制度,在学校营造和谐氛围和宽松的环境,如建立"年级和班级的教研会制度""家校协作会""人和之星评比制度"等,为师生员工展现聪明才智,加强人际沟通,促进人际和谐提供了平台。这些人性化的管理制度的推行,为学校实施有效管理提供了有力的保障。这些举措,使大家认识到,是"人和"成就了人和街小学的师生,是学校的师生成就了"人和";使师生认识到学校就是他们的家,为人和做奉献是他们的责任。这种情感管理模式增强了学校的凝聚力和向心力,也激发了师生的责任心与积极性,促进了人和管理实效的最大化。

第二节 │ 人和学校组织建设

谈及管理,必然会涉及组织这一人类社会中最普遍、最常见的社会现象。每一项社会活动,几乎都要以某种组织为其载体,并通过组织的形式表现出来。人们正是通过各种组织,把人力、物力、财力、信息、时间等要素组合配置,开发利用,从而达到特定的目标。管理活动正是在组织这一载体上实现的持续活动。

一、人和管理之组织发展观

学校无疑是一种组织。作为一种实体的组织(organization),它是为实现特定教育目标、根据一定管理原则而构建起来的一个体系与机构;作为一种活动过程的组织,它又通过其特有的行为方式,保证传授知识,培养新人这一过程的完善并具有较高效率。[①]静态地看,组织是一个集团内各种关系的总和。组织将与之生长有密切关系的人、财、物、时间、空间、信息、环境等因素有机地联系起来,从而形成一个开放的社会技术与社会信息系统。人和街小学的教师、学生、教学设备、教学手段、校园环境、校园氛围等,都构成了一定关系的系统,形成了较为稳定的运行系统,例如:学校的年级组、教研组、班级、团队等。动态地看,组织就是人与人之间的行为构成模式,是人为了完成共同目标而彼此分工合作、相互影响的活动系统。

---

① 吴志宏,冯大鸣,魏志春.新编教育管理学(第2版)[M].上海:华东师范大学出版社,2008:69.

从生态学的角度来看,组织是一个有着生命活力的生长体,它随着历史和社会环境的演变不断进行自动调整,以适应社会环境的变化。随着人类进入知识经济时代,任何组织只有通过不断学习和能量更新才能实现组织的可持续发展。有研究者因此主张以新的隐喻来指代组织,即"学习共同体"。学校作为传授知识的地方,在当下知识经济时代背景下,更加应该成为一个学习共同体,也即一个不断从内外部进行学习、发展成长的类似生命体的能动的系统。

在人和教育理念的指引下,人和街小学已经形成了具有"人和"特色的学校组织,这个组织不再是简单的校园围墙内的一些人和系统,而是一个不断研讨课程教学以促进学生幸福和谐发展的学习共同体。这个学习共同体倡导以人为本的管理思想(即"人和管理"),强调"人文性与科学性相整合"的组织发展观。人文性主要体现在管理理念上,强调"人和文化的引领性、以人为中心与和谐人际观的构建",强调多元、民主的参与性。科学性主要体现在管理技术上,学校对学生发展规律的尊重和数据驱动决策机制的建构。在这样的组织发展观指导下,学校摒弃传统科级管理的弊端,按照系统论、全息论的思想,全方位、高质量地整合学校文化、课程、教学、教师、管理这五个维度,在"人和为魂,和谐育人"的办学理念引领下,通过对学校管理体制的整体系统设计,让文化、课程、教学、教师发展、管理高度融合,以"人和六质"课程体系为行动架构,以"和声课堂"的教学为具体的实践路径,以教师专业发展为人力保障,以管理体制机制的改革为制度支撑,使学校成为一个完整的而不是分散性的学习型组织,形成"五维一体,全息共生"的学校系统变革模式,最终实现学校学习共同体的落地生根、和谐共生校园氛围的形成,从而达到师生的和谐共生、发展。

二、人和管理之组织文化

组织文化是组织在长期发展过程中,由组织成员相互作用、积淀生成的具有鲜明组织特色的观念文化和制度文化。学校组织文化是学校在长期教育实践和各种环境要素的互动过程中创造和积淀下来并为其成员认同和共同遵循的信念、价值、假设、态度、期望等价值观念体系,制度、程序、准则、纪律、气氛、教与学的行为方式等行为规范体系,以及学校布局、校园环境、校舍建设、设施设备、符号、标志物等物资风貌体系,是一所学校区别于其他学校的重要特征。①学校组织文化在学校管理中起到越来越重要的作用。学校组织文化具有区别其他组织文化的特征,包含学校的精神文化、制度文化、行为文化、物质文化的内容,对学校组织具有化育、导向、规范、凝聚与辐射、激励、创新的功能。②

(一)学校组织文化的内容

根据对学校组织文化的界定,我们将学校组织文化的内容分为四个方面:"学校精神文化、学校制度文化、学校物质文化、学校行为文化",并从这四个方面具体阐释人和组织文化的内容。

1.学校精神文化

精神文化是学校组织文化的核心和灵魂。学校精神文化是学校在长期实践过程中,受一定的社会政治、经济、文化、意识形态等影响而形成的为其全部或大部分师生所认同和遵循的精神成果与文化观念,其核心是共同的价值观,主要体现为学校的文化传统、办学理念、校风、人际关系、心理氛围等。精神文化具有积沉性、隐渗性、持久性、号召力、凝聚力和向心力,是学校与时俱进、不断向前的精神支柱,无形之中对教师和学生产生积极的促进作用,引导他们不断地发展和完善自己。人和街小学结合传统文化、政策背景,根植于所处的地理环境,不断思考提炼独具特色的人和文化。人和文化反映了人和人共同秉持的对于教育、学校办学理念、学生培养、师生关系等方面的共同价值。人和教育指向学生全面和谐发展的教育,其教育思想精髓为:(1)和而不同的个性多样性,即融合先进教育思想,发掘优势潜能,张扬个性特点;(2)和衷共济的动力性,即同心同德,合作育人;(3)海纳百川的源泉性,即继承古今中外的教育精华,丰富充实"人和教育"理念;简言之,就是要通过与多方面力量的通力合作培养有合作精神的人和少年。"人和为魂,和谐育人"是人和组织文化的精神实质。

---

① 王敬民.学校组织文化建设对教师健康心理的作用[J].教书育人,2005(21):27-29.
② 陈文海.学校组织文化的探索与实践[D].武汉:华中师范大学,2008:11-14.

2.学校制度文化

学校制度文化是校园精神文化的产物,包括学校组织结构、管理制度以及组织成员间默认的共同行为规范。学校组织结构是指学校为了有效实现学校目标而筹划建立的内部各组成部分及其关系的形式。学校组织结构包括正式组织和非正式组织,都是学校组织文化的载体。学校管理制度是学校在教育实践中制定的各种带有强制性的规定和条例,包括学校的人事制度、教学管理制度、科研管理制度、后勤管理制度等所有规章制度。制度文化对全体教职工和受教育者能发挥指向与约束、矫正与激励、整合与保障的作用,对于形成优良校风,培养师生的行为品德具有非常重要的导向作用。人和街小学围绕着其精神文化,形成了强调学校核心职能(学生发展、课程、教学、科研)的合理的学校组织结构和清晰明确的管理制度。在学校组织结构上,实行层级管理与扁平式管理相结合的方式,既做到责权明晰,又注重彼此的相互理解、沟通。在学校管理制度上,重视课程教学管理和科研管理,强调教育科研是引领学校发展的强大动力,并建立了一套完善的教育科研制度,其中规定,教师组成课程、教学、学术委员会,以发挥为课程开发、教学活动、教师发展以及学校日常行政管理等提供科学决策的作用。

3.学校物质文化

学校物质文化载体主要包括学校建筑、文化设施和校园美化物等。物质文化本身是没有任何生命和情感的,但是经过教育建设者的精心设计和创造后,学校的建筑物和生态环境就富有了生机,学校物质环境就被注入了独特的文化和精神内涵,会对学生的价值观念、行为习惯、智力发展产生潜移默化的影响。人和街小学通过加强和塑造物质文化的视觉和听觉两大子系统,把人和理念转化到学校的物化环境当中,以此来发挥人和文化的"以文化人"的作用。具体来说:根据儿童的身心发展特点,从可听、可看、可感、可传的角度,拍摄校歌MV,传唱《清风白鹤》《黄葛云祥》等校园歌曲;以篆刻的人和印章作为学校的校徽,将二人挑担、三人吹笙、众人拉纤等人和文化元素应用在校歌、校门、剧场、走廊等各个角落,修建清风白鹤主题广场、人和教育博物馆、文字博物馆、陶艺博物馆、杏坛讲学、孔园、人和种植园、3E科艺楼、灵动体育馆、清风轩等场馆,同时创编《人和教育》杂志,目前已有24期,这些物质文化都使校园文化立体化、具象化、艺术化,为学生营造了一个蓬勃向上、充满文化意境的生活和学习环境。

4.学校行为文化

学校行为文化主要包括主体行为形象、科技文化活动、交际活动以及社会实践活动。主体行为形象主要指学校领导的作风和风格,教师的品行、人格、气质和仪表,学习风气及学生的饮食、穿着等生活习惯。科技文化活动指自主性科研活动、学术活动、课外文体娱乐活动、群众性俱乐部活动等。交际活动指师生之间、学生之间、异性之间、师师之间、个体和群体之间的互动。社会实践活动是学校文化的"活化"和"动态化",是学校精神文化、制度文化在师生行为上的表现,有利于学生良好的思想观念、价值体系、精神风貌的养成。经过多年的探索与实践,人和街小学形成了具有自身学校特色的行为文化。例如:在交际活动上,师生之间、生生之间在课程、课堂中形成和谐的互动关系。学校形成了"人和六质"课程文化,包括和德、和健、和雅、和理、和美、和融课程文化。在此基础上构建了六大课程群:和德课程群、和健课程群、和雅课程群、和理课程群、和美课程群、和融课程群,以夯实国家课程教学效果,丰富拓展课程,共开设85门选修课,由学生自主选修。学校富有特色的课程体系满足了学生差别化成长的需求,学生在课程中得到充分自在的表现和活动,教师在课程中专业技能得到充分展现,还出现了很多跨界的学科教师人才。学校形成了"和声"的课堂文化,在教学设计中坚决地留出所有学生能够参与教学活动的"空白",在学习的时空中,师生之间、生生之间能够相互倾听、相互尊重彼此的差异,在差异的基础上寻求共识,从而最大化地实现人人参与、人人发展的效果,达成"和而不同"的价值追求。在社会实践活动中,学校开办了"人和讲坛",邀请人和街小学退休老师、优秀教师等登上讲坛,宣讲和传播他们的教育故事和思想,迄今已开展103期。在每年9月28日孔子诞辰日,学校都要进行一年一度的"人和拜师会",徒弟为师傅看座、敬茶、鞠躬,让教师们不仅强烈地感受到孔子教育文化的熏陶,更让老教师明确了自己的传帮带职责,新教师增强了自己的学习动力,促进了师资队伍的整体和谐共进,不断提升。同时,学校设立了科技节、体育节、音乐节、英语节、跳蚤市场等丰富的综合实践活动,在实践活动中培育学生与他人、与自然和谐相处的"人和"品质等。

(二)学校组织文化的功能

学校是一个文化组织,承担着教书育人、传承文化和促进社会进步等职能。学校组织文化是以文化的形式潜移默化地对管理起作用,属于软性管理模式,它比任何传统的科层管理、硬性技术手段都有更好的管理效果。人和街小学以"两江融聚,人和教育"为校园主题文化,致力于实现"享受人和教育,奠基幸福人生"的教育理想。其组织文化发挥的功能主要有以下几点。

1.化育功能

教育与文化有着密切的关系,文化是教育的内容,教育是传递文化的工具。人和街小学通过建立"人和教育",不但让人获得知识,而且通过对人和文化价值的汲取,不断地陶冶人的心灵与品格,达到充实生命的目的。学校良好的校风、学风、文化传统、价值观、人际关系等对师生员工特别是对学校的学生起到了陶冶和化育作用。学校组织文化的这种化育功能以物质文化为条件,制度文化为资源,精神文化为导向,寓教于乐、寓教于情、寓教于境,潜移默化地塑造着学生和教师的素质。

2.导向功能

学校组织文化反映的是学校的共同追求、共同价值观和共同愿景。人和街小学以"人和文化"的形式,渗透于人们的内心,左右着人们的行动,指引组织成员去实现学校组织的目标。人和街小学的组织文化发挥着一种无形的约束力,就像我们经常说的"随风潜入夜,润物细无声",无形之中达到影响人、塑造人的目的,让每个人和人知晓应该如何做。

3.规范功能

人和街小学在长期发展过程中形成的独具特色的人和文化有着很强的渗透性,其包含的行为准则、价值观等精神因素常常融入到学校规章制度及行为规范之中,融入到学校各项教育教学活动之中。这种组织文化氛围促使师生自觉服从制度及规范,是一种有效的"软约束",这种人和文化能减弱硬性规章制度可能给师生带来的心理冲撞或抵抗,从而使学校各个部门达成某种统一、和谐与默契,使之在确定的目标和方向下开展各种学校文化活动。

4.凝聚与辐射功能

人和街小学的人和文化将师生引导到学校所确定的发展目标上来,对内而言有着强烈的感染力、向心力和凝聚力,对外则通过辐射传播,发挥学校的教学科研等优势,既为社会输送高素质人才,又为社会树立良好榜样,既有利于提高学校自身形象,又增强了师生员工的自豪感与责任心。

5.激励功能

激励指持续地激发人的动机和内在动力,使其心理过程始终保持在激奋的状态中,鼓励人朝着所期望的目标采取行动的心理过程。人和街小学的管理层利用人和的文化意识进行学校管理,采用"目标激励、情感激励、行为奖励"等手段激发教师和学生的热情,启发、诱导、刺激他们的潜在能力和智慧,使得学校组织的活力源泉永不枯竭。

6.创新功能

创新是学校的灵魂和生命力所在,传承已知、探求未知是学校的使命。学校文化创新是教育创新的重要动力和体现,是培养具有创新性人才的要求和重要途径,生生不息的创新活动是学校组织文化的活力所在,也是学校组织文化的魅力所在。人和文化不仅是一种结果,更是一个过程。人和街小学在历史和现实文化的检测与评估的基础上,借助其旺盛的创造力,使学校人和文化得以继承和发扬。

(三)学校组织文化在"人和管理"中的意义

1.使内隐的学校组织文化显性化

学校组织文化是无法直接看到或摸到的,这使得许多学校没能认识到学校已有的文化积淀,也就无法自觉地开展学校组织文化的建设,这既是管理资源的浪费,也是管理的漏洞。人和街小学把学校人和文化从内隐转变成外显,正视学校已有的人和文化积淀,并在此基础上与时俱进,明确学校组织文化的定位,开展有效的文化建设,提升了学校的管理水平与效能。

2.使"以人为本"管理的有效性得以保证

学校组织文化在学校管理中坚持"以人为本",做到尊重人、理解人、关心人、信任人,重视对人的激励、培训、考核、任用和晋升,重视开发人的精神素质,促进人的全面健康发展。人和街小学重视教师队伍建设,基于人和教育特色,打造"居儒典雅、身正学高"的教师文化,将儒家的和合思想作为教师队伍人格理想和社会理想价值追求的目标,将教师的发展与学校的发展高度统一起来,为他们实现人生抱负提供广阔的舞台。

3.使学校的效能得以提高

学校组织文化影响着学校组织效能的高低。学校的主要功能在于育人,培养全面发展的人是学校得以生存和发展的根本,也是检验学校效能的有效指标。学校教师所具备的个人素质、职业态度、士气将影响其教学质量和教育成果,从而进一步影响学生学业进展。根据研究,学校气氛开放,校长和教师的满意度和工作士气很高,组织适应性强,运作灵活,组织效能佳,学校的发展成就明显。人和街小学通过培育人和校园文化,创建人和特色课程,实施人和管理,开发校内、校外各种教育资源来培养学生,通过优美的校园环境、良好的校风、学校人力资源的合理开发配置,使教职工和学生的潜能得以发挥,保质保量地完成学校的育人功能,从而实现学校的高效能。

三、人和管理之组织结构

组织结构是指组织成员为完成规定的工作任务和实现组织既定的目标而在职责、职权等方面的分工和协作体系。[1]组织结构是组织文化的重要载体,设计合理的组织结构能保障学校教育教学活动的高效优质运转。学校组织具有复杂的属性,且学校组织类型也具有多样化特点,与之相生的组织结构也是多样的。台湾学者张志明曾经说过:"组织的结构,依其联系的紧密程度,可能是严密的科层体制,也可能是松散的结构;依其权力划分的层级,可能是层层指挥严密的金字塔型组织,也可能是扁平型组织;依其组合方式,可能是固定不变的官僚组织,也可能是因目标需要组合的功能小组;依其对外在环境的反应,可能是毫无反应的机械化组织,也可能是反应灵敏的变形虫组织。"[2]也正因如此,美国当代著名教育管理学家霍伊和米斯克尔提出应以

---

① 张家洲.职业学校组织结构模式研究[D].长春:东北师范大学,2008:10.
② 张新平.中小学的组织结构及其变革:基于三所学校的个案研究[J].教育学报,2014,10(1):101-108.

"整合模式"的观点来看待学校组织。

"学校组织机构是按照学校发展目标的要求,将学校组织的职责、岗位和人员进行合理的组合和匹配,形成结构合理、权责清楚的协作系统。"[①]任何一所学校想要正常有效地开展教育教学活动,实现学校发展目标,就必须把学校各类人员组织起来,通过设立一些职能部门和确立各个职能部门的权力和责任关系,构成一定的组织机构。学校组织机构的实质是明确学校管理的任务结构、权力结构和人员结构,体现学校组织的目的性、整体性和协同性。

人和街小学一贯注重课程、教学和学生发展,随着时代发展和政策变迁,人和街小学从对单科课程的研究到综合课程的改革,再到契合学生21世纪核心素养培育,始终围绕学生不断深化发展、系统化研究学校管理的核心技术(课程和教学),目前学校已经形成了"五维一体,全息共生"的发展思路。除了学校内部强化办学核心技术,加强内部管理,人和街小学还不断拓展学校发展的外部空间,开办了分校和附属幼儿园,目前已经形成了"六校两园"的人和教育集团办学格局。当下,人和街小学正围绕着培育学生核心素养的"五维一体,全息共生"整体办学思路构建人和教育集团,在集团化办学的过程中始终坚持"人和"的文化态度,以本校先进的办学文化、优质的师资力量、科学的管理制度、高水平的课堂教学质量,来统领、调和集团内其他独具特色的积极因素,达到集团整体的优质化,最终实现"各美其美,美人之美,美美与共,天下大同"。

具体来说,人和教育集团的组织结构采用的是层级管理和扁平式管理结合的模式,集团内部设立了小学部和幼儿部,成立了以集团党委、集团办公室、集团教职工联合会、集团学术委员会为主的人和集团领导决策中心,并设置了人和文化中心、课程中心、教学中心、教师管理中心、管理中心于一体的五维运作环,形成了"五维一体、全息共生"的综合改革体系。

"五维运作环"组织结构,更加有利于学习型组织的建立和扁平化管理。其中,"文化中心"作为学校整体发展和系统运作的思想指导机构;"课程中心"在文化中心的指导下,构建课程体系架构、行动纲领及在课堂教学中的实施途径;"教学中心"按照课程设计,在教学实践中去研究实现课程目标的具

①李雯.中小学组织机构模式的新探索[J].教育科学研究,2005(9):21-24.

体路径;"教师管理中心"负责设计课程、教学、教师专业化发展序列,按照序列促进教师的有效分工和协同发展;"管理中心"则为其他各中心建立需要的制度提供保障。这五大中心高效率运转,相互协助,互为支撑,协调统一,推动学校办学系统全面、协同、统整、高效运行,实现育人目标和办学效益的最大化。

总之,人和街小学通过构建特色人和教育集团,通过对学校部门、管理层次和管理幅度的设置以及对学校各部门的责任、权力、资源的合理配置等,使人和街小学在培育21世纪学生核心素养背景下,通过学校特色办学模式的构建,提高了学校的效能,满足了学生的多样化需求,使整个人和教育集团处在良性运转中,实现了人和教育集团的可持续发展。

第三节 | 人和课程与教学管理

课程与教学是人和街小学"五维一体,全息共生"教育体系的重要组成部分,是决定教育质量的重要环节,也是学校人和管理的技术核心。学校的课程与教学既直接影响学生核心素养的培育,学生全面和谐发展等教育目标的达成,又间接反映了学校管理的整体水平。如今,人和街小学取得的成就,很大程度上得益于学校对课程与教学管理的重视以及科学性与人文性相整合的人和管理特色。人和街小学以核心素养为教育原点,基于人本主义教育思想和学习共同体理念,进行课程教学系统的结构升级,实现本校的人和文化落地生根,构建了"人和六质"校本课程群。"人和六质"校本课程群整合全校课程教学资源,实现了校本课程的科学高效运转,真正落实了学生的核心素养培养。以下将从课程教学观、课程管理、教学管理三个方面阐释"人和管理"在课程与教学这两个核心板块的经验。

一、人和管理之课程教学观

关于课程和教学的定义有很多,不同时代背景下的学者对课程和教学的观念也不同。而且课程与教学有着自身独特的内涵,"课程主要强调学习的范围(知识或活动或经验),教学主要强调教师对学生引导的行为(教授或对话或导引)"。①但是课程与教学都是实现教育目的的手段,是构建学习共同体的必要载体,在具体内容和环节上有交叉、重叠的部分。所以,课程与教学之间存在密不可分的"胎连式"关系。人和街小学以人和文化为统领,将课程与教学有机整合,塑造了以人本主义为理念、以学习经验为本位的"人和管理"的课程教学观,关注学生主体的回归,关注学生的六大核心素养的培养,关注学生的多元化发展。

(一)从知识本位走向学习经验本位

1.知识本位走向学习经验本位的演变

在传统教学中,大多数人都主张知识本位的课程教学观,即以课程与教学作为传递知识的工具,强调课程教学内容自身的价值。但是知识只是引导学生了解、适应社会生活的一种工具,而教育教学的本质是促进学生成为一个完善的人,课程与教学应以促进学生成长和发展为首要目标。学习经验本位的课程教学观即经验主义课程教学论,经验强调过程,经验就是培养思维、锻炼思维的过程,知识就是在经验的累积过程中习得的。经验主义课程论教学者认为课程和教学的内容不能超出学生经验和生活的范围,这样学生的学习兴趣将更浓厚,而且课程与教学还要考虑学生是否需要,不要成为其负担。美国教育家杜威(John Dewey,1859—1952)是经验主义流派的代表人物。他认为,课程和教学使学生体验到意义,学生实际意识到的不是知识技能,而是学习经验,课程与教学的重点不是教材,而是人。

2.人和街小学的具体体现

人和街小学在课程教学活动中强调从知识本位走向学习经验本位,强调以学生为中心的教育,注重学生的实际体验,赋予学生作为课程主体发展的权利。学校教师关注每位学生的个体差异和发展规律,而且由于小学生是初学者,还没有能力接受成人完整的经验,所以学校的课程与教学一直与学生生活息息相关,充分考虑学生的兴趣和需要,不断推动学生主动、积极参与课堂教学。学校课程教学观强调实践活动,重视学生通过亲身经历来获取直接经验,在经验的获取过程中主动探索知识。

---

① 全国十二所重点师范大学. 教育学基础(第2版)[M]. 北京:教育科学出版社,2008:196.

(二)从行为主义走向人本主义

1.从行为主义走向人本主义

20世纪初,美国心理学家华生(J. B. Watson,1878—1958)为首发起的行为革命对现代课程教学观的影响很大,其中以斯金纳(B. F. Skinner,1904—1990)的程序教学理论影响最大。斯金纳认为学生的行为受行为结果的影响,若要学生做出合乎需要的行为反应,就必须在行为发生后进行强化刺激;若一种行为得不到强化,它就会消失。但是行为主义者关注的是"怎样教",而不是"教什么"。事实上,行为主义原理侧重的是行为,并要以一种可量化的形式来具体说明课程内容和教学过程。

20世纪60年代,受进步主义哲学影响的人本主义兴起。人本主义课程教学论者认为,真正的学习不仅仅是为学习者提供知识。真正的学习经验能够使学习者发现他自己独特的品质,这与人和街小学尊重学生差异、因材施教的教学理念不谋而合。美国人本主义心理学家罗杰斯(C. R. Rogers,1902—1987)认为最好的教育结果应是培养出"充分发挥作用的人、自我发展的人和形成自我实现的人"。学校要培养的人是能够自主运用有关经验,灵活处理问题的人;能在各种活动中有效地与他人合作的人;更重要的是具有批判思维。布鲁纳(J. S. Bruner,1915—2016)在《教育的适切性》一书中提出了具有人本主义精神的课程教学观——"适切性课程"[1]理念,即学校课程要满足学生个体需求;学习内容要根据学习者的生活经验、学习者的态度和情感、学习者生活的社会环境来组织课堂教学。

2.人和街小学的具体体现

人和街小学的课程教学观根据经验本位和人本主义的教育思想,主张以学生为中心的教育,即教师尊重学生发展的规律,将学生置于学习的主动地位,帮助学生形成自主学习和终身学习的信念,开展"情感教学"或"情感课程";教师设身处地地站在学生的立场考察,从学生的所言、所思、所为中发现差异,尊重差异;把课程与教学当作一个不断开展的动态过程,重视学生在课堂中的体验;强调教师在课堂教学中不断与学生进行沟通和交流来探究知

① 徐文彬,王爱菊.布鲁纳的课程理论:从美妙理想回归现实生活[J].西北师大学报(社会科学版),2005(5):57–60.

识,建立平等和谐的师生关系。

根据拉尔夫·泰勒(Ralph W. Tyler, 1902—1994)的课程动态循环模式 (cyclical approach),学校的课程与教学管理必须回答的四个基本问题[①]包括:学校应该达到哪些教育目标,提供哪些教育经验才能实现这些目标,怎样才能有效地组织这些教育经验,怎样才能确定这些目标正在得到实现,即确定目标、选择经验、组织经验和评价结果四个循环过程。人和街小学的课程教学管理以人本主义理论和学习共同体理论为基础,强调"人和为魂,和谐育人"的办学理念,实行多元、灵活、可持续的课程教学发展观,并根据泰勒的课程模式,按照课程开发、课程实施、课程评价三个系统化过程实行课程管理,并通过教学设计、教学策略进行教学管理。

二、人和管理之课程管理

课程可以被定义为一项"行动计划",或是一个"成文的文本"。在更广泛的意义上,课程是学习者的"经验",杜威认为课程就是学生在教师指导下或自发获得的所有经验。而学校课程管理是以管理学基本原理为基础,对学校课程的目标与内容、开发与设计、组织与实施、评价与改进等进行规划、组织、实施、反馈的一种持续变化、互相调适、充满活力的过程。[②]课程管理是一个系统工程,包括课程开发系统、课程实施系统和课程评价系统。首先,在进行课程开发时,需要人和课程中心对影响课程的学生因素、社会因素等相关因素进行充分的调查研究;其次,在课程实施过程中,人和课程中心需要通过组织、协调、控制等一系列的管理手段,使课程资源得到科学、有效的运用;再次,在课程实施以后,需要对课程实施状况与结果进行评估,找到结果与目标的差距,通过评估报告对课程开发和课程实施过程予以修正;最终课程管理系统结构不断升级,并形成一个良性的循环模式。

我国较长时间实行的是2001年颁布的《基础教育课程改革纲要(试行)》第16条规定的三级课程管理体制,即国家课程、地方课程与学校课程,每个层级的课程管理的功能与权责都不一样。新课程改革以来,人和街小学以人

[①] 拉尔夫·泰勒.课程与教学的基本原理[M].施良方,译.北京:人民教育出版社,1994:2.
[②] 张新平,褚宏启.教育管理学通论[M].北京:高等教育出版,2012:407.

和教育理念引导本校的课程管理工作,在保证国家课程基础性和规范性的同时,引入地方课程和校本课程,与本校"五维一体"的教育体系进行有机整合,以国家课程为核心,以地方、校本课程为拓展,构建了"人和六质"的自主课程体系。接下来将围绕课程开发系统、课程实施系统、课程评价系统来简要介绍人和街小学人和管理之下的课程管理。

(一)课程开发

校本课程开发是20世纪70年代盛行于英美等发达国家并与国家课程相对应的一种课程开发方式。课程开发是指借助学校教育计划——课程——的实施与评价,以改进课程功能的活动的总称。[①]从内容上看,课程开发包含制订课程目标、选择课程内容等系统化过程;从层次上看,课程开发包括国家课程开发、地方课程开发、学校特色校本课程开发。这里主要介绍学校特色校本课程的开发。

为适应新课程改革的需要,人和街小学在三级课程管理框架下,以教师作为开发主体,根据学生需求和学校可供的课程资源开发出多样化、可供学生选择的特色课程。人和街小学在课程开发中将"人本"与"校本"相结合,以"人本"作为课程开发的价值取向,"校本"作为课程开发的策略选择。在开发校本课程时,人和街小学坚持人本主义和学习共同体的教育理念,以道德素养、健康素养、文化素养、科学素养、艺术素养、人际素养六大学生核心素养为基础,整合学校"人和文化",构建"人和六质"特色课程体系。这一课程体系以集群的方式重新整合课程资源,确保校本课程的连贯性和统一性,课程目标和课程内容为学生的发展服务。每个课程群强调的核心技能构成了学生发展中心,"人和六质"课程群使知识和素养系统化、学生发展整体化。

1.制订课程目标

"学校应该达到哪些教育目标?"是拉尔夫·泰勒主导的课程开发研究范式中的首要问题。他确立了课程目标的五个来源:对学习者本身的研究、对校外生活的研究、学科专家对课程目标的建议、利用哲学选择目标、利用学习心理学选择目标。课程开发主体是人和课程中心,这是学校授予课程中心的

[①] 钟启泉.现代课程论(第2版)[M].上海:上海教育出版社,2003:361.

权力与责任,但课程开发的对象是"人和少年",是处于发展中的人。要实现"人和少年"全面、协调的发展,就必须在课程目标和具体实施上关注学生作为"整体的人"的协调发展。例如学校的和德课程群,就是根据整体性、阶段性、持续性、递进性和时间性的原则,针对学生不同的年龄阶段,制订出的满足学生身心发展需要、培养道德素养的课程目标,即从一到六年级的"懂规""有礼""明责""能孝""守信""会'和'"的目标。

2.选择课程内容

"提供哪些教育经验才能实现这些目标?"是泰勒课程模式的第二个问题。课程管理的主要内容有:创建课程结构,即保证课程计划的实现;进行教学研究,即保证课程标准的实现;提供研究平台,即保证课程实施能在不断的修正中获得成功。而课程内容需要从学生已有的经验出发,将本学科的基础知识和基本技能与现实生活融合,确立学习领域和学习主题,让学生获得直接感知的教育经验,赋予学生个体自主学习的权利。

总之,课程开发不仅要提升学校课程管理的主体意识,更要关注人的整体性的回归,把人的发展和促进人的自我实现作为课程开发的核心,强调教师和学生都是课程意义的建构者。通过系统化的课程开发过程,学校构建了一幅实现其教育目的的蓝图,形成了特色的"人和六质"课程体系。

(二)课程实施

泰勒提出的"怎样才能有效地组织这些教育经验?"就是学校通过课程实施来组织教育经验进而促进学生的发展。课程实施是指把课程计划付诸实践的过程,它是达到预期的课程目标的基本途径。[①]但课程实施的过程并不完全依照预订模式自上而下地严格推行,而是遵循渐进主义的过程。先由某些教研组的教师尝试新课程,然后通过全校师生的交流、合作和支持来促进大家接受课程变革,并科学地组织与实施课程。真正的课程不是机械地遵照各种专家学者制订的课程标准,而是在实践过程中,由教师和学生创造共同学习有机体,此即"创生"课程。所以在课程实施过程中,要注意交流、合作、支持这三个重要的基本原则,并根据课堂的具体情境适当进行修改。

① 施良方.课程理论——课程的基础、原理与问题[M].北京:教育科学出版社,1996:128.

1.交流

课程实施是包含许多教师和课程工作者共同工作的群体过程。一个新课程的实施要经过教师、校长和课程工作者之间的反复讨论和研究,这是课程实施的关键环节。

2.合作

课程的新观念和新方案需要通过教师展现出来,而一个新课程的实施还需要所有人员之间进行合作。学校是一个共同体,需要教师、课程工作者通过公开交流、共同工作和互相支持,以全校齐研的合作方式来达到一个共同的目标——课程实施。

3.支持

课程实施既需要花费时间,也需要消耗物质。学校会提供相应的资金支持,或是让教师进修培训,使课程方案能够顺利实施。课程实施过程中,各学科各教研组除了建立核心教研团队之外,还成立了由两三人组成的"说、讲、评"教学研究团队,分年段、分学科、分主题进行了和声课堂的团队研讨活动,从教学技术上支持新课程的实施。

总之,课程实施若想成功,离不开学生、教师、校长和课程工作者之间的交流、合作和支持,离不开整个课程中心甚至是全校的共同努力。

(三)课程评价

"学校怎样才能确定这些目标正在得以实现?"即通过课程评价来确定教育目标和课程目标是否实现。课程评价是根据一定的课程价值观或课程目标,运用一定的科学手段,系统地收集、分析、整理信息与资料,对课程方案、课程实施过程和结果等的价值或特点做出判断,从而为课程决策提供可靠信息的过程。[①]课程评价对课程实施有着重要的导向和质量监控的作用,它是保证学校教育沿着正确方向发展的重要手段,涉及评价学生成绩和课程开发、课程实施的整个过程。

人和街小学形成了一支由人和课程中心教职工组成的调查团队来完成日常课程评价工作。而且学校特别注重让学生作为利益相关者参与评价工

---

① 张新平,褚宏启.教育管理学通论[M].北京:高等教育出版社,2012:427-428.

作,因为学生对评价过程的全面参与,能够发展学生的分析、反思和评价能力,帮助他们完成自己的学习任务,逐渐培养他们管理自己学习的责任感。课程评价应当是定量评价与定性评价相统一,并趋向于以定性评价为主。课程评价系统要让教师有责任感,意识到这是全校教师都要共同承担的一项事业,并积极参与针对课程进行的持续不断的评价、反思和研讨活动。在课程评价时,不只是考虑学生学业,应当从不同的角度来看,分为形成性评价、终结性评价,利用这两方面的课程评价结果为数据驱动的教育决策提供重要依据,进而完善和提高课程教学质量。

1.形成性评价

课程评价是课程管理循环系统中的重要一环,所以课程评价应当贯穿于课程管理的整个过程,包括课程开发和课程实施的各个阶段。通过形成性评价,有助于学校在从事课程开发或执行课程的过程中,对其做出相应修正和调整。人和街小学在课程实施过程中,每月都会根据课程目标的具体维度,通过学生自评、互评、师评、家长评等多元评价的方式,对课程进行评价。形成性评价是评价的一个重要维度,有助于学校改进课程教学工作。学校对形成性评价结果进行分析,以了解课程具有哪有缺陷,学生学习具有哪些困难,以此完善课程内容,提高教学质量。

2.终结性评价

终结性评价是在一门课程结束和学年结束时进行的评价,比较注重总体分析,主要有三个维度的评价内容:课程目标和内容、课程实施过程与学生实际体验到的课程内容。通过终结性评价,可以对学习教育目标、课程目标的实现程度以及课程的有效性和实施结果做出判断。终结性评价主要是考查学生的成绩名次、班级名次等量化指标,总体把握学生掌握知识、技能的程度和能力发展水平,是学校课程教学管理工作是否有效的证据。在整个评价结束以后,学校还会对评价方案进行再评价,借以总结成功的经验和改善评价工作的不足之处。

总之,对学校课程评价的管理可以检验学校管理愿景、目标与理念之间的达成程度,还可以检验课程的可行性程度和学生学习的效果。但是课程评价必须倡导"立足过程,促进发展",强调建立多元评价主体共同参与的评价制度,构建促进学生、教师、课程不断发展的评价体系,为后续的课程开发和课程实施提供经验和建议,另外还要重视评价的激励与改进功能,以评价结果作为学校教育决策的重要依据。

三、人和管理之教学管理

美国教育心理学家布鲁纳认为,教学是通过引导学习者对问题或知识体系循序渐进的学习来提高学习者正在学习中的理解、转换和迁移能力。[①]教学是课程实施的核心途径,但是教学不是"教"与"学"的简单相加,而是教师、学生、教学媒介以及教学环境组成的一个有机系统。教师的"教"与学生的"学"相辅相成,"教"离不开"学","学"也离不开"教"。

教学管理是学校教学行政人员为完成教学任务、提高教学质量,运用一定的原理和方法,通过一系列特有的管理行为,组织、协调、指挥和控制教学工作,以求实现教学目标的过程。[②]教学管理历来是人和管理的重要内容,人和街小学深刻地认识到教学管理是学校教学正常运行的基础,所以教学管理工作时刻处于学校各项管理工作的中心地位。并且教学组织协调得好,不仅有助于建立稳定的教学秩序,带动其他管理工作,还能够促进教师的不断发展,提高教师的专业素质和教学水平。因此,人和街小学的教学管理既关注教学过程,即教师在课堂上如何表现,也关注教学结果,即学生的成绩。通过良好的教学管理,正确处理教与学的关系,保证学校人和教育目标的实现。

日本京都大学的梶田叡一教授认为学校应当通过多样化的教学活动来实现两个"保障"。其一,"保障学力",即在教学设计过程中要使学生系统地掌握知识、培养技能,以保障每一位学生达到一定内容和水准的学力;其二,"保障成长",即通过多样化的教学组织形式,使学生的思考能力、自信心和意志力逐步形成,以保障每一位学生的人格得到成长和发展。所以人和街小学通过"人人参与、适度留白"的教学活动设计和多样化的教学组织形式来"保障学力"和"保障成长"。

① 顾明远.教育大辞典(增订合编本·上)[M].上海:上海教育出版社,1998:711.
② 吴志宏、冯大鸣、魏志春.新编教育管理学(第2版)[M].上海:华东师范大学出版社,2008:196.

（一）教学活动设计

教学活动设计即教师根据课程标准和课程内容,考虑学生的实际情况和个体差异性,将课程目标转化为教学的单元目标,并对这个目标加以细化和分解,选择合适的教学组织形式、教学策略、教学方法,对照目标检测教学效果的一种安排。良好的教学实践始于良好的教学活动设计,所以在进行教学活动设计的时候,教师既要防止学生"吃不饱",也要控制"吃不了"。

首先,教师要确定教学活动的主题。根据学校经验本位的课程教学观,选择教学主题的原则是要与学生的学习环境和生活经验相符合。其次,教师要制订教学活动的目标(态度、能力和知识)。教师应使学生明确教学活动主题、教学活动目标和教学活动内容,并激起学生参与活动的兴趣。最后,教师要选择教学活动的方法和组织形式。根据建构主义的教学思想,在教学活动中教师要以学生为中心,学生不是简单被动地接收信息,而是主动地建构自己的态度、能力和知识的金字塔。所以,教师在选择活动的方法和形式时主要依据学生的年龄特征和生活经验。对于低、中年级学生来说,人和街小学构建的"人和六质"课程群,可采用益智游戏、模型制作、信息创意、动植物养育等活动形式;对于高年级学生来说,选择科学实验、理财课程、志愿者服务等活动形式较为适宜。例如:学校的和德课程群,教学活动的目标重点是放在态度和能力而不是知识上,根据学生的年龄特征选择适宜的教学活动主题和组织形式:一年级"懂规"、二年级"有礼"、三年级"明责"、四年级"能孝"、五年级"守信"、六年级会"和",让学生一步一步自主建构"和德大厦"。

更加重要的是,教师在教学活动设计过程中,不应过于细化教学活动的具体内容、方法和组织形式,而要留有余地,以充分发挥学生的学习自主性。我校的教学管理坚持"适度留白"的原则,给学生自主选择的余地,而不再是传统意义上填鸭式的教学。这就要求教师在教学活动设计时也不能太单一,如果教学内容、教学形式太单一将会封闭学生的创新思维。教师还要将学习的主动权交给学生,启发学生独立思考,提高学生的团结合作能力,通过教学激发学生的创新精神和提高创新能力。

(二)教学组织形式

教学活动不仅需要制订完善的教学计划,还要通过多种组织形式来完成。教学组织形式就是关于教学活动怎样开展、教学实践和空间应怎样有效地加以控制和利用。教学组织形式是教学活动中最基本的要素,所有的课程、教学方法、教学任务、教学过程、教学原则等都要通过一定的教学组织形式得以实现。学校任何的教学组织形式都是为了达到教育教学目标,使学生可以在多样化的教学组织形式中得到发展。人和街小学主要有以下三类教学组织形式。

1.年级选修课

人和街小学的课程分为必修和选修两大类,学校针对不同学习能力、学习需求的学生,开设了层次不同且范围较广的选修课,为学生个别化教学和个性化发展提供了良好的教学环境。学校自主开发网络选课平台,在每学期初期,学生可以在班主任和家长的帮助下,根据自己的知识水平和兴趣爱好进行网络选课。

2.走班制分层教学

走班制分层教学使学生能够根据自己的学习兴趣和学业程度,通过网络选课平台报名选课,以接受最适合自己发展的教育。走班制体现了一种差异性的教学方式,是建构主义分层教学的一种新尝试。学校在每周的教学安排中,利用一个下午的大课时间,让学生进行走班上课,在专用教室内与不同班级学生共同学习,有利于促进学生之间的人际交流,培养学生良好的人际关系。

3.长短课

人和街小学打破了传统课程时间安排的方式,根据不同的课程教学内容或标准,在原有40分钟一节课的固定时间单元之外,增加了10分钟、25分钟、35分钟、40分钟、80分钟的新课型,适应了不同课程教学时间的需要。另外,除了在单课型时间上的调整,还统筹安排了综合课型的时间。比如举办综合实践周等活动,从而实现了人人参与、自主学习、高度结合的"教"与"学"。

总之,人和街小学的课程与教学管理都是在人本主义和学习共同体的基础之上,坚持"以学生为中心"的课程教学理念,对课程开发、课程实施、课程评价以及教学活动形式、教学组织形式等方面进行全方位的科学性与人文性统筹并实施系统化管理。在课程教学活动中,强调交互式授课方式,从满足学生个体化、多元化的需求出发,突出学生在整体课堂教学过程中的主动性、能动性和积极性,努力为学生提供优质的课程与教学,注重培养学生的学习能力和创新能力,关注每一位学生的个性化需求,培育21世纪学生的核心素养,真正达到促进学生全面和谐发展的目的。

第四节 | 人和教师人力资源管理

管理是协调以人为中心的组织活动,具有系统性,学校管理的成功除了涉及对学校核心工作——课程与教学的管理,还涉及学校组织中最活跃的因素——教师人力资源的管理。人和街小学历来重视教师队伍建设,把教师视为学校管理的积极参与者,尊重教师发展,将教师人力资源管理确立为学校持久的发展战略,致力于培养教师的知识、情感和能力素质,使教师拥有知识素养、情感素养、能力素养。为促进教师专业化发展,人和街小学还建立了基于核心素养培育的"人和教师管理中心",创建了一批教师发展核心团队,形成了一套科学化的教师人力资源管理制度,并用人和的文化引领教师队伍的成长。无论是从教师人力资源招募到促进教师专业化发展,还是教师激励和评价一系列环节,都体现出人和管理的人文性和科学性的特色。本部分主要从教师人力资源的开发观、获得与安置、培养与专业化发展、激励与评价这四个部分概述人和管理在人力资源管理方面的经验。

一、人和管理之教师人力资源开发观

教师人力资源是人和街小学发展中必不可少的资产,也是人和管理的重要组成部分。教师人力资源管理现状反映了学校内部管理水平的高低和效能。随着我国教育事业的发展,对教师的专业素养和发展要求发生了重大的改变,传统人事制度已经无法适应时代要求。学校越来越重视对教师的专业化发展和师资力量的开发,越来越重视教师的教学与科研能力。与此

同时,教师人力资源管理也是促进基础教育持续健康发展,提高学校办学水平的关键。

人和街小学将教师人力资源管理放在一个发展战略的高度上,优化教师队伍建设。《重庆市教师队伍建设中长期规划(2011—2020年)》明确指出,教师队伍建设的总体目标是:到2020年,培养和造就一支师德高尚、规模适当、结构优化、业务精湛、富有活力的高素质专业化教师队伍,教师队伍主要指标在西部地区领先、走在全国前列。教师队伍建设是学校管理的重要内容之一,也是国家政策的具体要求。培养和造就一支师德高尚、业务精湛、富有活力的高素质专业化教师队伍即是加强对教师核心素养的培养,激励教师的人文素养,培养教师的创新能力,提高教师的知识水平等。为贯彻执行《重庆市教师队伍建设中长期规划(2011—2020年)》,人和街小学在教师人力资源方面做出很多的努力,首先确立了教师人力资源开发观。人和街小学对当下教师的地位、角色、权利等方面充分认识,强调教师是最重要的人力资源,是关系到学校生死发展的要素,因此学校把教师人力资源放在学校发展的战略高度,提出了相应的战略措施。在"以和为贵,以人为尊"的理念之下,教师是学校共同发展、具有创造性的实践主体,在教学活动、学校建设中发挥着不可替代的作用。

除了在学校发展战略的高度充分认识教师人力资源的重要作用之外,人和街小学对教师的管理还秉持着"以人为本"和"领导即服务"的教师人力资源开发观,对教师实行柔性化管理,帮助教师做好规划,促进每一位教师的专业化发展。具体表现在对教师的尊重、关心、理解、爱护和帮助之上,给教师创造更多施展才华的空间、自主创新的机会,为教师发展营造一种亲和、平等、和谐、自主、灵活、发展的人和环境。在这样的开发观之上,学校塑造了"居儒典雅、身正学高"的教师文化。总体而言,人和管理的教师人力资源观体现出一种对教师作为专业人员的尊重与保护。

二、人和管理之教师人力资源获得与安置

人和管理秉持着"以人为本"和"领导即服务"的教师人力资源开发观,促进教师的专业化发展,主要体现在招聘与安置教师、培训与开发教师资源以

及激励与评价教师工作。招聘教师、选择教师,是学校人力资源的首要任务。

(一)学校人力资源规划及人和街小学具体表现

1.学校人力资源规划的含义

学校人力资源规划,是指根据学校的发展战略、发展目标以及内外部生态环境变化情况,对教师供需状况进行预测与平衡,以满足学校在不同发展时期对教师的需求,为学校发展提供符合数量、质量与结构要求的师资队伍。[①]

2.学校人力资源规划的意义

学校人力资源规划是不可或缺的环节,在教师人力资源管理中具有重要意义。学校人力资源总体规划是教师人力资源管理的前提和导向,为提高教师专业化水平提供保障,是提升校长领导力的推动力量,是提升学校办学效益的重要手段。人和教师管理中心组织制订了具体、科学的教师人力资源规划,使得学校对于教师人力资源的管理做到科学有序,及时为学校核心环节的工作提供人力资源保障。

3.学校人力资源规划的过程

学校人力资源规划包含总体规划,例如教师总数量、质量和结构的规划,同时也包括业务规划:教师的补充计划、配置计划、培训计划、薪酬奖励计划、解聘或退休计划等。

人和街小学在人力资源规划过程中,既有总体规划又有业务规划,二者有机结合。学校在制订规划时,人和教师管理中心协同人和行政管理中心首先搜集准确的信息,如现有教师人力资源信息和学校外部环境信息。然后在充分掌握了信息的基础上进行教师的供给和需求预测,之后在预测的基础上,制订总体规划和业务规划,使其与其他规划相协调。再进行评估,及时弥补因信息不对称而带来的预测失误,最后形成规划。学校在规划的过程中形成了"二核三层"的教师专业化发展团队,形成"人和"教师专业化发展序列。"二核"即两个核心团队:班主任团队和学科团队。"三层"即三个教师专业化发展层级:新入职教师、优秀教师、专家型教师。

---

① 易凌峰,李伟涛.现代学校人力资源管理[M].天津:天津教育出版社,2006:19.

(二)教师聘用

在制订出学校人力资源规划后,学校管理者将根据所需要的教师数量聘用教师。聘用通常是指教师招聘和选用。接下来,将从五个方面介绍教师聘用程序。

1.分析学校用人需求

用人需求分析是指学校对教师的人员需求进行分析。具体步骤为:首先,根据学校人力资源规划和各学科(部门)的实际工作需要,提出用人需求。然后,由有人力需求的相关学科(部门)填写"人员需求表"。最后,由人和教师管理中心审批,报送上一级甚至校长审核。

2.制订教师招聘方案

教师招聘方案应做得详细一些,通常包括录用教师的总数及各学科(部门)需要的具体人数,应聘成功到录用的时间间隔,录用人才的详细标准和来源,招聘经费的估算。

3.发布招聘信息

发布招聘信息的渠道很多,如招聘网站、报刊、校园招聘等。不管采取哪种发布信息的渠道,招聘信息的语言很重要,设计有创意的招聘信息往往能够吸引更多的求职者。人和街小学广泛发布招聘信息,并去上海、武汉、东北等高校进行现场宣讲。

4.审查候选人的资格和面试

审查候选人的资格和面试是招聘最重要的环节。这一阶段应做好以下几项工作:组织候选人填写求职申请表、审阅求职申请表、初步挑选出符合条件的求职者进行面试、确定参加面试的人选、组织面试、分析面试结果、确定录用的人员、告知被录用的人员。

5.安排体检及试用

安排体检的目的是判断候选人的身体状况能否适应工作的要求,也是对员工身体状况的关心。试用的目的是通过实践考察候选人能否胜任该项工作,也给候选人一个过渡期,尽快适应新的角色。

三、人和管理之教师人力资源培养与专业化发展

教师的获得与安置是教师人力资源管理的第一步；如何培养和造就一支师德高尚、业务精湛、结构合理、充满活力的高素质专业化教师队伍是人和教师管理中心的重要任务；如何培养教师的专业素养，如何创建一支"五维一体"教师管理团队，这就需要做好教师人力资源的培养与专业化发展。对于教师人力资源的培养与发展一直都是人和街小学的重点工作，也是当下人和教育集团"五维一体，全息共生"整体学校办学综合改革中的重要工作，学校强调以教育科研促进教师的培养与发展。

（一）教师培养以及人和街小学的具体表现

1.教师培养

人和街小学始终坚持"以和为贵，以人为尊"的理念对教师进行培养，比如学校为教师安排培训，包括职前培训和职中培训。教师培养应经历培训的需求分析、计划制订、准备与实施以及效果评估等过程。

（1）教师培训需求分析。

在实施培训计划之前，应对教师的整体需求做出有效的分析，以保证培训取得良好的效果。对教师培训的需求分析通常包括三个方面：组织分析、工作分析和人员分析。

（2）培训方案制订。

培训方案一般包含确立培训目的，拟定培训大纲，草拟培训课程安排表，设计学习形式及环境，制订监督措施以及设计评估方法。

（3）准备与实施。

教师培训准备包括培训教材、场地、设备以及教师个人的心理准备。在实施过程中，借鉴理查德·施弗的"五个E"教学计划，分别是吸引（engage）、探索（explore）、解释（explain）、扩展（extend）、评估（evaluate），对教师进行有效的培训。吸引是激发培训学员的好奇心和兴趣；探索是让学员们心存疑惑，鼓励学员们相互沟通和交流，以帮助学员们主动发现问题、解决问题；解释是展开批判性讨论，鼓励学员解释并论述自己的观点，训练学员们的批判性思维；扩展是在受训教师已有的学习经验之上，提出一些新问题或新信息，培养受

训者要学会变通,提高综合解决问题的能力;评估是通过提出开放型问题对学员进行进一步的调查,观察学员们的学习表现。

(4)培训效果评估。

培训效果的评估可以采用写培训心得、授课等方式对学员做出培训结果的评价,并对培训的整体效果做出反思,为以后的培训提供意见。

2.人和街小学的具体表现

人和街小学在每次培训之前,对学校整体发展战略进行分析,使学校战略要求与教师人力资源相适应,培训后的教师能为学校发展战略做出贡献。并从工作的角度出发,对教师具体工作要求进行分析,明确各个教师在实际工作中的表现,知道教师应该怎么做,以明确教师所缺乏的技能、知识等。通过询问、谈话等方式对教师做调查,以确保培训能满足大多数教师的需求,达到促进教师专业化发展的目的。人和街小学开展了"全员培训工程"和"名师培养工程",开展师德教育培训、人文素养培训、现代教育理论培训、学科教学能力培训、信息技术培训等,为教师的培养提供支持和保障。学校每年安排一定数量的教师参加国家级、市级和区级的培训,培养了越来越多的骨干教师。(具体情况见附录一和附录二)

(二)教师专业化发展

人和街小学在"人和为魂,和谐育人"办学理念引领下,努力培养"五维一体"下教师的核心素养,提高教师创新素养、人文素养、信息素养等,使来自不同院校、不同地域、不同个性的教师相互帮助、相互勉励、共同进步,共同成为"人和人"。长期以来,学校各项制度基本健全,内部管理运作良好,多数教师安于工作、乐于奉献,参与教研的积极性较高,学校的办学水平、教学质量以及社会影响在市、区均属一流。然而,新课改实施以来对教师的要求越来越高,要求教师教、学、研三位一体全面发展,加之学校教师引入渠道的拓宽以及国家绩效工资改革的推行,使人和街小学教师之间的差距也日趋明显,一部分教师出现职业倦怠、安于现状、不思进取的思想倾向,不利于学校的长远发展。如何促进教师队伍整体的专业化发展,是人和教师管理中心的重大难题。人和街小学对教师专业化发展进行系统设计和科学实施,具体情况如下:

1. 教师专业化发展设计

教师专业化发展设计，也叫教师生涯设计（或教师生涯规划）。它是教师个人与学校组织共同对教师生涯发展的目标、路径、措施的合理安排，注重可行性、时效性、差异性和发展性。设计一般包含以下几个方面的内容：确立志向、自我诊断、学校环境的分析、发展道路的选择、确定发展目标、制订发展措施。人和街小学在学校领导、专家的指引下，在人和教师管理中心的管理下帮助学校不同职业生涯发展阶段的教师进行生涯规划，使得每个教师找到自己在人和教育中的作用点，帮助教师确定职业发展的目标。

2. 教师专业发展实施

根据教师自身职业发展规划，人和街小学制订了《人和街小学教师发展规划》，在规划中分析现状，确定目标，然后出台实施的方案。具体来说，学校通过人和特色学校建设作为发展契机，促进教师专业发展，学校开展"师德建设"工程、"课题带动"工程、"平台互动"工程，这些工程的开展使得人和街小学生成了一批品牌教师、一系列品牌学科和特色课程，并形成了良好的教学研究文化，还帮助教师制订个人的专业发展规划，为陈宁等教师举行新书发布会，这些表现都提升了人和街小学教师专业发展的水准（详见附三和附四）。

3. 人和街小学的成效

基于对人和教师专业发展的重视和努力，整个"人和"教师队伍在校长等领导班子的带领下呈现出蒸蒸日上的发展势头，学校办学质量稳步提升。人和街小学在努力促进教师专业发展的过程中，培养出特级教师14名、中学高级教师22名、市区级骨干教师74名、渝中名师5人、全国五一劳动奖章获得者2人、享受国务院政府津贴者2人、省部级劳动模范4人、全国优秀教师3人、优秀少先队辅导员3人、重庆市有突出贡献的中青年专家1人。数学教师翟渝成，中学高级职称，是特级教师以及重庆市名师，获得全国"五一劳动"奖章，被评为重庆市劳动模范，享受国务院政府特殊津贴，全国小学数学十佳教师称号；体育教师阳劲力，中学高级职称，荣获全国模范教师、全国千名优秀体育教师、重庆市特级教师称号；王蕾，现任学校教导主任兼品德课教师，是全国品德课优秀教师、重庆市优秀教师以及市骨干教师；学校体育教研组被评为"重庆市最美教师团队"。人和街小学是渝中区语文、数学、体育、英语学科基地建设学校。

四、人和管理之教师人力资源激励与评价

教师人力资源的激励和评价是学校人力资源管理过程的核心,教师人力资源的激励与评价直接关系到学校教育教学质量的改善和提升,影响学校效益。接下来将从教师激励、教师绩效管理、教师薪酬管理、教师评价四个方面详细介绍教师的激励与评价。

(一)教师激励

教师激励,主要是指激发教师动机,使其有一股内在动力,朝向所期望目标前进的心理活动过程。有效的教师激励始于对教师需求的分析,在此基础上运用多种激励手段综合对教师进行激励。

人和街小学针对教师的激励正是基于对当下新课程背景下教师角色、地位和教师职业本身专业属性的准确把握,以及在人和街现有教师需求调查基础之上的科学管理行为。人和教师管理中心收集了教师需求的数据,通过系统分析,找出不同职业生涯的教师差别化需求,综合运用物质激励、自我发展激励、文化激励等方式在日常管理中实现对教师的激励。值得一提的是,随着人和街小学的不断发展,当前学校对教师的激励更多关注以人和文化实现对教师的激励,本质上人和教育集团"以和为贵,以人为尊"的管理思路为教师的工作创造了和谐共生的外部氛围,这样的氛围是激发教师内在驱动的重要因素。

学校积极鼓励教师总结自己的教育教学经验,形成个人的教育思想和教学风格。学校不但有科研经费作保障,而且为老师们搭建外出讲学、考察学习、"人和讲坛"宣讲、校刊登载论文等因人而异、和而不同的发展平台,真正让每位老师都能获得满足,享受职业生涯的幸福感。

(二)教师绩效管理

绩效管理,是指制订学校员工的绩效目标并收集与绩效有关的信息,定期对学校员工的绩效目标完成情况做出评价和反馈,以改善学校员工工作绩

效并最终提高企业整体绩效的制度化过程。绩效管理的实施一般具有以下五个过程:制订清晰明确、令人鼓舞的战略计划,确立进取性强又可衡量的具体目标,设计与目标相适应的组织结构,学校领导对教师进行有效的绩效沟通,展开透明公正的绩效评价。

人和街小学在教师绩效管理方面也采取了一些卓有成效的办法。首先,学校在帮助教师充分理解人和教育的精髓和人和文化的基础上,帮助教师确定围绕学生核心素养培养的课程发展、教学优化、科学研究,明确教师工作努力的重点;其次,学校通过多部门协调,共同研究,收集数据,确定教师工作中促进学生发展的指标,并给指标赋值,通过定量和定性的方式制订出学校绩效管理方案。人和街小学在整个绩效管理的过程中,多部门协调合作,科学制订绩效管理方案,体现一种通过绩效科学化管理引导人、发展人的管理思路。

(三)教师薪酬管理

薪酬是指个人获得的以工资、奖金及以金钱或实物形式支付的劳动回报。教师薪酬管理是指薪酬分配的持续而系统的组织管理过程。制定切实可行的薪酬管理制度是教师激励与评价的重要环节。学校在制定薪酬制度时坚持内部公平性、外部竞争性的原则。

人和街小学为了发挥教师薪酬对于教师的有效激励作用,一方面根据国家对于教师工资制度的安排,结合学校情况合理设计教师的薪酬结构,将基本工资、奖金、津贴、福利等不同的薪酬形式有机组合,一方面保证了大多数教师的基本物质利益,另一方面也对学校绩效表现突出的教师发放奖金,通过绩效奖励形式引导教师们的职业行为。总之,人和街小学将教师的精神激励与物质激励相结合,合理进行教师薪酬管理,提高了教师工作效率与质量。

(四)教师评价

教师评价是教师人力资源管理的重要环节,评价的目的在于找到教师绩效的差距,进而促进教师发展。对于教师评价应该采取开阔的视野,评价指标应该是多维度的,评价主体应该是多元化的。按照萨乔万尼对于教师评价的多维思路,我们在教师评价时应从教师的知识层面、当前能力层面、未来意愿层面、未来发展层面,动态地进行教师工作评价。

人和街小学根据不同发展阶段教师的发展目标,评价教师在其发展阶段内的知识和能力,注重教师的差别性、针对性和发展性,找到教师存在的不足和可能进一步发展的空间,在教师评价方面总体反映出通过评价促进教师专业发展的思路。在评价过程中,除了由校长领导下的各个部门负责人组成的考核小组对教师评价之外,还采用教师自评、年级组评、学科组评、职能部门评价及学生、家长调查问卷等多主体综合评价方式,体现教师评价的多元化(详见附五和附六)。

在教师激励与评价方面,人和街小学经过多年探索与实践,制订了针对不同教师发展阶段的激励与评价策略。具体来说,教师激励包括物质激励和精神激励。其次,学校有相应的奖金制度、绩效制度和评价体系,激励与评价相辅相成,为学校长远发展做出贡献。在这样人文化和科学化的教师人力资源管理之下,教师之间既有合作也有竞争,在竞争中合作,共同进步。这样可以培养出众多优秀教师,为人和"五维一体,全息共生"的教育提供强有力的人力资源保障。

附一:

2014—2016年教师参培情况统计

参培项目	参培级别	参培人数	学科分布
"国培计划"脱产置换培训	国家级	5	语、数、英、音、美
"国培计划"骨干教师能力提升高端研修项目	国家级	5	语、数、英
"国培计划"优秀青年教师成长助力研修项目	国家级	2	语文
市级骨干教师提高培训	市级	10	语、数、英、品、美、体、科
义务教育阶段市级骨干教师培养对象培训	市级	5	语、数、英
市级名师工作室	市级	2	语文
重庆市基础教育高层次人才高级研修班	市级	1	语文
区级名师工作室	区级	6	语、数、信
合计		36	

附二：

市区级骨干教师统计表

学科	总人数	市骨干人数	区骨干人数	合计	百分比
语文	74	9	11	20	27%
数学	37	9	11	20	54%
音乐	11	1	1	2	18%
体育	16	1	5	6	38%
美术	12	1	0	1	8%
科学	11	1	3	4	36%
信息	10	1	2	3	30%
英语	12	3	2	5	42%
品德	5	3	2	5	100%
心理	2	0	1	1	50%
教育科研	3	3	0	3	100%
幼教	16	0	3	3	19%
德育	3	0	1	1	33%
合计	212	32	42	74	35%

附三：

走在成长的路上

——2015—2019年个人专业发展规划

重庆市人和街小学是一所以"人和为魂,和谐育人"为办学理念,以"两江融聚,人和教育"为校园主题文化的全日制公办小学。在这样一所在全市乃至全国都享有较高知名度的学校工作,既感到了人生的幸福和荣光,同时也感受到压力和动力。作为人和街小学的一名青年教师,不仅要出色完成教育教学工作,还应在做好教育教学工作的同时注重自身的专业发展,不断更新教育理念,拓展专业视野,丰富专业知识,提升专业能力,力争尽早成为一名教学能手,并逐步形成具有人和特质、有一定教学风格的优秀青年教师。为此,特对自己未来五年的个人专业发展做出规划。

一、个人专业发展现状分析

我个人具有比较好的专业发展基础,主要表现在以下几方面:

(一)具有良好的专业精神和教师职业兴趣

我受家庭环境影响,从小就感受到教师职业的辛苦,更感受到教师职业的重要,初步具有吃苦耐劳的品质。进入大学师范专业学习后,进一步增强了自己对教师工作意义和价值的认识,也进一步激发了自己对教师职业的热爱,对当一名小学教师具有迫切的愿望。在参加教育工作后,我更加真切地感受到了平凡教学工作的不平凡,体验到了与孩子们共同成长的快乐,体验到了教师的个人尊严和社会责任,特别是在人和街小学这个充满关怀的大家庭里,更是感受到了人和教师工作与生活的幸福,从而进一步加深了我对教师工作的热爱,对教育事业的敬重,对专业发展的渴望追求。这些将成为我专业发展的动力,推动我的专业可持续发展。

(二)具有比较系统的专业知识

首先,在入职前的大学教育中,我专攻小学教育数学方向,接受了比较系统、全面的专业知识学习和专业技能训练,不但系统学习了基础心理学、教育心理学、小学教育学、教育科学研究方法、数学分析、高等代数、小学数学课程与教学等课程,还进行了教育观察、教育见习、社会调查、教育实习、毕业实习等实践训练,获得教育学学士学位,初步构建起了一名小学教师必备的知识结构。此外,在上学期间,还业余参加了画画、电子琴演奏、篮球等特长训练,提升了自己的综合素质,为成为一名高素质的优秀教师奠定了基础。

其次,在参加工作后,结合工作实际进行了大量的专业学习、科研训练和教学实践情境锻炼,一是参加各种课堂教学竞赛活动。比如参加了全国的创新杯课堂教学大赛,获特等奖、二等奖(2次),参加全国说课比赛获得特等奖1次,在市、区上研究展示课4节。这些赛课活动得到了导师及同事的最直接的指导帮助,让自己在"磨课"过程中得到了历练,教学理念得到更新,课堂教学技能得到显著提高,专业素质也得到了较大的发展,使自己迅速地由一名新教师变成了经验丰富的教师,为我的专业发展迈出了可喜的一步。二是对教科研具有十分浓厚的兴趣和执着的精神。我自参加工作来,对教学教研工作的意义、价值有了更深的认识,进一步激发了自己的教学研究热情,一方面注意发现教学中的问题,并通过教学反思、理论学习、同伴交流等途径寻找解决问题的办法;另一方面参加了一些教育科研课题研究,初步懂得了一些教研及教育科研的方法,取得了一些研究成果,公开发表文章2篇,10多篇论文获全国、市、区级一、二等奖。三是具有强烈的终身学习愿望。我对专业学习的愿望特别强烈,有发自内心的学习兴趣和动力,长期坚持了业务自学,并积极参加有组织的培训研讨与学术交流。

(三)具有比较良好的发展条件

一是我们不但有社会、政府关注教师发展的有利大环境,而且还有人和街小学这一片有助于教师专业发展的沃土,一方面学校领导十分重视教师的专业发展,特别关注中青年教师的专业发展,积极为我们的专业发展提供平台和条件,另一方面学校具有浓厚的校本研修与校本培训的氛围。二是学校有一批如特级教师金岚、郭莉、刘绪毅,市骨干教师周琳华等优秀的导师,他们是我们青年教师专业成长的领路人和指导者,能为我们的发展提供务实有效的帮助和指导。

二、专业发展目标定位

立足教学实践,将专业学习、教学实践与教学研究紧密结合,力争成为一名爱学习追求专业发展不停步,会教学追求独特教学风格目标不放松,会研究让教育与研究紧密结合的新型教师。

三、专业发展目标

通过五年的发展,自己的专业精神、教育理论水平、数学学科知识、教育科研能力、分析解读教材能力、课堂教学实施能力及课堂教学艺术在现有基础上有较大提升,为最终形成自己独特的教学风格奠定基础。同时提升自己的教研、科研能力,丰富自己的研究成果。具体实现以下目标:

(一)提升专业精神

增强追求专业发展的热情和动力,加强职业道德修养,强化服务意识,成为领导满意、同事认可、家长放心、学生喜欢的人和好教师。

(二)更新教学理念

结合教学实践进一步理解数学课标提出的课程理念,不断更新教学理念,进一步强化教学是促进师生共同发展的教学观,师生民主平等的学生观,学生全面和谐发展的质量观。

(三)丰富专业知识

进一步丰富数学学科本体知识、教育心理学知识、数学课程的知识和教学法知识,进一步了解数学文化知识。

(四)提高专业能力

了解小学数学课程体系及原理,把握小学数学教材编写体系,熟悉小学数学教材(12册)内容的编写意图和育人功能,能独立、深刻、准确分析小学数学教材;能独立开展有效的教学设计;能有效组织课堂教学实施,彰显一定的课堂教学艺术;能对学生的学习能力做出恰当、有效的过程评价和终结评价,力争成为校级骨干教师,为独特教学风格的形成奠定良好基础。

(五)提升教研与教育科研能力

学习教研与教育科研方法,能对教学中的问题开展有效的行动研究和案例研究,在教育科研课题研究中提升教育科研能力,提高自己的教研成果表达能力,力争公开发表5篇论文。

(六)提高运用现代教育信息技术手段的能力

能比较熟练地通过互联网查阅资料,搜集与教育教学有关的信息,并对信息进行分析、选择,使其有效服务于自己的教学教研科研;进一步提高制作教学课件的能力,适当利用慕课、翻转课堂等辅助手段促进教学方式和学生学习方式的转变,有条件时了解与尝试云课堂。

四、专业发展的年度任务

(1)2015年:开展和声课堂的教学设计、教学实践与研究,完成年级"和声课堂"教学展示;完成市级微课活动的后续工作;完成校级小课题"如何提高学生的估算能力"的结题工作;积极参加"如何培养小学生数学活动经验"研究的各项活动,公开发表论文1篇以上。

(2)2016年:继续开展和声课堂的教学设计、教学实践与研究,开展"如何培养小学生数学活动经验"的调查研究,并公开发表相应文章1篇,积极开展校级小课题"如何提高学生计算的有效性"研究,并总结研究成果,上公开课2节。

（3）2017年：继续开展和声课堂的研究，开展"如何培养小学生数学活动经验"的调查研究，并总结研究成果；积极开展校级小课题"如何提高教师的课堂提问的有效性"研究，并总结研究成果，公开发表论文1篇以上，上公开课2节。

（4）2018年：继续开展和声课堂的研究，开展校级小课题"如何培养小学生的数学学习兴趣"研究，并总结研究成果，公开发表论文1篇以上，上公开课2节。

（5）2019年：继续开展和声课堂的研究，开展校级小课题"如何提高学生解决问题能力"的研究，并总结研究成果，小结5年个人规划实施的完成情况并形成总结，公开发表论文1篇以上，上公开课2节。

五、促进专业发展的措施

目前，我也感受到自己在专业发展上存在一些困惑及不足，主要有：一是掌握数学学科的深层次知识还不够，教育理论水平还不够系统，科研水平有待提高。二是教龄不长，教学经验比较缺乏，课堂教学的调控、把握能力不强，不能自然、灵活、艺术地应对课堂发生的随机事件。三是对课程体系把握不全面，对课程体系的原理了解较少，对教材的体系、编写意图、育人功能的全面、精准把握存在一定的困难，分析教材、创造性使用教材的能力亟待提高。四是教学研究能力不强，对教育科研方法的系统掌握不够，不能完全独立自主设计、实施教育科研课题研究，对教学经验及教研成果的总结提炼能力有待提高。针对这些问题，我将从以下几方面提升自己：

（一）强化终身教育理念，加强业务学习

学习化社会要求人们养成终身学习习惯、建立起终身学习的制度。教师要与时代同发展，唯有不断地向理论学习、向实践学习、向一切可能要运用的领域学习，才能为专业发展提供不竭的力量源泉。在工作中主要通过以下途径和措施加强业务学习：一是加强教育理论学习，每学期读一本学术专著，每周读3篇教学论文。二是通过电视、网络等关注教育改革与发展的政策，开拓对教育改革与发展的宏观视野。三是积极参加校内外的各种培训，丰富专业知识，开阔专业眼界。四是积极参加课堂教学展示活动。五是加强学习反思与总结。

（二）实践探索，做和声课堂理念的践行者

在教学实践中提高自己的专业能力是我专业发展的重要思路，为此，在这五年中，一是应利用业余时间全面阅读、分析小学数学教材，着力把握教材的编写体系，内容安排，编写意图，使自己对教材达到比较熟悉的程度。二是加强教学设计能力训练，既要坚持独立备课，也要注意学习、研究他人好的教学思想和经验，既要按照教学设计的要求做好每节课的教学设计，写出规范的教案，也要注意将和声课堂的理念融入教学设计中，体现人和教学的特色，力争每期要写出10个特别优秀的教学设计。三是注重教学实践能力训练，一方面应注意按照教学设计开展教学，突出教学重点，抓住教学关键，突破教学难点；另一方面应注意锻炼自己根据学生在课堂上的实际状况而随时调整教学预设、灵活驾驭课堂的能力，既要坚持预设，更要恰当处理课堂生成，既要把控课堂教学秩序，也要让学生思维活跃，学习主动，创建活而不乱的课堂，体现和声理念的课堂特色，实现面向全体学生的高效课堂。四是注意提升对学生进行学习评价的能力，注意多样化的评价方式，注意将平常的过程评价与期末的评价结合，促进学生更好发展。

（三）勤于思考，注重教学研究

争当研究型教师，在教学工作中应勤于动脑、善于思考，一是平常主动发现教学中的问题，做好问题收集记录，对问题进行筛选，寻找教学中的真问题、有价值的问题，开展研究。二是善于研究问题，面对教学中的问题，应强化寻找问题产生的原因，探索解决问题的办法的意识和行为，要对问题追根溯源，根据问题的本源寻找解决问题的办法。三是积极开展专题研究，除了参加他人组织的课题研究、专项研究外，自己应注意发现教材、教学中的重要问题开展专题研究，并力争总结出书面的研究成果。

（四）制订规划，提高专业发展的计划性

一是每学年、每学期都应制订专业发展的计划。二是每月反思专业发展计划的完成情况。三是每期结束后注重总结反思专业发展问题。

六、需要学校和区域支持

当然一个教师的专业发展离不开学校这一坚强的后盾，更离不开各级部门的大力支持。期望学校提供更多的观摩课堂教学展示活动的机会，参加校内外培训学习的机会,以使我们青年教师有了解数学教学新动态,比如慕课、翻转课堂、云课堂等新的教学理念与平台等的机会。

(作者:陈思怡,2014年,系我校数学青年教师)

附四:

《谁能教育好你的孩子》新书发布会简讯

2017年1月3日下午14:30,在人和街小学"人和讲坛"举行了陈宁老师《谁能教育好你的孩子》新书发布会。中共重庆市委宣传部副巡视员龚云飞,渝中区委宣传部常务副部长、区文明办主任蒋学荣,重庆市教育科学研究院德育研究中心副主任杨昌弋以及重庆大学机械工程学副教授黄忠全,中国心理学会会员、重庆女性文化促进会监事、重庆市妇联巾帼志愿者协会理事、"12355"青少年服务台咨询专家、重庆正好心理咨询有限公司总经理、首席咨询师郑勇莉等领导、专家莅临。参会的还有家长代表、读者代表、相关新闻媒体人员以及学校校长、书记、教师代表等共计60余人。

陈宁教师善于思考、勤于笔耕。《谁能教育好你的孩子》这本书共三十多万字,近五百条教育内容,作为一名教师与一位父亲,他将自己的教学经验与教育理念总结提升,给予读者很好的教育建议。在新闻发布会上,陈宁老师满怀激情地介绍了自己第二次出书的感动与感悟;学生家长阎丽萍,忠实读者温智敏、陈英都饱含深情地讲述了在陈老师的教育理念指引下的满满收获。

校长在会中讲到,这是我校第二次为陈宁老师举办新书发布会。新书的出版,是教师思想积淀的过程,学校鼓励更多的老师向思考型、写作型的方向发展,形成"人和教育"下教师专业发展的一种新常态。同时,也期待家长朋友与学校一起共育共进,让孩子们在小学六年中得到和而不同、健康全面的发展。

心理专家郑勇莉在发言中提到,陈宁老师是一个非常有爱的教师,他的书能带给家长启发与思考,父母的教育在孩子的成长中最为重要,陈宁教师用科学的教育观念启迪家长,家长们非常幸福。渝中区委宣传部常务副部长、区文明办主任蒋学荣谈到,他深刻地感受到了人和街的教师对教育的热爱与投入,虽然这本书只有三十多万字,但是厚重的是它的思想,更重要的是这种思想理念被传播,使许多的家庭受益,帮助了更多孩子的成长！中共重庆市委宣传部副巡视员龚云飞在讲话的最后称赞,人和街小学是渝中区教育高地的标杆,肖校长作为教育专家,为教师为学生提供的教育环境具有厚重的文化气息,陈宁教师是众多优秀教师的代表,希望有更多像陈宁这样的教师继续为爱守候,用先进的教育理念影响更多的家庭,辐射更多的学校,促进家校共育的良好态势！

附五:

学生问卷表(三年级)

亲爱的同学:

你好!

在美丽的人和校园里,我们已共同生活学习一段时间了,你一定有很多的感受吧！学校非常关注你们的成长,希望你能认真填写问卷,真实反映教师的情况,以帮助学校改进工作。

这个调查表是不记名的,不要有所顾虑哦!

年　级　班

内容	选项					
1.你喜欢你的班主任吗?	喜欢		一般		不喜欢	
2.班主任与你有交流吗?	经常		有一些		没有	
3.班主任对待学生公正吗?	公正		一般		不公正	
4.班主任有无体罚或变相体罚学生?	没有		偶尔		经常	
5.班主任支持你参加学校的活动吗?	支持		有时支持		不支持	
综合评价	好		一般		不好	

一、班主任老师的工作平价(请在选项后的空格内划"√")

二、对学科老师的评价

学科／内容	学科学习有收获吗？	教师对待学生公正吗？	上课时，课堂纪律好吗？	任课教师有无体罚或变相体罚学生？	老师布置的书面作业适量吗？	综合评价（请在选项后划"√"）		
						好	一般	不好
品德与社会								
语文								
数学								
英语								
音乐								
形体								
体育								
美术								
书法								
科学								
信息								

三、你最喜欢的老师是：

喜欢的理由：

附六：

家长问卷表

尊敬的家长朋友：

您好！

为推进家校共育，助力学生成长，特邀请您参与此次问卷调查。希望能够了解到您对学校教师教育教学工作情况的客观、真实的反映，并期待您提出宝贵的意见或建议。谢谢您的支持！

一、班主任(语文教师)工作(请在选项后的空格内划"√")

内容		选项							我有话想说
班主任	师德 (关爱、公正、尊重)	很好		好		一般		不好	
班主任	工作态度 (认真、耐心、细致)	很好		好		一般		不好	
班主任	班级管理 (师生、家校关系和谐,班级有凝聚力)	很好		好		一般		不好	
语文教学	教学能力 (课堂调控能力、学生学习效果)	很好		好		一般		不好	
语文教学	作业 (设计合理、负担轻、批改及时)	很好		好		一般		不好	
综合评价		很好		好		一般		不好	

二、数学教师工作(请在选项后的空格内划"√")

内容	选项							我有话想说
师德(关爱、公正、尊重)	很好		好		一般		不好	
工作态度(认真、耐心、细致)	很好		好		一般		不好	
教学能力(课堂调控能力、学生学习效果)	很好		好		一般		不好	
作业(设计合理、负担轻、批改及时)	很好		好		一般		不好	
综合评价	很好		好		一般		不好	

三、您的孩子经常称赞的老师有哪几位?称赞的内容是什么?(请简要描述)

(学科包括:品德、英语、美术、陶艺、科学、阅读、书法、信息、声乐、器乐、

您的孩子对老师有哪些意见或建议,请把它写下来。(请简要描述)

四、您的建议

附七:

人和街小学后勤保障调查问卷表

各位老师,您好!

为做好学校教育教学的服务工作,做好各方面后勤保障工作,促进学校发展。希望通过问卷调查,收集您对学校后勤、食堂、综合组的评价信息,以及对学校工作、发展的宝贵建议。

问卷表将由学校行政直接收集、整理、统计,期待您如实、客观、公正地填写,谢谢您的支持!

评价对象	工作综合评价选项					您的建议
	优秀	称职	基本称职	不称职	不了解	
行办工作						
档案室						
教务工作						
图书室						
学生奶库、车库管理						
食堂						
安全、基建维修						
资产管理、绿化、课本管理						
水电维修						
清洁、采购						
财务						
校医						

|参│考│文│献|

[1]王斌华.风靡美国高校的战略规划理论[J].外国教育资料,1992(1):61-68,6.

[2]胡保利,王硕旺.乔治·凯勒的大学战略规划理论评介[J].河北师范大学学报(教育科学版),2007(4):87-91.

[3]韩振来.现代全息理论介绍.[J]济南大学学报(综合版),1990(0):83-86.

[4]罗纪宁.中国管理学研究的实践导向与理论框架——一个组织管理系统全息结构[J].管理学报,2010,7(11):1646-1651,1670.

[5]刘其宁.科研管理与全息理论探寻[J].电子科技大学学报,1997(S):37-39.

[6]秦荃田.全息教学理论在中学数学教学中的应用(上)[J].山东教育,1999(8):18-21.

[7]郑艳红.全息理论在中学语文阅读教学中的应用[J].时代教育,2015(10):195.

[8]郭文政."健康育人"办学模式研究[J].天津师范大学学报(基础教育版),2008(2):70-72.

[9]洪雨露.实践五个快乐,推进素质教育——上海市徐汇区向阳小学"快乐教育"的办学模式[J].上海师范大学学报(基础教育版),2010,39(5):26-30.

[10]叶兆元."学会参与、自主发展"办学模式的思考与实践[J].上海教育,2001(11):51-52.

[11]胡庆芳.开放性办学合作式研究——介绍英国一所小学的办学模式[J].中小学管理,1998(10):43.

[12]严凌燕.义务教育集团化办学研究综述[J].江苏教育研究,2015(25):51-54.

[13]朱向军.名校集团化办学:基础教育均衡发展的"杭州模式"[J].教育发展研究,2006(5A):18-23.

[14]钱林森.和而不同——中法文化对话集[M].南京:南京大学出版社,2009.

[15]钟启泉,崔允漷,张华.为了中华民族的复兴为了每位学生的发展——《基础教育课程改革纲要(试行)解读》[M].上海:华东师范大学出版社,2001.

[16]徐玉珍.校本课程开发的理论与案例[M].北京:人民教育出版社,2003.

[17]崔允漷.校本课程开发:理论与实践[M].北京:教育科学出版社,2000.

[18]崔允漷.校本课程开发:上海经验[M].上海:华东师范大学出版社,2011.

[19]靳玉乐.校本课程开发的理念与策略[M].成都:四川教育出版社,2006.

[20]姜平.学校课程开发(第2版)[M].成都:四川教育出版社,2010.

[21]熊梅,等.校本课程开发的行动研究——来自一所小学的课程创新[M].北京:教育科学出版社,2009.

[22]范云良.研究性课堂实践论[M].南京:江苏教育出版社,2011.

[23]窦桂梅.超越·主题·整合——窦桂梅教学思想探索[M].北京:中国大百科全书出版社,2013.

[24]施良方.课程理论——课程的基础、原理与问题[M].教育科学出版社,1996.

[25]陈玉琨,沈玉顺,代蕊华,等.课程改革与课程评价[M].北京:教育科学出版社,2001.

[26]何娟,靳玉乐.新课程发展中学校文化品性的缺失与重建[J].教育与管理,2015(19):3-6.

[27]俞国良,王卫东,刘黎明.学校文化新论[M].长沙:湖南教育出版社,1996.

[28]Thomas L.Good,Jere E.Brophy.透视课堂[M].陶志琼,王凤,刘晓芳,等译.北京:中国轻工业出版社,2002.

[29]荷烈治,哈尔德,卡拉汉,等.教学策略——有效教学指南(第8版)[M].牛志奎,译.北京:中国人民大学出版社,2011.

[30]程红兵.学校文化建设的路径——书生校长的教育行动[M].上海:华东师范大学出版社,2012.

[31]教育部人事司.管理创新与学校发展[M].西安:陕西师范大学出版社,2004.

[32]魏忠.教育正在悄悄发生一场革命[M].上海:华东师范大学出版社,2014.

[33]重庆市聚奎中学校.学习的革命:翻转课堂——聚奎中学的探索与实践[M].成都:西南交通大学出版社,2015.

[34]尚俊杰,蒋宇,庄绍勇,等.游戏的力量——教育游戏与研究性学习[M].北京:北京大学出版社,2012.

[35]黎加厚.Moodle课程设计[M].上海:上海教育出版社,2007.

[36]何克抗.信息技术与课程深层次整合理论[M].北京:北京师范大学出版社,2010.

[37]何克抗.中国特色教育技术理论的建构与发展[M].北京:北京师范大学出版集团,2012.

[38]黄崴.教育管理学[M].北京:中国人民大学出版社,2009.

[39]王铮,李明新,等.学校组织变革实践:校长的探索[M].北京:教育科学出版社,2013.

[40]石玚,李雯,王绪池.学校管理的规范与创新[M].重庆:重庆大学出版社,2010.

[41]王志忠.现代学校管理学[M].北京:科学出版社,2016.

[42]张家洲.职业学校组织结构模式研究[D].长春:东北师范大学,2008.

[43]侯建平.人本主义理论视角下幼儿园教师职后培训转型之研究[D].上海:华东师范大学,2009.

[44]钟慧莉,周明星.中学教育名校集团化办学现状与对策——以长沙市为例[J].当代教育论坛,2016(1)13-19.

[45]周美琼.影响新教师教学准备效益的基本因素分析及对策研究——以重庆市人和街小学中低段数学新教师为例[D].成都:四川师范大学,2015.

[46]王九红.和而不同:名校集团化办学的文化态度[J].教育视界,2015(3):23-24.

[47]黄瑞,王亚兰.看见文化 重庆市人和街小学"人和教育"特色办学历程的启示[J].今日教育,2014(1):30-32.

[48]尚月清.重庆市小学特色学校建设的个案研究——以重庆市人和街小学为例[D].重庆:重庆师范大学,2013.

[49]胡方.文化理性与教师发展:校本教研中的教师文化自觉[D].重庆:西南大学,2013.

[50]胡艳芳.基于人本主义理论的小学课堂管理研究[D].沈阳:辽宁师范大学,2012.

[51]肖方明.让人文精神成为学校发展的支柱[J].人民教育,2011(7):58-60.

[52]肖方明.人和为魂,和谐育人——重庆市人和街小学"人和教育"特

色办学实践与思考[J].今日教育,2011(Z1):74-75.

[53]肖方明.人和为魂 和谐育人——重庆市人和街小学创建"人和"德育品牌之探索[J].小学德育,2010(9):34-36,6.

[54]安利民.中学教育管理中人本主义价值取向研究[D].呼和浩特:内蒙古师范大学,2007.

[55]薛焕玉.对学习共同体理论与实践的初探[J].中国地质大学学报(社会科学版),2007(1):1-10.

[56]屠锦红."学习共同体":理论价值与实践困境[J].当代教育科学,2013(16):7-9,34

[57]张化东.从系统理论的角度审视学习共同体[J].现代教育技术,2006(5):12-14,33.

[58]易凌峰,李伟涛.现代学校人力资源管理[M].天津:天津教育出版社,2006.

[59]郭继东.学校人力资源管理[M].兰州:甘肃文化出版社.2005.

[60]钟祖荣,张莉娜.教师专业发展阶段的调查研究及其对职后教师教育的启示[J].教师教育研究,2012(6):20-25,40.

[61]常桐善.如何提高大学决策绩效——院校研究与"数据驱动决策"模式的视角[J].复旦教育论坛,2013(2):54-60.

[62]吴志宏,冯大鸣,周嘉方.新编教育管理学[M].上海:华东师范大学出版社,2000.

[63]范国睿.学校管理的理论与实务[M].上海:华东师范大学出版社,2003.

[64]陈文海.学校组织文化的探索与实践[D].武汉:华中师范大学,2008.

[65]傅冰.以人为本学校管理的理论与实践研究[D].上海:上海师范大学,2006.

[66]王如哲,等.教育行政[M].台北:篦文文化事业股份有限公司,2004.

［67］谢文全，等.教育行政学:理论与案例［M］.台北:五南图书出版股份有限公司,2006.

［68］拉尔夫·泰勒.课程与教学的基本原理［M］.罗康,张阅,译.北京:中国轻工业出版社,2014.

［69］张新平,褚宏启.教育管理学通论［M］.北京:高等教育出版,2012.

［70］钟启泉.现代课程论(第2版)［M］.上海:上海教育出版社,2006.

［71］顾明远.教育大词典(增订合编本·上)［M］.上海:上海教育出版社,1998.

［72］刘茗.当代教学管理引论［M］.教育科学出版社,1997.

［73］谢凡,陈锁明.聚焦教师核心素养　勾勒"未来教师"新形象——中国教育学会小学教育专业委员会2016学术年会暨第三届小学教育国际研讨会综述［J］.中小学管理,2016(11):35-38.

后 记

坐落在重庆市人和街社区的人和街小学以地名命名,位于长江与嘉陵江两江交汇处的渝中半岛,是重庆市一所历史悠久的学校。

建校70多年来,学校肩负"办新中国的新学校"的历史使命,在教改道路上不断追求与探索,从单科单项的改革到整体改革,不断发展创新。从整体改革到构建"和谐·活泼"的教学模式,再到如今"人和教育"理论的建构与践行,学校教育质量大幅提高,为全面实施素质教育做出了贡献。

2004年,肖方明校长被任命为人和街小学校长后,开始思考学校未来的发展。他在与老校长、名师座谈,与学生、家长谈心,与教育专家研讨中,发现"人和"既是学校的校名,又是学校每一个发展阶段取得成功离不开的核心要素。因此,传承和弘扬"人和",创建"人和教育"成为他的追求。

在肖方明校长的带领下,"人和教育"理念的构建与实践探究经历了三个阶段:

1.学校文化建设期(2004年9月—2008年8月)

追溯学校发展史,形成根植于传统文化精髓的人和文化思想,构建"人和教育"办学思想和体系,确立培养全面和谐发展具有人和特质的少年的目标,"人和为魂,和谐育人"的办学理念,以此作为全面提升办学质量的灵魂和出发点。该成果获重庆市优秀成果奖一等奖。

2.三维一体建设期(2008年9月—2013年8月)

以人和教育理念作为指导思想,整体规划学校课程,进行课堂教学改革,形成"三维一体"综合改革。确定"人和少年"应具有的"六大特质",设计课程标准,建构了"人和六质"课程体系。拟订了《人和教育特色校本课程开发与实施规划》。深入推进与课程改革相一致的教学改革,建构了和声课堂"三四五教学改革体系"的教学模式,培育学生核心素养,该成果获2014年教育部基础教育教学成果奖二等奖。

3.五维一体建设期(2013年9月—2016年8月)

在三维一体建设基础上,将教师发展、管理纳入整体思考,将办学模式提炼为"五维一体"。创建文化、课程、教学、教师和管理五大中心的管理架构,强化学校办学的有机性。构建了教师发展体系,实施双路径:系统设计和协同发展,推动教师围绕课程与教学展开系统化研究与实践活动。

2017年9月24日,中共中央办公厅和国务院办公厅印发《关于深化教育体制机制改革的意见》,指出要"全面深化教育综合改革,全面实施素质教育,全面落实立德树人根本任务,系统推进育人方式、办学模式、管理体制、保障机制改革"。学校是教育体系中最为核心的组成部分,也是全面育人的实施者,因此也是全面深化教育综合改革的最终实现者,只有通过系统化、综合化、深度化的以学校为整体的系统改革,才能跟得上基础教育改革深化的步伐。

本书就是"人和教育"理论构建与实践探索的一个阶段性总结和梳理,凝结了全校教师的辛勤汗水和实践智慧。本书在编写过程中,得到了西南大学基础教育研究中心和教育学部、重庆市教育科学研究院的领导和专家们的关注和指导。全书的撰写人员分工如下:学术指导顾问,西南大学教育学部于泽元教授和钟婉娟教授;全书框架、提纲及统稿,肖方明、刘咏梅、王亚兰;第一章,肖方明、王亚兰;第二章,刘咏梅、王亚兰、廖星军、黄洋,除此之外,校园歌曲的赏析由李小芹、崔天宇、陈霖和刘艳撰写;第三章,肖方明、刘咏梅、王亚兰、邓江华,和德课程部分由曾菁、王宏琴、罗伟、李红霞、梁咏梅、蒙蕙、廖勇等撰写;第四章,1~2节由徐涛、王蕾、黄颖撰写,第3节由王蕾、唐岚茜、李耀梅、黎晓华、陈明庆、胡甘霖、龚攀、刘小波、田伶俐、郭海航、刘小菁、罗欣、金岚、李娜、曾平、郭莉、李灿、周琳华、何袁静、黄颖、蒋亚彬、李倩倩、唐可、骆协宏、李中现、朱睿、李小芹、范宇、邓江华、王磊、田楠等撰写,王蕾、刘小波、陈蓓蓓、金岚、粟佳、王珮、汪涛、张凤等指导各学科和声课堂核心团队骨干进行撰写和校对;第五章,张婕、刘咏梅,第四节的团队成长案例分别由王蕾、刘小波、张力、张凤和董红霞撰写;第六章,肖方明、徐涛、张婕、王亚兰;参考文献,黄颖、夏琳杰;图片收集和整理,江涛、张赢。

总之,本书的撰写,每个章节既有理性思考与认识,又有实践行动的感悟,体现了学校以教师为主体的特点。各课程群的研究成果,既体现了该群学术委员会的集体智慧和力量,又体现了该群教师研究与写作的能力和水平。由于时间和水平所限,这本书中反映的研究理论和实践探索成果,还存在着许多不足和问题,我们诚挚地希望读者能够提出宝贵的意见!

最后,对西南师范大学出版社对本书出版给予的支持表示诚挚的谢意!